| 세미오시스 번역총서 02 |

# 퍼스 철학의 이해

이 역서는 2010년 대한민국 교육부와 한국연구재단의
인문한국(HK)지원사업의 지원을 받아 수행된 연구임(NRF-2010-361-A00013).

세미오시스 번역총서 02

# 퍼스 철학의 이해

Peirce: A Guide for the Perplexed

개정판

코르넬리스 드발(Cornelis de Waal)

이윤희 옮김

HU:iNE

**Peirce: A Guide for the Perplexed**

By **Cornelis de Waal**

# 목차

# 일차자료에 관한 참고문헌(약자)

CN volume: page. *Charles Sanders Peirce: Contributions to The Nation.* 4 Vols. Kenneth L. Ketner and James E. Cook, eds Lubbock, 1975–87.

CP volume: paragraph. *The Collected Papers of Charles Sanders Peirce.* 8 Vols. Vols. 1– 6, ed. Charles Hartshorne and Paul Weiss. Vols. 7– 8, ed. Arthur W. Burks. Cambridge, Mass., 1931– 58.

EP volume: page. *The Essential Peirce: Selected Philosophical Writings.* 2 Vols. Vol. 1. ed. Nathan Houser and Christian Kloesel. Vol. 2, ed. Peirce Edition Project. Bloomington, 1992– 98.

HPPLS volume: page. *Historical Perspectives on Peirce's Logic of Science..* 2 Vols. ed. Carolyn Eisele. The Hague, 1985.

NEM volume: page. *The New Elements of Mathematics,* 4 Vols. in 5. ed. Carolyn Eisele. The Hague, 1976.

PM *Philosophy of Mathematics: Selected Writings.* ed. Matthew Moore Bloomington, 2010.

R followed by Robin catalogue and sheet number. Manuscripts held in the Houghton Library of Harvard University, as identified by Richard Robin, *Annotated Catalogue of the Papers of Charles S. Peirce.* Amherst, 1967, and in Richard Robin, "The Peirce papers: a supplementary catalogue,"*Transactions of the C. S. Peirce Society* 7 (1971): 37– 57.

RLT *Reasoning and the Logic of Things: The Cambridge Conferences*

*Lectures of 1898*, ed. Kenneth L. Ketner. Cambridge, Mass., 1992.

SS *Semiotic and Significs: The Correspondence between Charles S. Peirce and Victoria Lady Welby,* ed. Charles S. Hardwick. Bloomington, 1977.

W volume: page. *The Writings of Charles S. Peirce,* ed. The Peirce Edition Project, 7 Vols. to date. Bloomington, 1982– 2010.

# 한국어판 머리말

나는『퍼스 철학의 이해』[원제-Peirce: A Guide for the Perplexed]를 집필하면서 내가 접할 수 있었던 퍼스의 연구물을 지나치게 단순화하지 않으면서도 철학자와 철학자가 아닌 사람들에게 읽힐 수 있는 일반 입문서를 쓰는 것을 목표로 하였다. 나는 두 그룹 모두에게 여전히 퍼스가 제공해야 할 것이 많다고 생각한다. 진정한 박식가 퍼스는 비행기 디자인에서부터 단식 연산자 논리에 이르는 광범위한 문제들에 관하여 집필하였는데, 진리와 정확성에서 가장 높은 기준을 추구하였기 때문에 그의 연구는 항상 읽기 쉬운 것은 아니다. 더욱이 퍼스는 늘 펜을 가지고 생각했다. 그리고 그는 어떤 것도 거의 버리지 않았기 때문에, 내가 그의 원고들—보통 그 원고들은 완전히 어지럽게 뒤섞여 남아있었다—에 여러 해를 쏟아붓도록 했다. 그러면서 나는 각각의 초안이 잘못된 결론과 실패를 겪는 연속적인 일련의 과정 속에서 발전하는 창조적 과정을 기술하려고 노력하였다. 이러한 작업이 그의 원고를 연대순으로 계속 출판하고 있었던 맥락에서 이루어졌기 때문에 나의 많은 연구는 1890년대 초기의 퍼스 글에 초점이 맞추어져 있었다. 2011년,『트랜잭션(*Transactions of the C. S. Peirce Society*)』의 편집 일을 맡게 되면서 나는 나의 지평을 넓혀야 했고, 퍼스 연구 전체 자료에 대한 새로운 견해를 갖기로 마음먹었다. 그리고 이 같은 작업을 위한 가장 쉽고 포괄적인 방법은 체계적인 방식으로 그리고 광범위한 관점으로부터 퍼스의 연구를 다루는 책을 집필하는 것이라고 판단을 내렸다. 『퍼스 철학의 이해』는 그 같은 연구의 결과물이다. 특히 힘들었던 점은 출판사가 정한 엄격한 분량의 제한이었다.

내가 첫 장에서 설명하듯이, 이 책을 인도하는 실마리는 발견의 이론과학에 대한 퍼스 자신의 구분에서 비롯된다. 퍼스에게 그러한 과학들은 세계에 관한 주장과 관련되는 것이거나 혹은 수학(수리 논리학을 포함)의 경우에서와 같이 순수하게 가설적인 사물의 상태에 관한 주장들이다. 퍼스의 관점에서, 세계에 대한 모든 주장은 궁극적으로 철학에 기반을 두어야 한다는 것이다—혹은 좀 더 정확히 말하자면, 이론과학들은 철학만이 그것들에 제공할 수 있는 많은 중요한 원리들을 당연히 여겨야 한다는 것이다. 수학을 다루는 2장을 제외하곤 이 책의 대부분은 퍼스 자신의 구분인 현상학, 세 가지의 규범과학(미학, 윤리학, 논리학), 그리고 형이상학을 대체적으로 따라가며 철학에 대한 퍼스의 관점을 포착한다. 퍼스는 매우 체계적인 사상가였고, 나는 발견의 이론과학에 대한 이 같은 초점이 그 점을 드러내는 데 가장 좋은 방법이라고 생각한다.

이 책이 집필되었던 목적을 고려하자면, 나는 많은 것을 배제해야만 했다. 퍼스는 그야말로 너무 많은 것을 썼고, 그의 활동은 너무 다양하다. 하지만 나는, 그것이 수학의 세계를 탐구하는 그의 초기의 시작점이 되든지, 기호에 관한 그의 세밀하고 늘 변화하는 기호의 분류에 관한 것이든지, 윌리엄 제임스의 『심리학의 원리』에 관한 비판이든지, 혹은 그의 반복되는 데자르그의 텐-레이(ten-ray) 정리에 관한 논의가 되든지, 이 책에서 다루지 않거나 혹은 아주 적게 언급된 영역을 살펴보게 될 때, 현재 이 책이 퍼스의 난해한 사유에 관한 일반 가이드로서 도움이 될 수 있기를 진심으로 희망한다. 퍼스를 특징짓는 한 가지 점이 있다면, 그가 지속적으로 사물의 논리를 파고들려고 했다는 점이다. 그 과정에서 그는 우리가 항상 진정으로 진리를 위한 진리를 찾아야 한다는 끊임없는 요구에 의해 인도되면서, 그리고 탐구는 개인적인 일이 아니라 사회적인 일로서, 따라서 다른 무엇보다도 우리는 탐구의 길을 크게 열어 놓아야 한다는 점을 예리하게 인식한다.

이 책을 쓰면서, 다행스러웠던 것은 내가 10년을 넘게 <퍼스전집편찬위원회>에서 편집 일에 관여하고 있었다는 점이다. 거기서의 자료들은 비교할 수 없는 매우 귀중한 것이었다. <퍼스전집편찬위원회>에서 연구하면서, 나는 퍼스의 출판되지 않은 원고(서신들을 포함하여) 자료들, 막스 피쉬의 많은 연구 노트들, 그리고 막스 피쉬, 캐럴린 아이젤, 아서 버크, 폴 바이스의 개인 도서관에 쉽게 접근할 수 있었다. 지금 이 책은 이러한 모든 것에 크게 도움을 받았다. 나는 이 점에 대해 매우 감사하게 생각한다.

유감스럽게도, 내가 한국어 번역본을 읽을 수는 없지만(이것이 유감스러운 이유는 오히려 이 분야에서 나의 제한된 한국어가 내가 이번 역서에 매료되도록 느끼게 하기 때문이다) 이윤희 교수는 그 자신의 학술적 업적이 입증하듯이 우수한 퍼스 학자이며, 그리고 이 교수는 원서에서 그때까지는 전적으로 눈에 띄지 않았었던 많은 작은 실수들을 발견한 매우 세심한 번역가라는 점을 증명하였다. 그러므로 나는 이 한국어 번역본이 우수한 번역이라는 점을 확신하며, 더불어 이 책이 한국어 번역본으로 출간됨을 대단한 영광으로 생각한다.

앤드워프 2016

# 옮긴이의 말: 어떻게 퍼스를 읽을 것인가?

2014년 7월, 미국의 퍼스학회(The Charles S. Peirce Society)와 퍼스 재단(The Charles S. Peirce Foundation)이 공동 주최한 퍼스 사후 백 주년을 추모하는 학회가 "21세기, 활기를 북돋우는 철학(Invigorating Philosophy for the 21st Century)"이란 주제로 미국, 매사추세츠 대학 로웰 캠퍼스에서 열렸다. 전 세계의 학자들이 각자 다양한 분야에서 연구결과를 발표하며 아이디어를 공유하는 장이었다. 이 학회 개최 시기에 맞추어서 퍼스 인용문을 주제로 전 세계, 88명의 학자가 퍼스 사후 백 주년을 기념하기 위해 집필한 에세이 모음집(*Charles Sanders Peirce in His Own Words: 100 years of Semiotics, Communication and Cognition,* 2014)이 출간되었다. 이는 미국의 실용주의와 기호학의 창시자인 찰스 S. 퍼스가 21세기가 주목하는 철학자임을 확인할 수 있는 계기였다.

퍼스의 연구와 관련하여 퍼스 수용에 대한 각 나라의 양상은 다르지만 퍼스에 관한 관심과 중요성을 고려해 볼 때, 퍼스의 철학을 다룬 입문서가 필요하다는 인식에는 모두 공감한다. 특히 퍼스 철학의 방대함과 아울러 그것이 대부분 출판되지 않았다는 점을 고려하면, 균형 잡힌 퍼스 철학 개론서에 대한 요구는 더 절실해 보인다. 이러한 요구에 부응하여 퍼스 철학에 입문하는 사람들을 위한 가이드 성격의 책, *Peirce: A Guide for the Perplexed* (Bloomsbury)가 2013년에 출간되었다.

이 책의 저자인 코르넬리스 드발(Cornelis de Waal)은 퍼스학회의 공식 저널인 『트랜잭션 (*Transactions of the Charles S. Peirce Society*)』의 편집장을 맡고 있으며, 출판되지 않은 퍼스의 원고를 정리, 기획하여 30개의 볼륨을 목표로 출간하고 있는 인디아나폴리스 소재 인디아나-퍼듀대학교(IUPUI) 대학의 〈퍼스전집 편찬위원회〉(현재까지 *Writings of Charles S. Peirce*가 총 7권이 출간됨)에서 공동편집자로 참여했다. 본 번역서의 제목으로 『퍼스 철학의 이해』를 선택한 이유는 옮긴이가 2013년 출간한 번역서 『퍼스 기호학의 이해(*A General Introduction to the Semeiotic of Charles Sanders Peirce*)』와 연계성을 갖도록 하려는 목적에서였다. 구체적으로 말하면 퍼스의 기호학이 퍼스의 철학을 통해 이해가 되어야 한다는 바람 때문이었다. 퍼스의 기호학은 철학의 기반 위에서 이해되어야 한다. 즉 기호학은 규범과학으로서의 논리학으로, 이와 같은 차례로 기호학은 같은 규범과학 내에 속하는 윤리학에 의존하고, 그 다음 윤리학은 미학에 의존하며, 이 같은 관계로 세 규범과학은 다시 현상학에 의존한다는 것이 그의 관점이었다.

그동안 인류학, 건축, 영화, 문학 등 다양한 영역의 기호학적 분석은, 주로 60년대부터 부상한 소쉬르 기호론의 영향 아래 놓여 있었다. 그것은 언어학적 구조에 기반을 둔 분석이었다. 이것이 가능했던 이유는 사회심리학에 기초한 소쉬르의 언어 기호가 인간 중심적인 심리학적 실체로 이해되었기 때문이었다. 하지만 데리다와 들뢰즈 등에 의해 기호에 대한 통찰력 있는 연구에 힘입어 기호 이론에 대한 새로운 관점이 도입되었다. 이른바 후기구조주의자들의 기호에 대한 견해로서, 이러한 점은 퍼스의 기호이론과 만나는 지점을 형성하게 된다. 즉 언어 기호를 철학적 관점에서 보는 것이 그것이었다. 그 결과 확고한 의미를 지닌 기의가 기표에 안정적으로 연결되어 있는 것이라고 이해한 소쉬르의 언어 기호가 '텅 빈 기표'의 개념에 의해 기표와 기의로 분리되었다. 기표와 기의의 간격을 통해 기표는 끊임없이 변화하는 의미를 잠시 정박하는 기능으로 이해되었다. 그 결과 기의보다 기표에 방점이 찍혔다. 다른 말로 하면 우리는 의미를 기표와 기의의 온전한 결합에서 나온 결과물이 아니라 무한한 가능성으로 이해할 수 있게 된 것이다. 따라서 인간의 이성이 아닌 이성의 외부에 존재하는 기호의 물질성이 강조되고, 기호 자체의 자율성에 관한 관심이 증가하게 되었다.

퍼스의 기호 독트린은 이러한 견해에 상응하면서도 여전히 후기구조주의자들과는 구별된다. 그는 기호 자체의 성찰뿐 아니라 대상과 해석체를 포함하는 삼원적 관계를 부각시키며 기호의 중재적 개념을 강조한다. 즉 퍼스의 기호학은 기호의 중재(mediation)를 통해 현상을 이해하고 더 나아가 기호로서의 인간이 어떻게 기호를 통해 사고하고, 의미를 발견하는가에 관해 탐구하는 과정으로, 궁극적으로 기호의 중재에 의한 휴먼 커뮤니케이션을 지향하는 기호학으로 이해된다. 이러한 측면에서 기호와 기호 사용자인 인간은 대화적 관계에 놓이게 되며, 서로를 교육한다. 이 같은 총체적인 일련의 기호 활동과 그 과정은 세미오시스라고 표현되는 탐구의 과정이자 방법론이다. 이는 "가능한 세미오시스의 특성과 기본적인 다양성의 독트린"(CP 5.488, 1907)으로 퍼스 후기의 기호 사상을 표현한다. 퍼스가 기호학이라고 부르는 것은 이것이었다. 다시 말하면, '여기 그리고 지금' 편만해 있는 대상의 재현을 설명하고 해석하는 과정이다. 이러한 점에서 기호를 이해하기 위한 일련의 과정은 그것이 어떻게 나타나며, 무엇에 의해 영향을 받았고, 무엇에 영향을 주는지에 대한 정신의 기하학적 지도를 필요로 한다.

이 책은 9개의 장으로 구성되어 있다. 저자는 퍼스의 철학을 이해하는 3가지 방법을 언급하면서, 그 중 하나가 각 세부를 다루면서도 전체에 대한 감각을 잃지 않고 독해할 수 있는 장점을 갖는다고 말한다. 그 방법은 퍼스의 과학 분류에 상응하여 퍼스의 철학을 이해하는 것으로, 다시 말해 이 분류는 생물학에서의 분류처럼, 자연적인 분류로, 분리되면서도 전체가 연결되어 있는 체계로서 독해하는 방법이다. 다학제적 혹은 융복합 학문의 관점에서 설명된 이 같은 과학의 분류 체계를 통해 퍼스의 철학적 사유를 이해하는 방법은 또한 『퍼스 기호학의 이해』에서 리슈카가 상세히 설명하고 있는 과학 분류에서 확인할 수 있다. 이 같은 방법이 갖는 장점은 또한 과학의 분류 체계에서 기호학의 자리가 어디이며, 그것이 다른 학문과의 관계에서 갖는 기능이 무엇인지를 고찰할 기회를 제공한다.

특히, 기호학이 다른 학문과 맺는 관계는 매우 중요한데, 퍼스 초기의 기호적 사유는 논리학 체계로서의 기호학 성격을 지닌 것이지만, 퍼스 후기의 기호학 사유는 앞에서도 언급하였듯이, 가능한 세미오시스의 특성과 기본적인 다양성의 독트린으로 확장, 발전되었다. 이 책은 이에 대해서 퍼스의 초기와 후기의 기호 사상을 연결하면서, 퍼스 철학을 논리학 체계 그리고 세미오시스와 연관된 주제들로 구성된 9개의 장에서 순차적으로 설명한다. 도입 부분에서 3개의 장은 퍼스의 삶과 학문을 시작으로 수학과 현상학에 대해 다루고, 다음에 이어지는 3개의 장은 규범과학, 기호학, 형이상학의 주제를 다루며, 마지막 부분에서 3개의 장은 우선 실용주의를 설명하고 뒤이어 이와 관련된 진리와 실재 개념, 객관적 관념론에 기초한 과학과 종교, 우주론을 다룬다.

퍼스 철학 세계를 이해하기 위한 가이드로서 드발의 책은 퍼스 기호학을 이해하려는 사람들에게 퍼스 기호사상의 철학적 배경을 이해하도록 할 뿐만 아니라 하나의 방향성을 제시한다는 점에서 그것의 역할을 튼실하게 한다. 기호 개념에 대한 철학적 토대와 기호 과정에 대한 이해 없이 현상을 분석하고 설명하는 경우 이분법적이며 자의적인 것이 될 가능성이 크다. 따라서 역동적인 변화의 과정을 설명할 수 있는 능력을 상실한다. 이런 맥락에서 옮긴이는 '퍼스 철학의 이해'라는 본 번역서를 '퍼스 기호학의 이해'를 위한 가이드로서 읽기를 제안한다.

기호학은 모든 학문과 직접 혹은 간접적으로 연결되지만, 특히 기호학이 인접 학문과 갖는 다음의 세 관계에 주목하고자 한다. 첫째 기호학과 논리학의 관계로, 기호학은 규범과학으로서의 논리학으로 이해되며, 그 둘은 퍼스에게 동일한 가치로 인식된다. 둘째 기호학과 철학의 관계로, 이러한 관계를 통해 기호학이 어떻게 일상의 삶 속에서 작동되고 있는가에 관해서 퍼스의 실용주의 개념이 고찰된다. 마지막으로 기호학과 심리학의 관계로 해석자의 기능과 객관적 관념론, 의인관이 주요한 고찰의 대상이 된다.

구체적으로 설명하면, 기호학이 논리학과 맺는 관계에 관하여 드발은 4장에서 규범과학으로서의 논리학에 대해 설명하고 있는데, 이는 5장에서 기호학 혹은 기호의 독트린을 이해할 수 있는 기반을 마련해 주는 것이다. 규범과학은 이론과학으로 진·선·미라는 전통적인 목적과 관련된 논리학·윤리학·미학이며, 특히 퍼스의 사유에서 이 세 학문의 관계는 위계적으로 연결된다. 즉 논리학은 윤리학에 의존하며, 다시 윤리학은 미학에 의존한다. 그러므로 논리학은 기본적으로 윤리학과 미학이라는 학문에 의존하면서 동시에 실증주의적 토대를 갖는 경험과 연결되지만 논리주의는 아니다. 규범과학이 현상학에 의존한다는 것을 환기하면, 오히려 기호학은 현상학을 통해 어떤 것이 나타나는 것을 목록화한 것에서 그것의 관계를 유추하고, 설명하는, 해석 과정을 보여준다. 사실상, 퍼스 자신은 이러한 세미오시스 과정을 매우 방대한 삶의 전체 프로젝트로 이해한 것 같다. 퍼스는 기호학에 관한 한, 그 탐구의 범위가 너무 방대하여 그것을 알고 인식하기엔 자기 자신은 변방의 개척자와 같다고 표현한다(CP 5.488). 이는 다음과 같은 방식으로 기술된다. 우주의 모든 대상은 상징으로 나타나며 삶 전체는 이를 논증하는 과정이다. 알고자 한다면 알려고 하는 욕구를 가져야 하듯이, 그러한 욕구는 그 대상에 대한 사랑에서 나온다. 그러므로 퍼스의 진화이론, 즉 모든 만물에 사랑이 내재되어 있다는 아가피즘(agapism)은 기호학이 우주론까지 확장되며, 만물이 진화한다는 이론을 뒷받침한다. 요컨대 대상을 사랑으로 바라보고, 그것에 대한 지식을 증가시킴으로써, 대상에 대한 개념을 새롭게 하고, 개선하며 발전시킨다는 이론이다. 이렇듯 기호학은 순전한 이론이 아니라 독트린으로서 일상의 삶에서 운용되는 법칙이며 습관인 것이다.

규범과학으로서 기호학을 이해하는 것은 그것이 이론과 실천의 양면을 갖는다는 점을 인식하는 것이다. 이 같은 견해는 두 번째 관계인 기호학과 철학에 있어서 실용주의 개념으로 나타난다. 실용주의는 의미의 이론이라고 말할 수 있는데, 이는 기호를 통해 재현된 대상의 의미가 실용적인 효과를 발생시킬 때, 그 효과가 바로 그 대상의 의미 전체가 된다는 실용주의 격률을 통해 설명된다. 다시 말해 기호의 중재를 통한 외적 세계와 내적 세계를 대화적인 관계로 인식하고, 이를 기반으로 의미를 발견하는, 의미에 관한 이론이다.

실용주의 의미 이론은 세미오시스로 표현될 수 있는데, 즉 역동적 대상의 개념을 얻는 과정이다. 이는 나타나는 현상에 대한 지각작용과 개념작용을 포함하는 그 둘의 연속성을 통해 이해할 수 있다. 그러므로 이러한 개념화 과정과 연관하여 발견되는 진정한 의미는 그것의 가치부여에 있다. 하지만 이는 자의적인 가치부여가 아닌, 가능성으로서의 의미와 비판의 과정을 거쳐 추출된 의미에 기초한 가치화 과정이다. 따라서 퍼스가 주장하는 실용주의 개념은 사고의 과정으로서 이해된다. 실용주의 개념은 고전적 실용주의에서 로티의 신실용주의에 이르는 광범위한 역사적, 사회적 맥락을 가지며, 다양한 측면에서 해석된다. 퍼스도 이러한 맥락에서 자신의 실용주의 개념을 역설한다. 퍼스는 다른 실용주의자들과 구별하기 위하여 프래그마티시즘(pragmaticism) 이라는 신조어를 만들기까지 하는데, 퍼스 자신도 인식하듯이, 그 표현이 흉해서 그다지 친숙하게 받아들여지지 않았던 것 같다. 그럼에도 퍼스가 갖고 있었던 실용주의 개념은 분명하다. 즉 의미는 이원적인 대립에서 나오는 것이 아니라 삼원적 관계에서 발견된다는 점이다. 따라서 이론과 실천이 분리되지 않고, 과학과 종교가 연결되는, 가능하다면 모든 것을 연결하려는 사고의 경향은 그의 이론인 시네키즘(synechism)에서 그 뿌리를 찾을 수 있다. 다시 말해, 퍼스의 실용주의는 대상의 개념을 획득하는 과정에서 의미를 발견하는 총체적인 기호 활동과 밀접하게 연결되어 있다. 특히 '과정', '관계', '시스템'이라는 키워드를 통한 퍼스의 실용주의 개념은 놀라운 현상을 새로운 시각과 관점을 기반으로 삼원적 관계 속에서 추론하는 가추법적 논리로 이해된다. 그러므로 퍼스의 실용주의는 사변 문법, 비판, 사변 수사학이라는 기호학의 기반 위에서 공통적 관찰의 대상을 경험하고 설명하고 적용하는 과정이다.

마지막으로 살펴볼 관계는 기호학과 심리학과의 관계이다. 기호를 기호 자체로, 혹은 무엇을 대신하는 것으로, 혹은 다른 무엇으로 번역되거나 해석되는 것으로 각각 지각하고 반응하고 설명하는 해석체 정신은 기호와 대상을 연결하는 중재자의 기능을 한다. 이 점에서 해석체 그리고 상징을 사용하는 정신으로서의 대행자와의 관계를 이해하는 것은 매우 중요하다. 심리학이 인간중심적인(anthropocentric) 사고에서 벗어나 의인관적(anthropomorphic)인 관점을 취하게 될 때, 기호 사용자는 기호의 진정한 능력이 발휘됨을 인식할 것이다. 이러한 관점은 자연 세계와 인간세계가 유비 구조로 서로 닮아있다는 대전제를 통해 가능하다. 퍼스 철학의 핵심적 원리인 객관적 관념론(objective idealism)은 이러한 사유를 지탱하는 원동력이고, 따라서 인간은 심리적 주체가 아닌 일관성으로 특징지어지는 인격 동일성을 갖는 공동체의 한 부분으로의 개체가 된다. 이러한 기호적 자아는 객관적 관념론을 통해 정신이 시원적이고 이것이 또한 자연의 물질에 반영되어 있다는 점과 관련된다. 이러한 토대 위에서 기호적 그리고 대화적 자아로 해석자를 이해하는 것은 인간 자체가 해석체 상징이라고 하는 점과 함께, 전혀 다른 두 영역 즉 가능태와 현실태를 중재하는 상징으로서 인격성(personhood)을 수용하는 것을 가능하게 한다. 그러므로 이러한 관점에서 인간-기호는 우주에 편만한 상징을 논증하는 사고의 주체로 다른 상징과의 관계 속에서 성장하고 발전하는 상징이다. 따라서 외재화된 정신과 의인관을 통해 우주에 드러난 자아는 다시 내재화와 습관을 통해 기호적 자아를 해석하며 정체성을 발견한다.

에코의 기호학은 상술한 퍼스의 해석체 개념을 해석자에 초점을 맞추면서 소쉬르 기호학과 퍼스의 기호학을 연결한 것으로 평가된다. 퍼스가 논리학을 기반으로 기호가 작동하는 원리를 탐구하여 기호의 이론을 정립한 철학자였다면, 에코는 해석자와 관련하여 소설, 건축, 문학, 미디어, 이미지 등과 관련된 문화적 영역에서 해석 활동을 연구하여, 해석적 기호학(interpretative semiotics) 이론을 발전시켜 이름을 얻었다. 이러한 점에서 에코의 기호학은 문화적 측면에서 해석자 기능을 강조하는 반면, 퍼스는 목적론적 관점에서 해석자를 인간-기호로서 전체 상징의 한 부분이 되는 기호 사용자로서 기술한다. 그러므로 퍼스의 기호학은 일반심리학을 넘어서 현상학과 연결된 철학에 바탕을 둔다는 점이 부각된다. 이 점은 퍼스의 과학 분류로 되돌아가 다시 확인될 것이다.

퍼스 철학에 대해서는 드발이 1장에서 언급한 바처럼, 아직도 많은 부분이 출판 중이라는 점을 고려해 볼 때, 다양한 해석이 이루어질 수 있을 것이고, 어느 곳에 초점을 둘 것인지에 따라서도 다양한 견해가 존재할 것이다. 그러나 퍼스의 방대한 철학 세계를 접하게 될 사람들에게 이 같은 입문서는 유익한 자료가 될 것으로 생각한다.

본 번역서가 나올 수 있도록 도움을 주신 여러 분들이 있다. 이 지면을 빌어 감사의 마음을 전한다. 한국어판 번역을 흔쾌히 수락해 준 동료 케이스(저자의 애칭)에게 고마움을 표한다. 그는 번역과정에서 까다로운 질문에 친절하게 응답해 주었고 아낌없는 격려로 응원해 주었다. 한국연구재단과 한국외대 세미오시스 연구센터 전기순, 김백기 선생님을 비롯한 연구센터 동료 선생님들께 실질적인 지원을 해주신 것에 대해 감사의 마음을 전한다. 그리고 출간에 필요한 환경을 마련해 주시고 실제적인 도움을 주신 한국외대 지식출판원 신선호 팀장님께 감사의 뜻을 표한다. 또한 매주 번역문을 윤독하며 힘든 작업을 즐겁게 할 수 있도록 함께 해 준 <퍼스기호학연구회>의 동양미래대학교 서준호 선생님, 특별히 원고를 꼼꼼하게 읽고 교정해 준 고려대학교 조은상 군에게 깊은 고마움을 전한다. 그리고 편하게 읽힐 수 있도록 표현을 다듬어 준 고려대학교 김해린 양과 프랑스 <사회과학고등연구원>의 김성재 군에게 고마운 마음을 전한다. 끝으로 이 번역을 시작하고, 또한 마무리할 수 있도록 사랑과 격려로 함께해 준 남편 크리스에게 감사와 사랑의 마음을 전한다.

2016년 4월

이윤희

# 개정판 옮긴이의 말

이제 기호 혹은 기호학이라는 말이 예전처럼 낯설게 느껴지지 않는다. "언어는 사고(思考)를 기록하는 일종의 기호다" 혹은 "언어는 인간이 사용하는 기호 가운데 하나다"까지는 아니더라도 기호(記號)를 "어떠한 뜻을 나타내기 위하여 쓰이는 부호, 문자, 표지 따위를 통틀어 이르는 말"이라는 정도는 상식이 되었다. '기호(記號)'를 기호(嗜好)라고 생각했던 사람의 전화를 받았다는 어느 대학의 일화를 떠올리면 격세지감을 느끼게 된다.

기호학은 '기호(記號)'를 연구하는 학문이다. 이 말은 가장 간단하고 명료한 기호학의 정의일 것이다. 하지만 이 같은 정의는 기호학에 관한 어떤 정보도 제공하지 않는다. 이 말이 어떤 의미를 지니기 위해서는, 곧 기호학이라는 학문의 경계를 명확하게 긋기 위해서는 무엇이 기호인가라는 질문을 반드시 다시 해야만 한다. 그것은 기호에 대해서 기호라는 자격을 부여하는 조건이 무엇인가를 묻는 것이다. 그래서 퍼스는 기호학 연구에서 언어, 이미지, 행동 등을 매개로 사고를 기록하고, 표현하고, 전달할 때 그것들이 기호가 되는 형식적 조건들이 무엇인지에 대해 다룬다. 기호의 형식적인 조건에 대한 질문과 이에 대한 이론적인 대답은 기호의 문법이라고 할 수 있을 텐데, 우리가 일반적으로 이것을 기호학이라고 부른다.

하지만 무엇이 기호인가라는 질문은 기호의 문법을 함축하는 것에 그치지 않는다. 그것은 기호가 어떤 대상을 재현할 때 그것이 진리로 재현되는 조건, 곧 진리 재현의 형식이 무엇인가라는 질문을 함축하기도 한다. 이 때문에 퍼스는 올바른 추론을 통해 어떻게 기호가 세계를 올바르게 재현하는지에 대해 비판적으로 검토했다. 올바른 추론은 개인의 내적 성찰 영역에서 이루어지는 것이 아니라 타자와의 대화적 과정에서 이루어진다. 따라서 추론에 관한 관심은 탐구 공동체에서 대화적 과정을 통해 기호가 소통되는 형식에 대한 관심이다. 퍼스가 탐구 공동체의 담화 영역에서 기호가 소통되는 조건에 대해 관심을 가졌던 것은 이 때문이다.

다른 식으로 표현하면, 기호학이란 기호의 문법을 이해하고, 세계를 재현하는 추론의 원리를 검토하고 기호를 매개로 한 소통의 과정을 연구하는 학문이다. 곧 어떤 것이 기호인지에 관한 형식적 조건을 이해하는 과학이요, 기호에 재현된 대상을 통해서 그 기호를 재현하게 만드는 대상의 의미를 발견하고 알아가는 탐구의 과정이요, 어떻게 진리가 올바로 탐구되어야 하는지 또는 어떻게 진리가 수립될 수 있는지에 관한 원리를 탐구하는 방법론이다.

포괄적인 의미에서 보자면 기호가 대상을 재현하기 위해서 갖추어야 할 자격 조건에 대한 통사론적 연구는 기호와 그것이 재현하는 대상과의 관계, 그리고 기호와 그 해석체의 관계에 대한 연구와 서로 연결된 셈이다. 이런 과정은 기호학이 결국 규범과학과 형식과학으로서의 성격을 지니고 있다는 뜻이 되고, 퍼스는 이를 기호의 독트린을 통해서 일깨워준 것이다.

기호학의 방대한 영역과 주제는 궁극적으로 기호행동 혹은 기호과정(semiosis)의 원리를 규명하는 것이다. 퍼스는 세미오시스의 과정에서 기호를 경험하는 주체와 그것의 의미가 밀접하게 연결되어 있다는 점을 강조했는데, 이는 이 과정이 기호해석 대행체로서의 인간이 참여하는 과정이라고 보았기 때문이다. 그래서 퍼스 기호학은 다른 기호학보다 더 풍요롭고, 이 때문에 다양한 해석을 낳으며, 여러 학문적 영역으로 외연이 확장되어 있다.

퍼스는 가능한 세미오시스의 특성과 기본적인 다양성의 독트린에 관하여 자신은 변방의 개척자라고 표현했지만(퍼스 1907, CP 5.488), 『퍼스 선집』(1931~1958)이 그의 사후에 출판된 후 퍼스 기호학에 대한 관심과 논쟁이 점차 늘어나는 추세다. 코블리(2019)의 말처럼 비록 그의 기호이론이 종종 잘못 이해되곤 할지라도, 영원히 묻힐 뻔한 그의 이론이 활발한 논쟁거리로 부활하는 것은 그에게나 우리에게나 오히려 다행스러운 일이라고 할 수 있다.

코블리(2019)는 퍼스의 기호 원리에 대한 오해가 기호의 원리를 퍼스의 두 번째 삼분법에 고정한 것에서 비롯되었다고 지적한다. 불변하는 요소를 찾고 있었던 후대 기호학자들에 의해 퍼스 기호학의 핵심인 해석체의 기능이 간과된 채 기호와 대상의 관계에 관한 도상-지표-상징의 삼분법만 주목되었으며, 그 결과 기호와 그 해석체 사이의 관계에 기반을 둔 역동적이면서 다양한 '해석적 기호학'이 단순한 '코드 기호학'으로 대체되어 버렸다는 것이다.

퍼스의 기호학이 코드 기호학과 다르다는 사실은 그의 육성으로 확인할 수 있다. 그는 자신의 삶이 얼마 남지 않았을 때, 웰비 여사에게 편지를 썼다. "이제, 정의는 기호의 대상, 기호의 외연을 드러내지 않고, 하지만 단지 기호의 의미화(signification)를 분석합니다. 그리고 그것은 기호가 자신의 대상과 갖는 관계가 아니라 기호가 자신의 해석체와 갖는 관계의 문제입니다" (퍼스, 1953: 39).

퍼스의 기호학은 출발점부터 소쉬르 기호학과 달랐다. 전자는 논리에서, 후자는 언어에서 시작했다. 퍼스는 올바른 추론을 위한 방법으로서 기호의 독트린을 말한 반면, 소쉬르는 언어체계 안에서 포착된 관습적이고 자의적인 언어기호의 독트린을 다루었다. 즉 소쉬르는 언어의 실체를 통해서만이 세계가 재현된다고 보지만, 퍼스는 인간의 내적 세계와 외적 세계를 중재하는 소통의 매개로서 기호를 이해하고, 역동적인 기호의 활동과 해석과정으로서 기호의 원리를 설명한다. 따라서 퍼스의 기호학은 관찰과 경험에 기초한 현상학, 실재와 진리 개념을 수반하는 존재론, 자연법칙과 우주와 신의 문제를 다루는 형이상학을 연결하는 중재적 기능을 하는 포괄적인 기획이다. 이런 점에서 퍼스의 기호이론은 반심리적이고, 일반적이며, 기호-대상-해석체의 삼원적 관계에 기반을 둔 해석적 기호학이요, 형식 과학이자 규범과학으로서의 기호학이다. 『퍼스 철학의 이해』는 퍼스 기호학의 이러한 성격을 포괄적으로 설명해주는 유익한 안내서다.

지금의 퍼스 연구자들은 퍼스의 추론 모드 중에서 가추법에 관심을 갖는다. 가추법은 추론의 한 형태로서 가설을 토대로 새로운 이론을 구성하는 창조적인 추론과정이다. 그것은 본능적 추리로서의 가설과 이를 설명하는 과정으로서의 이성적 논리가 결합된 것으로 새로운 이론을 생산한다. 그 과정에서 전통적인 다른 두 형태, 곧 연역적 추론과 귀납적 추론과도 연합한다. 퍼스의 다이어그램은 이러한 가추적 과정을 실험할 수 있는 수학적 연역으로서의 추론으로 그래프 위에서 나타난다. 이런 점으로 인해 퍼스의 기호학은 시각적이며 인지적인 특징을 갖는다. 여기서 인지의 개념은 심리학적이거나 혹은 뇌과학에서 말하는 인지가 아니라, 다이어그램 또는 그래프의 방법을 통해 대상을 관찰하고 추론하는 과학적 지성과 연결된 기호의 인지과정을 말한다.

퍼스는 수학을 가설적, 상상적인 측면에서 바라본다. 그에게 수학은 계산적이거나 양적 개념이 아니다. 이 관점은 칸트가 수학을 철학과 분리하여 생각한 것과는 달리, 철학의 방법에 수학을 적용할 수 있는 근거를 마련한다. 이는 퍼스가 과학 철학을 주장하는 밑바탕이 되기도 한다. 따라서 가추법은 레마적 논리로서 의미를 탐구하는 실용적인 영역에서 적용될 수 있는 추론의 형태이며, 예술, 문학, 종교를 과학과 연결하는 퍼스 기호학의 창조성과 가능성을 보여준다.

본 번역자는 초판의 옮긴이의 말에서 '어떻게 퍼스를 읽을 것인가'라는 제목으로 퍼스 독해를 위한 약간의 가이드라인을 제시했었다. 개정판에서도 이 점을 다시 강조하는 이유는 퍼스의 철학 혹은 퍼스의 기호학은 그것의 풍요로움과 방대함 때문에, 접근하기가 쉽지 않을뿐더러 그의 기호 사상에 대한 논쟁과 더불어 그것이 잘못 형성될 가능성에 항상 열려있기 때문이다. 어쩌면 이는 '퍼스의 기호학' 자체의 성격에서 비롯되는 자연스러운 귀결일 것이다.

이런 점 때문에 퍼스 독자들은 처음부터 한쪽으로 치우치지 않은 객관적인 길을 택하게 되는데, 그 방법은 드발이 소개하듯 퍼스의 과학 분류를 통해 그의 철학과 기호학에 접근하는 일이다. 그러므로 퍼스의 철학이 과학 분류에서 어떤 위치를 차지하는지를 알고, 각 학문과의 관계를 통해서 그것을 이해하는 일이다. 동일한 맥락에서, 퍼스의 기호학도 과학의 분류에서 그것이 차지하는 위치와 역할에 초점을 맞추어 이해한다.

위의 점을 염두에 둔다면, 퍼스의 철학은 수학과의 관계를 토대로 현상학과 범주론의 경험적 현상을 관찰하여 추론하며, 규범과학으로서의 논리학에 기반을 둔 과학 철학을 통해 형이상학을 연구한다. 마찬가지로 퍼스의 기호학은 건축술적인 이론에서 그것의 논리적인 틀로서 기호학의 역할을 면밀히 관찰하고, 좋은 추론의 과정으로서 수학에 기반을 둔 가추법, 연역법, 귀납법의 논리적 과정을 기호를 매개로 하여 설명하려는 점을 인지한다. 이러한 방식으로 퍼스의 철학과 기호학은 연결된다.

이 때문에 번역자는 퍼스의 일차 문헌을 접하기 전에 그의 기호 철학을 이해하기 위한 가이드로서 퍼스 연구자에게 필요하다고 생각되는 번역 시리즈를 기획하였다. 『퍼스 기호학의 이해』 (2013), 『퍼스 철학의 이해』(2016), 그리고 『의미의 이해』(2016)가 그것이다. 독자들은 세 권의 퍼스 독해 시리즈를 통해 기호학과 철학, 그리고 문학이 융합되는 지점을 발견할 수 있을 것이다.

더 나아가 상호주체적인 관계 속에서 각 학문의 정체성을 확인할 수 있는 계기도 마련될 것으로 본다. 다르게 표현하면 퍼스에게 규범과학으로서의 논리학은 다시 기호학으로서의 논리학이기 때문에 기호학은 규범과학, 즉 미학, 윤리학, 논리학의 관계 속에서 이해된다. 기호학은 이러한 철학의 바탕 위에서 이해되고, 철학은 기호학의 논리를 통해 과학철학이 된다.

이는 기호가 재현하는 대상의 의미는 그 기호를 통해 재현되는 대상이 갖는 개념의 효과라는 실용주의 철학으로 이어진다. 이렇게 기호와 철학, 그리고 의미는 상호관계를 통해 서로를 규정하며 의미를 생산한다. 궁극적으로 이러한 과정은 대상에 대한 개념의 의미를 얻기 위한 기호의 해석과정이다. 따라서 퍼스의 기호 독트린은 그의 과학 철학의 틀과 실용주의 철학이 표방하는 의미이론을 연결하는 매개가 된다.

『퍼스 철학의 이해』의 개정판에서는 여러 부분을 수정했다. 번역이 잘못된 부분을 바로잡기도 하고, 개념이나 내용의 이해를 돕기 위해 보충 설명을 덧붙이기도 했다. 이탤릭 표기 등을 포함하여 독서할 때 거슬렸던 철자 및 표현 오류도 바로잡았다. 특히 관심을 기울인 것은 용어의 통일이다. 『퍼스 기호학의 이해』 (2019년 개정판 출간 예정)와 『의미의 이해』를 함께 읽는 독자들이 일관성을 갖고 개념을 잡을 수 있도록 이 부분에 특히 주의를 기울였다. 개정판 준비과정에서 도움을 주신 분들에게 감사의 마음을 전한다. 한국외대 <세미오시스 연구

센터>, 강병창 교수님의 수정 의견에 감사드리고, 교정을 맡아 수고해 준 한국외대 이선화 양과 서강대학교 이지환 군에게 고마움을 표한다. 아울러 본 개정판을 낼 수 있도록 도움을 주신 한국외국어대학교 지식출판콘텐츠원 신선호 팀장님께 감사드리고, 출간과정이 순조롭게 진행되도록 애써 주신 편집자 박현정 선생님께 고마운 마음을 전한다.

2019년 2월<br>이윤희

# 참고문헌

Cobley, P. (2019 출간 예정). Peirce in contemporary semiotics in *The Bloomsbury Companion to Contemporary Peircean Semiotics*. ed. T. Jappy. London: Bloomsbury. Introduction.

Peirce, C. S. (1953). *Charles S. Peirce's Letters to Lady Welby*, ed. Irwin C. Lieb. New Haven, Conn.: Whitlocks, p. 39.

Peirce, C. S. (1931~1958). *Collected papers of Charles Sanders Peirce,* Vol. 1~6 (C. Hartshorne & P. Weiss Eds.), Vo1. 7~8 (A. W. Burks, Ed.). Cambridge, Mass.: Harvard University Press.

# 필자소개

## - 지은이

코르넬리스 드발(Cornelis de Waal)

코르넬리스 드발은 네덜란드에서 태어났고, 1992년에 마이아미 대학 교수 수잔 핵(Susan Haack)과 퍼스를 공부하기 위하여 미국으로 이주했다. 미국으로 가기 전 그는 로테르담에 있는 에라스무스 대학에서 경제학과 철학을 공부했고, 암스테르담에 VNU 비즈니스 출판사에서 수년 간 편집자와 기자로 근무했다. 박사학위를 받은 후 <퍼스전집편찬위원회>에 참여하였고, 30권을 목표로 연대기 순으로 편찬되는 퍼스 전집(*Writings of Charles S. Peirce: A Chronological Edition*) 출간을 위한 편집위원이 되었다. 2011년, <퍼스전집편찬위원회>를 떠났고, 『트랜잭션(*Transactions of the Charles S. Peirce Society*)』의 편집장이 되었다. 그는 퍼스, 조지 허버트, 그리고 실용주의에 관한 책을 출간하였으며, 수잔 핵, 뉴리얼리즘, 그리고 다시 퍼스 저작 편집본과 그 외에 많은 논문들을 출판하였다. 최근에 출간된 책으로 퍼스의 초기논문의 다양한 개정판 들을 포함하는 찰스 퍼스의 『과학의 논리에 관한 예증(*Illustrations of the Logic of Science*)』 편집본이 있다. 드발은 인디애나폴리스에 소재한 인디아나대학교-퍼듀대학교의 철학 교수이고, 미국 철학 석사과정 프로그램을 기획하고 책임을 맡았다. 그는 인디애나폴리스 시내 가까이에 있는 19세기 후반 밝은 노란색의 앤 여왕 양식으로 지어진 집에서 아내 켈리와 두 딸 그리고 두 마리의 개와 살고 있다.

## - 옮긴이

이윤희

한국외국어대학교 세미오시스 연구센터 인문한국(HK)교수다. 고려대학교에서 "활동 기호학의 이론적 토대: 상징적 중재와 대화적 상호작용"이라는 논문으로 박사학위를 받았다. 세계기호학회(IASS)의 공식학술지인 ≪세미오티카(*Semiotica*)≫가 선정한 최우수 논문상(Mouton d'Or award)을 수상했다(2008). 인디아나대학교-퍼듀대학교의 <퍼스전집편찬위원회>에서 초빙 연구원으로 퍼스 연구를 수행했으며(2011), 고려대학교에서 다년간 기호학을 가르쳤다. 퍼스 기호학의 관점에서 상징, 대화적 자아, 사랑, 내러티브 인지와 모델링, 이미지와 다이어그램에 관한 연구를 진행하고 있다. 역서는 '퍼스기호학 독해시리즈'로 『퍼스 기호학의 이해』(2013/2019개정판 출간 예정), 『퍼스 철학의 이해』(2016), 『의미의 이해: 찰스 퍼스와 구조주의, 그리고 문학』(2016)이 있다. 저서로는 『찰스 샌더스 퍼스』(2017)가 있다. 그 외 "여행 내러티브에 대한 퍼스 기호학적 접근:알랭 드 보통의 <여행의 기술>을 중심으로"(2015), "A semiotics of creativity and a poetic metaphor: Towards a dialogical relation of expression and explanation"(2016), "The rhetoric of love and self-narratives in the cinema image: A Peircean approach"(공저 2016), "퍼스의 다이어그램과 알레고리적 독서: 김연수의 작품을 중심으로"(2018) 등 다수의 논문이 있다.

# *일러두기

- 원저자의 주석은 미주 처리했다. 1), 2), 3)...
- 옮긴이의 주석은 보충 설명이 필요한 경우 본문 안에 [ ]를 사용하여 처리했다.
- 외래어 표기는 현행 어문규정의 외래어표기법을 따랐다.
- 인명, 작품명, 저서명, 개념어 등은 한글과 함께 괄호 안에 원어를 병기했다.

# I

## 삶과 학문

# 1

# 삶과 학문

1914년 12월 29일 이른 아침, 하버드의 젊은 대학원생과 콧수염이 축 늘어진 인근 농부가 말이 끄는 썰매를 타고 포트저비스(Port Jervis) 기차역을 향해서 질주하였다. 두 사람은 그 해 봄에 죽은 미국의 철학자 찰스 샌더스 퍼스(Charles Sanders Peirce, "퍼스purse"라고 발음한다)가 소유했던, 어림짐작하여 천 권은 될 책과 무거운 나무 상자 두 개 분량의 원고를 운반하고 있었다. 그 두 나무 상자에 들어있는 원고는 퍼스를 위대한 서양의 철학자로 인정받게 할 만한 것이었다. 살아있는 동안 퍼스는 과학자와 논리학자로 높이 인정받았지만 철학으로는 잘 알려지지 않았다. 그 이유는 그의 철학 대부분이 출판되지 않은 채로 있었기 때문이다.

찰스 퍼스는 명성이 있는 수학자이자 천문학자인 벤자민 퍼스의 둘째 아들로, 매사추세츠 캠브리지에서 1839년 9월 10일에 태어났다. 찰스 퍼스(이후로는 이 책의 초점인 '퍼스'로 지칭된다)는 책만 읽는 철학자와는 거리가 멀었고, 그의 연구 영역은 엄청나게 넓다. 퍼스는 별의 광도와 은하계의 형태에 관한 선구자적인 연구를 하였다. 퍼스는 도구들을 디자인하고, 방법론을 개선하면서 지구의 정확한 모양을 결정하는 연구를 광범위하게 하였다. 그는 세계 지도에서 모든 두 점 사이의 거리가 최소한의 왜곡을 갖도록 하는 새로운 지도 투영법을 발명하였다. 퍼스는 수리 논리학, 수리 경제학의 선구자였으며, 셰익스피어 발음에 대한 중요한 연구를 하기도 하였다. 또 실험 심리학에 관련된 연구를 하였고, 논리학과 수학에 관한 여러 권의 책을 쓰기도 하였으나 이 중 어떤 것도 출판되지는 않았다. 과학의 역사에 대한 강의를 하였고, 목재 펄프의 표백 과정을 발전시켰으며, 철자 개정에 관한 글을 썼으며, 허드슨 강 위 현수교의 계산법을 고안하였고, 미터의 정확한 길이를 확정하기 위해 빛의 파장을 처음으로 사용하였다. 여담이지만, 퍼스의 학생이었던 알랑 마르캉(Allan Marquand)에게 보낸 짧은 편지에 의하면, 퍼스는 전자식 전환회로 컴퓨터를 발명했다—그 전까지 계산 기구는 전적으로 기계식이었다(W 5:421-23). 하지만 이러한 모든 업적들이 퍼스에게 도움을 주지 못했고, 그는 캘리포니아 밀포드라고 불리는 작은 마을에서 (사람들에게)거의 완전히 잊힌 채 1914년 4월 19일, 비참한 가난 속에 죽었다. 퍼스는 단지 그의 두 번째 아내(그녀의 신분은 여전히 베일에 가려있다)와 어지럽게 뒤섞여 있는 십만 장이 넘는 분량의 원고만을 남기고 죽었다. 퍼스의 사상에 큰 빚을 지고 있었던 미국의 철학자 조사야 로이스(Josiah Royce)는 퍼스의 논문과 도서관을 위하여 돈을 모으려고 노력했다. 모금액은 오백 달러가 채 되지 않았지만 그 덕분에 퍼스의 책과 논문들이 처음에는 썰매로 그 후에는 기차로 하버드로 옮겨졌다. 퍼스의 출판되지 않은 글들을 책으로 만드는 과정은 시간이 많이 소요되었으며 여러 가지 논란이 있었지만, 그의 글이 철학적 지형에 유의미한 변동을 불러일으킬만한 것이었으며, 퍼스가 중요한 철학자라는 점은 이미 부정할 수 없는 것이었다.

이 책은 독자들이 퍼스의 철학을 살펴보도록 인도하는 목적을 가진다. 이를 위한 다양한 방법이 있다. 한 가지 방법은 퍼스가 철학이나 다른 문제들에 대해 연구하던 60년의 기간 그가 취했던 중요한 단계를 신중하게 추적하면서 퍼스의 철학을 연대순으로 논하는 것이다.[1] 이러한 접근에는 커다란 장점이 있다. 그것은 그의 입장에서 중대한 전환을 야기한 외적, 내적 압력을 보여 줄 것이고, 이는 그가 하는 일이 무엇이었으며, 그리고 왜 하는지에 대해 한층 잘 이해하게 한다. 하지만 퍼스가 많은 영역에서 활동하였기에 이는 또한 복잡한 이야기가 된다. 그 이야기는 퍼스가 살았던 시대의 사상의 주요 흐름에 대한 올바른 이해가 없이 거의 불가능할 것이다. 퍼스는 세상과 단절된 채 홀로 글을 쓰지 않는다. 그는 수학과 과학에서 무엇이 일어나고 있는지 통절히 인식하고, 그것을 폭넓게 활용한다.

다른 방법으로, 특정적 사안들, 예를 들면, 퍼스가 가장 혁신적이거나 혹은 영향을 미친 곳에 초점을 두고 연구할 수 있다. 하지만 이러한 "인기 있는 주제"로의 접근 방식은 그의 철학의 체계적인 성격을 보여주지 못한다. 세 번째 접근은 체계적인 성격에 초점을 두고, 체계의 틀을 위한 퍼스의 기여를 논하는 것이다. 이 책에서는 이러한 접근을 취한다. 퍼스는 과학들을 분류하고 그 중에 철학을 위치시키는 일에 엄청난 시간을 보낸다. 철학적 활동의 체계적 분류를 포함하는 퍼스의 과학 분류를 선택하는 것과 그것과 관련하여 그의 사상에 대한 논의를 구조화하는 것은 전체에 대한 시각을 잃지 않으면서도 비교적 상세한 우회로를 만들 수 있는 심화된 이점을 갖는다.

## 1.1 박식가의 탄생

퍼스는 진정으로 보편적 지성이라 불릴 수 있는, 사상사에서 보기 드문 사람이다. 로버트 크리즈(Robert Crease)는 그를 "다작의, 끊임없이 성취하려는 박식가"라고 부르고 있는데 이러한 표현은 그를 꽤 잘 요약하고 있다.[2] 퍼스는 대부분 급격한 변화의 과정에 있는 주요 사상의 흐름(수학, 논리학, 실험과학)에 깊게 관여되어 있고, 매우 다양한 영역에서 중요한 기여를 한다. 어떤 이는 퍼스를 미국의 아리스토텔레스라 불렀고, 다른 이들은 퍼스를 미국의 라이프니츠라고 불렀다. 그리고 박식가 중 가장 잘 알려진 레오나르도 다빈치를 따라 그를 미국의 레오나르도라고 부르는 것도 적절할 것이다.[3]

일반적으로, 박식가를 만드는 것은 어린 시절에 시작되는데, 퍼스의 경우에도 마찬가지이다. 퍼스의 아버지는 하버드의 수학자였고, 미국 내의 과학 공동체를 설립하는 데 주요 역할을 맡았던 천문학자였다.[4] 그는 미국 과학 아카데미(the National Academy of Sciences)와 스미소니언 학술협회(the Smithsonian Institution)의 토대 마련에 관련되어 있었고, 1867년에서 1874년까지 그 당시 미국의 최고의 과학기관인 미국 해안 측량국의 책임을 맡고 있었다. 이러한 점과 더불어, 그의 아버지 또한 박식가라 할 만한 사람이었기 때문에 퍼스는 어린 나이에 이미 과학적 지식에 노출된다. 그가 후에 기억하듯이, "모든 최고의 과학자들, 특히 천문학자와 물리학자들이 우리 집을 자주 방문했다. 그런 이유로 나는 과학적인 분위기 속에서 자라났다. 하지만 나의 아버지는 관심 영역이 넓으신 분이어서 문학적인 사람들과도 친밀한 관계에 있었다"(SS:113).

벤자민 퍼스는 어린 찰스가 재능이 있음을 일찌감치 알아차리고 그의 초기 교육에 적극적인 역할을 담당하였다. 벤자민은 증명을 통해서 문제의 해결에 이르도록 학생들을 신중하게 지도하는 것이 아니라 영감을 줌으로써 자신의 학생들을 가르쳤던 혁신적인 교사였다. 그는 신속하고 우아한 해답을 선호하면서, 칠판에 증명과 해결을 급하게 쓴 다음 칠판이 다 채워지자마자 그가 썼던 것을 재빠르게 지워버린다고 알려졌다. 일반적 의견은 그의 수준이 너무 높아서 학생들이 따라오기도 전에 문제를 풀어버린다는 것이다. 하지만 이해하지 못한 학생들은 여전히 그를 높이 평가했으며 그의 학생이었다는 것에 감사해했다. 퍼스는 자신의 아버지로부터 받은 교육에 대하여 다음과 같이 말한다. "아버지가 어떤 수학의 정리나 혹은 산술의 법칙을 나에게 직접 보여주려는 일은 거의 없다. 그는 예를 주려고 한다. 하지만 나머지는 나 자신이 생각해 내야한다"(R619:5). 퍼스가 계속 말하기를, 생각해내는 것을 돕기 위해 "[나의 아버지는] 내가 집중하도록 가르치셨으며 내가 오랫동안 주의력을 유지할 수 있도록 하는데 대단한 노력을 기울이셨다. 때때로 아버지는 저녁 열시에서 동이 틀 무렵까지 빠른 속도로 더블 더미 게임을 하게 하면서, 매번 범하는 오류를 호되게 비판하며 나를 테스트 하였다"(같은 책). 그의 아버지 영향이 어느 정도였는지에 대하여 퍼스는 후에 이렇게 적는다. "그는 나를 교육시켰고, 만약 내가 무언가를 이룬다면 그것은 그의 작품이나 마찬가지다"(R1608:2).

그리하여 퍼스는 어린 시절부터 자신 스스로 사물에 대하여 생각하는 습관을 얻게 된다. 그는 과학의 역사와 철학에 대한 탄탄한 지식을 가진 열렬한 독자이자 동시대의 연구를 잘 알고 있었지만 그 자신만의 방법으로 사물에 대해 생각하는 습관을 유지하였고, 이것이 사상가로서 그의 독창성을 만드는 데 크나큰 기여를 한다.

자신의 힘으로 사물을 생각하는 이러한 습관은 12살이 되던 해에 그의 삼촌 찰스 헨리 퍼스가 집에 화학 연구실을 설립하는 것을 돕는 계기로 주요한 활력을 얻는다. 찰스 헨리는 유스투스 폰 리비히(Justus von Liebig)의 실험적인 교수방법을 하버드에 소개한 에번 홀스포드(Eben Horsford)의 학생이자 조교였다(홀스포드는 독일에서 리비히와 함께 수학하였다). 리비히는 순수한 이론에만 치중된 방법을 버리고, 화학을 가르칠 때, 모든 학생들에게 알파벳 글자가 새겨져 있는 일련의 병을 주었다. 학생들은 유일한 가이드로 질적 분석에 관한 개론 교과서를 사용하여 각 병에 담겨있는 내용을 분석해야 했다. 수년간 리비히의 강의에서 병의 수는 백 개로 늘어났고, 보통의 학생들이 그 연습을 완성하는 데는 대략 일 년이 걸렸다. 퍼스의 집에 마련된 실험실은 그의 삼촌이 번역한 슈퇵하르트(Stöckhardt)의 『화학의 원리(*Principles of Chemistry*)』 번역서와 함께 이러한 모델에 기초하여 만들어졌다.

리비히의 교수방법이 화학 분석의 연습에 한정되었지만, 그러한 방법은 보다 광범위하게 실험적인 과학에 적용될 수 있었다. 에번 홀스포드는 이러한 점을 취하였고, 그래서 그 방법을 자신의 교수법에만 적용한 것이 아니라 그가 하버드에 로렌스 과학학교(퍼스는 1863년에 이 학교를 졸업했다)를 세웠을 때, 리비히의 방법을 따라 전체 학교를 그 모델에 따르게 했다. 1869년에 리비히의 방법은 찰스 엘리어트(홀스포드의 학생이자 퍼스의 로렌스 과학학교의 화학 선생님이다)가 하버드의 총장이 되었을 때는 더욱 확장된다. 엘리어트는 40년간 하버드의 총장으로 있으면서, 하버드를 실험적 과학의 원리에 견고하게 토대를 둔 최초의 미국 대학으로 만든다. 간략하게 말하자면, 이미 12살의 나이에 리비히의 병을 가지고 실험하면서 퍼스는 실험적 방법에 심취하였다. 이러한 일은 그 같은 방법 자체와 그리고 그것이 만드는 과학이 아직 유아기 단계에 있을 시기에 발생한 것이었다. 따라서 여전히 새로운 것을 배우고자 하는 명민한 정신은 자신 앞에 거의 경작되지 않은 채로 존재하는 비옥한 땅을 발견하게 된 것이다. 더군다나 리비히의 방법은 화학적 분석을 매우 실제적으로 배우는 것으로, 병 안에 있는 내용물의 차이점은 그 내용물에 다양하게 적용된 조작의 실제적인 결과에 의해 밝혀진다. 우리가 앞으로 나오게 될 장에서 보게 되겠지만 이것은 또한 어떻게 퍼스가 과학뿐만이 아니라 철학도 함께 알게 되는지에 대하여 결정적인 요인이 된다.

또한 12살의 나이에 퍼스는 영어권 세계에 논리학의 연구를 활성화시킨 저작인 리처드 웨이틀리(Richard Whately)의 『논리학 원론(*Elements of Logic*)』을 읽는다.[5] 퍼스는 이 책을 그의 형의 방에서 발견하고 그것을 신속하게 독파한다. 후에 그는 반복해서 말하는데, 이때부터 논리학이 그의 가장 강렬한 열정의 대상이었다고 한다. 예를 들면, 그가 과학자로 일할 때, 퍼스는 방법론에 깊은 관심을 가지고 사물의 논리를 간파하는 데에 그것을 처음 사용한다. 화학과 마찬가지로 퍼스는 논리학이 극적인 변화를 이루는 과정에 있을 때 그것을 접하게 된다. 이 시기에 영국의 수학자인 조지 부울(George Boole)은 논리학을 위한 대수학을 발전시키며 논리를 아리스토텔레스의 삼단논법에서 해방시킬 뿐만 아니라 확장된 새로운 연구에 문을 여는 수학적 기반을 논리에 제공한다. 이미 수학에 정통했던 아버지 덕분에, 퍼스는 논리학에 중요한 역할을 하게 된다. 웨이틀리의 논리학은 전반적으로 아리스토텔레스식의 방법을 따르지만, 거기에 존 로크의 강한 영향력 또한 있음을 볼 수 있다. 예를 들면 웨이틀리는 "추상적 관념"이라는 문제적인 개념을 거부했고, 대신 우리는 기호를 통해 사고한다고 주장했다.[6] 이런 점으로 우리는 웨이틀리에게서 초기 퍼스 기호학의 씨앗을 발견할 수 있다(5장).

벤자민 퍼스는 그의 아들이 갖는 논리학에 대한 열정을 공유하지 않았다. 사실 그는 논리학에 대해 매우 낮게 평가했으며, "기하학적 본능에 직접적으로 의지하는 것"(이 부분은 퍼스의 논리 그래프에서 발견된다; 섹션 4.7)[7]을 선호하였다. 보다 일반적으로 말해 벤자민 퍼스는 철학자의 추론방법에 대해 낮게 평가했으며, 시간이 갈수록 그는 아들 퍼스가 "철학자들에게 흔한, 극단적으로 허술한 추론을 알아차리도록" 강요하였을 것이다(CP 2.9). 웨이틀리의 논리학을 읽은 후에, 퍼스가 처음으로 읽은 철학 서적은 프리드리히 실러의 『미학에 관한 서신』과 임마누엘 칸트의 『순수이성비판』이다. 그리고 퍼스에게 칸트를 소개한 것은 실러의 책이었으며, 그는 칸트의 『순수이성비판』을 17번째 생일 바로 전에 읽기 시작한다. 퍼스는 대략 삼년을 첫 번째 비판 즉 『순수이성비판』을 연구하는 데 보내고, 그 과정에서 그의 아버지의 영향을 받는다. 퍼스가 말하기를, "[『순수이성비판』]은 나에게 일종의 성경이었다. 그리고 나의 아버지가 그 논증의 몇몇 약점을 보도록 하지 않았다면, 내가 얼마나 그것을 숭배했을지 알 수 없다" (R619:10f). 그를 깨어있도록 한 그의 아버지의 영향에도 불구하고 칸트는 지속적으로 퍼스의 사유에 지대하고 깊은 영향을 주었다. 퍼스는 하버드에 16살에 입학하였다. 아버지가 그에게 불어넣은 습관은 하버드에서 역으로 작용하였고 학업성적 역시 좋지 않았다. 1858년에 퍼스는 해안 측량국의 지역 원정대에 참여하게 되는데, 이는 그 당시 과학을 지향하는 학생들에게는 일반적인 일이었다. 거기에서 퍼스는 그의 첫 행보를 찾고, 그것은 과학자로서 30년간 경력의 시작을 보여준다. 퍼스는 1861년 7월에 저임금의 단순한 사무직원으로 그의 첫 번째 공식적인 임명을 받았고, 그는 빠르게 승진한다. 10년이 조금 넘었을 때, 그는 중력 연구의 책임을 맡게 되고 측량국의 가장 높은 지위인 측량국장을 보좌하는 부국장으로 승진된다. 또한 1861년에 퍼스는 화학을 공부하기 위해 하버드의 로렌스 과학학교에 입학한다. 이 년 후에 그는 최우수 성적으로 졸업을 한다.

## 1.2 아웃사이더

천재라고 알려지는 것은 동시에 어두운 면을 가진다. 일찍부터 퍼스는 지속적으로 그가 천재라는 소리를 들으며 그에 맞는 대우를 받는데, 이는 그가 자신을 어떻게 생각하는지에 큰 영향을 미친다. 특히 그의 인생의 전반기에, 그의 다른 인성의 특징도 한 몫을 하지만 그러한 영향은 다른 이들과의 관계에 뚜렷한 자국을 남긴다. 퍼스는 자신을 천재라고 생각하고 그가 “위대한 인물”이라 불렀던 것을 연구하는 데 많은 시간을 쏟지만, 으레 그런 이들이 그러하듯이 자신의 사상가로서의 성공이, 엄청난 집중력 및 그가 유머스럽게 Peirce-istance, Peirce-everance 라고 부르는 집요한 끈기 덕분이라고 설명한다.

콜리지(Coleridge)전집의 편집자인 조지 웨일리(George Whalley)는, 천재를 특징짓는 것은 “배움의 양이 아니라 불타는 격정, 풍요로움, 과도한 무상(無償)성, 정신의 민첩함”[8)]이라고 말하였다. 퍼스의 친한 친구였던 윌리엄 제임스는 퍼스의 1903년 로웰 강의를 “매우 깊은 어두움에서 나오는 눈부신 빛의 섬광”[9)]으로 기술하면서 퍼스에 대한 유사한 주장을 한다. 문학계의 한 인물로 퍼스의 집을 자주 방문했던 랠프 월도 에머슨(Ralph Waldo Emerson)은 천재의 또 다른 면을 지적하는데, 이는 퍼스에게도 잘 적용된다. 즉 “지나친 능력으로 인해 천재는 항상 천재의 적이 되기에 충분하다.”[10)] 이안 해킹(Ian Hacking)이 퍼스를 거의 모든 것을 시작하고 거의 아무것도 끝내지 못한 길들여지지 않은 사람으로 퍼스의 경우를 과장하여 기술하지만,[11)] 에머슨의 관찰은 체계적인 철학자가 그의 철학에 대한 책을 한 권도 완성하지 못하였는가에 대한 이유를 설명하는데, 퍼스가 항상 새로운 방향으로 움직이고 있으며 그가 쓴 것에 대해 결코 만족하지 않기 때문이라는 것이다.

전반적으로 퍼스는 경력이 실패로 끝난 위대한 사상가의 고통스런 예를 보여준다. 존스 홉킨스(1879-84)에서 논리학을 강의한 짤막한 강사 기간 외에는 그는 대학에 자리를 잡지 못한다. 초기에 해안 측량국의 훌륭한 경력도 대략 30년을 봉직한 후 갑자기 불명예스럽게 1891년에 끝이 난다. 퍼스는 그의 생의 마지막 제 3기를 소속이 없는 학자로 일하게 되며, 이는 그가 돈 문제로 지속적으로 싸워야 하는 요인이 된다. 이 기간 동안 그는 대부분 생계를 위해 글을 쓰며, 강의를 하고 때로 다양한 영역에서 프리랜서로 일을 한다. 1887년 아직 해안 측량국에 일하고 있던 때, 그는 작은 휴양지 마을인 펜실베니아의 밀포드로 이사하게 되는데 이곳은 뉴욕시에서 겨우 서너 시간 걸리는 포트저비스 기차역에서 멀지 않은 지역이었다. 퍼스는 밀포드 외부에 농지가 제법 되는 작은 농가를 구입한다. 그 집은 그의 집착대상이 되는데, 그의 사망시점에 집은 25개의 방을 가진 저택으로 확장되어 있었다.

퍼스의 삶에 대한 이야기에는 복잡하고 여전히 알려져야 할 것들이 있다.[12)] 그가 사람들의 눈 밖에 난 이유에 대해서는 여러 이론(異論)이 존재한다. 그는 까다로운 성격을 지녔다. 그에게는 하버드 총장인 찰스 엘리어트와 사이먼 뉴컴(후에 미국 최고의 과학자가 되었다)을 포함하는 매우 강력한 적들이 있었다. 퍼스가 그의 첫째 부인(그녀가 칠년 전에 이미 그를 떠났음에도 불구하고)과의 이혼 이틀 후에, 공공연히 같이 살고 있었던 베일 속 프랑스 여자인 그의 연인과 결혼하였을 때, 사람들은 퍼스를 매우 비도덕적인 사람으로 그리고 학생들에게는 좋지 않은 본보기가 된다고 생각하였다. 그의 인성적인 특징, 그의 적들, 그리고 도덕적 비난과는 무관하게, 제 3기 동안 상대적인 고립 속에 살고 대학과 접점이 없다는 단순한 사실은 그것 자체로 그를 주변인으로 만들기에 충분하다. 다행스럽게도 그에게는 몇몇의 좋은 친구들이 있었다. 후기 친구들 중에는 하버드 철학자인 조사야 로이스가 포함되는데, 그는 퍼스에 의해 매우 큰 영향을 받았으며 그의 서재의 책들과 논문들을 하버드로 가져온다.

### 1.3 퍼스의 논문들

퍼스는 펜을 들고 생각했고, 자주 생각했으며, 거의 아무 것도 버리지 않았다. 그 결과 사후에 그는 엄청난 양의 원고를 남겼다. 추정치는 다양하지만, 일반적으로 하버드의 휴톤 도서관 및 다른 곳의 보관소에 십만 장이 넘는 원고가 있을 것이라고 여겨진다. 원고의 역사는 퍼스의 삶보다 더 복잡하고 논쟁적일 수 있다.[13] 처음부터의 목표는 원고를 정리하고 출판에 적합한 자료를 골라내는 것이었다. 이러한 작업은 엄청난 과정임이 드러났다. 이는 논문의 양적인 문제만이 아니라 그 논문들의 무질서한 상태로 인한 것이었으며, 주제에서 벗어나거나 완성되지 않은 채로 남겨둔 것, 주제에 대해 지속적으로 수정하는 그의 성향 때문이었다. 마르틴 하이데거는 한 때 그 자신의 사유를 잘 닦여진 숲속에서 발견되는 수없는 오솔길에 빗대어 홀츠베게(*Holzwege*)로 묘사했다. 이 길은 종종 그 길들이 너무 희미하여 심지어 그것들이 길인지 아닌지 그리고 그 많은 길이 어떤 곳에도 이르지 않게 하는 것이 아닌지 불분명하다.[14] 최근에 빈센트 콜라피에트로(Vincent Colapietro)는 퍼스의 글을 즉흥 재주 연주회로 묘사했다. 퍼스의 글은 휴식이 없이 실험적이고, 즉흥적이며, 주제에서 벗어나는 경향이 있다.[15] 둘 다 적절한 묘사이고, 그의 원고는 어떤 편집자라도 그 과업을 어렵게 만든다. 종종 한 주제에 끊임없는 변화가 존재하고, 상이한 연결들이 야기할 상이한 것들을 가지고 있기 때문에 많은 경우 확실한 사유가 존재하지 않는다. 퍼스는 한 때 자신을 병 속에 있는 말벌처럼 집요함을 가지고 있다고 묘사하였으며, 이는 그의 글에서 입증된다.

맨 처음에는, 조사야 로이스가 원고를 관리하였으나 작업을 시작한 지 일 년이 되지 않아 갑자기 죽고 말았다. 로이스의 대학원생인 W. 퍼거스 커난(Fergus Kernan)이 초기에 분류작업에 많은 힘을 기울였지만 곧 일차세계 대전에 참전하기 위하여 떠났다. 그 이후로 원고는 혼란에 빠졌다. 1920년대 말에 찰스 하츠혼(Charles Hartshorne)과 폴 바이스(Paul Weiss)가 후에 6개 볼륨의 선집으로 나오게 될 일을 시작하였고, 그들은 누군가가 모든 것을 몇 개의 큰 파일로 모아놓았다는 것을 발견했다. 그 엄청난 자료와 그것의 체계적이지 않은 상태는 그것으로부터 퍼스의 사유를 정당하게 평가할 6개의 볼륨을 만들어내는 것을 불가능하게 했다. 원고가 거의 날짜 표기가 없었으며, 따라서 두 편집자는 퍼스의 과학 분류에 따라 주제적인 접근을 하기로 결정하였다. 또한 그들에게 할애된 지면이 지나치게 적었기 때문에 자신들이 선별한 특정 주제에 대해 최선의 텍스트라고 생각되는 것으로 한정하였다. 이는 종종 퍼스가 남긴 문서의 일부분만이 포함되었다는 것을 의미했다. 이 편집본은 퍼스의 철학적 작업 중 많은 부분을 (생전에 출판되었던 것과 출판되지 않았던 모두를) 세상에 공개했다.

하지만 이 편집본이 편집된 방식은, 퍼스가 자기도 모르게 스스로 모순에 빠지곤 하는, 훈련되지 않은 사상가라는 인상을 주었다. 이는 퍼스의 작업을 수용하는 데 매우 큰 영향을 미쳤다. 또 다른 부정적인 귀결은 선집이 출판됨으로써, 원고는 더 이상 학술적인 가치가 없다고 여겨졌으며, 원고의 상당수가 기념품으로 여러 사람들에게 나뉘어 흩어졌다는 것이다.

1950년대 후반 아서 버크가 두 개의 볼륨을 편집하였고 막스 피쉬

(Max Fisch)가 그 편집본의 관석을 형성한 지성적 전기를 쓰는 일에 참가했다. 피쉬는 선집에 기초한 퍼스의 체계적인 연구가 불가능하다는 점과 원고를 정리하기 위해 새로운 노력이 뒤따라야 함을 곧 발견하였다. 1967년에 리처드 로빈(Richard Robin)의 주석이 달린 찰스 퍼스의 논문 목록이 그 결과로 나왔지만, 이 또한 그것을 체계화하는 원칙으로서 퍼스의 과학 분류에 의존하였다. 이 논문 목록은 마이크로필름 판의 토대가 되었고, 따라서 1960년대 말이 되자 하버드에 있었던 엄청난 양의 자료들이 보다 접근하기가 매우 용이해졌다. 그 다음 퍼스 글의 편집본들로는 캐럴린 아이젤(Carolyn Eisele)의 『수학의 새로운 원론』(4개 볼륨으로 된 5권 [옮긴이 주:3번째 볼륨의 분량이 많아 3.1과 3.2로 나누어져 물리적으로는 5권이 됨])과 케네스 케트너(Kenneth Ketner)와 제임스 쿡(James Cook)이 편집한 4개의 볼륨으로 된 『네이션』 기고 논문이다. 두 편집본은 1970년에 나왔다. 첫 번째는 수학에 관한 퍼스의 방대한 연구를 포함하며, 두 번째는 『네이션』에 기고한 많은 서평들을 포함하고 있다. 하지만 피쉬는 퍼스의 철학을 이해하기 위해서는 그의 사유의 여정을 따라갈 수 있어야 함을 깨달았다. 이러한 생각의 결과는 훨씬 방대한 규모의 프로젝트로, 퍼스의 글을 연대순으로 편집하는 작업이 되었다(*The Writings of Charles S. Peirce: A Chronological Edition*). 30권으로 기획된 이 편집본은, 하버드와 다른 곳의 논문들을 연대순으로 정리한, 광범위한 원고 재조직화 작업에 크게 의존한다. 여전히 선별적인(모든 논문을 출판하자면 최소한 100권이 넘는다.) 이 편집본은 퍼스의 철학적인 글에 국한하지 않고—이 논문들이 나머지 글에서 정돈되어 분리될 수 있는 것처럼—과학과 수학, 그리고 다른 영역의 연구도 또한 포함한다.

## 1.4 과학을 분류하기

퍼스는 19세기의 방식으로 과학을 분류하는 데 많은 노력과 시간을 보낸다. 그의 분류를 논하기 전에 우리는 퍼스가 말하고자 하는 분류와 과학의 의미가 무엇인지 알아야한다. 퍼스는 모든 사유할 수 있는 과학이 그것의 미리 예정된 우편함을 갖는 추상적인 분류를 목표로 하지 않았다. 대신 보다 쉬운 차원에서 과학의 구체적인 분류를 목표로 하였는데, 이는 과학이 "현실적으로 행해지는 인간 집단의 실제적인 살아있는 직업"이 되기 때문이다(R1334: 13). 다른 말로 하면, 그의 분류는 경험적인 것으로 행해지는 과학 활동의 측면에서 일어나는 것에 기반을 두고 있으며, 이러한 의미에서 그것은 생물학적 그리고 동물학적 분류와 유사하다. 그러한 자연적 분류는 무엇이 들어갈지에 대한 기준이 이미 결정된 인공적인 분류와 구별될 수 있다.

그렇다면 어떤 유형의 과학적 활동이 일어나는가? 여기서 우리의 목적은 퍼스가 과학이라고 말할 때, 그가 의미하는 것이 "외부사람이 이해할 수 없는, 서로의 아이디어와 연구를 이해하는 인간 집단에서 가장 알려진 방법에 따라 진리를 추구하는 데에 헌신된 삶"이라는 것이라고만 말해두자(R1334: 14). 두 번째 정의로 퍼스는 그들의 연구가 매우 친밀하게 연합되어 있어서 "누구라도 몇 달간의 특별한 준비 후에 어떤 문제도 다룰 수 있으며"(R 1334:15), 또한 그들은 그것에 대하여 서로 완전히 정통하다는 점에서 서로의 연구를 잘 이해할 수 있음을 의미한다. 더 중요한 점은 과학에 대한 퍼스의 해석은 매우 광범위하다는 것이다. 그것은 진리를 찾기 위한 노력의 추구에 헌신하는 모든 노력을 포함하며, 그것은 살인자를 찾는 살인탐정의 노력일 수도, 잭 더 리퍼(Jack the Ripper)의 정체를 찾는 역사가의 노력일 수도, DNA의 배열 순서를 밝히려는 유전학자의 노력일 수도, 블랙홀의 성격을 이해하기를 원하는 천체물리학자의 노력일 수도 있다. 종종, 일군의 과학자들을 통합시키는 것은 특정 이론에 대한 정통성, 공유되는 언어, 혹은 특정 도구를 사용하거나 또는 특별한 종류의 관찰을 하는 기술이다. 간단히 말하자면, 그것은 방법, 아이디어, 그리고 도구에 따른 구분이다(CD:5379). 예를 들어 광학의 전문가를 천문학자와 구별하는 것은 전자가 후자의 도구가 기반을 두는 원리들에 대하여 매우 잘 알고 있다는 점이다. 천문학자는 광학의 전문가가 갖는 광학이론의 지식이 부족하고, 광학의 전문가는 천문학자가 천체에서 지식을 끌어내기 위한 망원경을 사용하는 기술이 부족하다. 이 같은 분류가 과학적 실천과 아이디어의 전달성에 바탕을 두기 때문에, 그 분류의 경계는 모호할 것이고, 실천이 변화하거나 미래의 탐구가 새로운 영역의 협력으로 나아갈 때, 수정이 필요하게 될 것이다. 게다가 생물학적 종의 진화의 경우에서와 마찬가지로 강(綱, classes)은, 그러한 이상적인(ideal) 것을 더 연구하는 것이 우리의 과제라는 것을 가리키면서, 어떤 이상적인 측면에서 정의되지 않는다.

그러므로 퍼스가 과학을 분류하는 방식은 과학적 *실천(practices)*에 따른 것이지, 그것이 실제적이든지 혹은 단지 가능한 것이든지 과학적 지식의 *대상(objects)*이 아니다. 그래서 퍼스는 체계화된 지식으로서 정의되는 과학에 대한 일반적인 설명을 거부한다. 더 나아가 6장에서 보게 되겠지만 퍼스는 이른바 과학적 방법이라 부르는 특정한 방법의 측면에서 정의될 수 있는 관념도 또한 거부한다.

그렇다면, 퍼스는 어떻게 과학을 분류하는가? 그의 첫 번째 구분은 발견(혹은 해석의 과학들)의 과학들, 리뷰의 과학들(혹은 경험에 의한 발견의 과학), 그리고 실용적인 과학들 사이의 구분이다. 퍼스에게 *발견의 과학(the sciences of discovery)*은 가장 본질적인 의미에서의 과학의 좋은 예가 된다. 이 과학의 목표는 지식을 얻기 위해 오로지 실증적인 지식만을 습득하는 것이다. *리뷰의 과학(the sciences of review)*은 경험에 의한 발견의 과학(heuretic sciences)에서 만들어진 단편적인 발견들을 함께 추출하여 그것을 많은 대중들이 접할 수 있도록 노력한다. 또한 리뷰 과학을 통해서 협의적인 관심으로 이루어진 경험에 의한 발견의 과학의 연구를 비판적으로 평가하고 이를 넓은 시각으로 고찰한다. 오거스트 콩트와 허버트 스펜서의 기획과 유사하게 퍼스의 과학 분류는 리뷰의 과학에 속한다. 마지막으로 *실용적 과학(the practical sciences)*은 인간의 필요를 충족시킨다. 좋은 예로는 고층 건물이나 현수교의 건축과 같이 실용적 적용을 위해서 경험에 의한 발견의 과학, 특히 해석 역학의 연구 결과를 사용하는 토목공학을 들 수 있다. 이러한 세 번째 영역이 일반적으로 대부분의 사람들이 자신을 과학자라고 여기는 영역이다.

퍼스의 관심은 경험에 의한 발견의 과학에 있으며, 이러한 점을 염두에 두는 것이 중요하다. 그렇지 않다면 퍼스에게 지식을 적용하는 모든 시도가 의심스러운 것이고, 우리는 단지 실제와는 무관한 지식만을 추구한다고 잘못 생각할 수 있다. 퍼스가 반대하는 것은 어떤 목적에 대한 실용적 고려가, 발견적 과학에서 지식이 습득되는 방식에 영향을 주는 것이다. 이 점은 6장에서 다시 다루기로 한다.

경험에 의한 발견의 과학 혹은 발견의 과학에서 첫 번째 구분은 수학과, 퍼스가 콩트를 따라 부르는, 실증과학 사이의 구분이다. 실증과학이란 확증하거나 거부하는, 정언명제에서 볼 수 있다. 예를 들면 “소가 네 개의 위를 가지고 있다”, “두 개체 사이의 작용과 반작용의 상호적 힘은 동일하지만 반대방향이고 동일선상에 있다”, “에베레스트 산은 지구에서 가장 높은 산이다”, “각기병(beriberi)은 감염되는 유인자에 의해 발생하지 않는다.” 퍼스는 수학이 전혀 다른 목적을 가지고 있다고 본다. 우리는 수학에서 사실에 대한 실증적인 주장을 하지 않는다. 수학은 순수하게 가설적이거나 조건적인 명제에 대한 연구이다. 퍼스가 설명하기를, 수학자는 "외부적인 관찰을 하지 않으며 어떤 것을 실제의 사실로 주장하지도 않는다. 수학자가 사실들을 다룰 경우 그것은 단지 '가설들'이 된다. 왜냐하면 사실들의 진리로 자신이 영향을 받는 것을 거부하기 때문이다"(CP 3.428). 이러한 생각을 표현함으로써, 퍼스는 수학이 가장 일반적이고 기본적인 실증과학이라고 간주하는 콩트, 실증주의자, 더 일반적으로는 경험주의자들의 의견을 받아들이지 않는다. 퍼스가 생각하는 수학과 실증과학과의 관계는 2장에서 논의된다.

그 다음 단계로 퍼스는 실증과학을 철학과 특수과학으로 구분한다. 특수과학이란 특수한 기구와 특정한 이론, 용어 혹은 방법에 대한 정통성을 요구하는 과학이다. 전형적인 예는 입자물리학, 미세생물학, 언어학이다. 퍼스는 특수과학을 두 유사한 종류로 구분한다. 즉 물리과학과 정신과학이 그것이다. 반면 대조적으로 철학은 특수한 기구나 배경지식이 필요하지 않다. 철학은 "보다 주의력 있게 관찰하고 일상의 삶에서의 사실들을 비교하는 것" 뿐이다 (EP2: 146). 원칙적으로 누구나 할 수 있다. 철학은 다시 현상학, 규범과학(미학, 윤리학, 논리학)과 형이상학이다. 첫 번째, 현상학의 목표는 "외관의 진리에 대한 어떤 탐구도 진행하지 않고 외관들의 목록을 작성하는 것"이다 (CP 2.120). 두 번째 규범과학의 목표는 이러한 현상들이 어떻게 특정한 목적(전통적으로 이는 진, 선, 미가 된다)과 연관되는지를 연구한다. 세 번째 형이상학의 목표는 특수과학의 토대를 형성하는 *세계관(Weltanschauung)*을 발전시키는 것이다. 퍼스에 따르면, 우리는 형이상학을 거부할 수 없으며, 우리는 그것을 명시적으로 만드는 데 실패할 뿐이다. 덧붙이자면, 여기서 퍼스가 염두에 둔 형이상학의 종류는 *과학적인* 형이상학이다. 퍼스의 형이상학은 8장과 9장에서 논의된다.

위의 구분은 발견의 과학의 이어지는 시퀀스를 제공한다. 먼저 수학과 실증과학 사이의 구분이다. 그 중 후자는 세부적으로 보면 현상학, 미학, 윤리학, 논리학 그리고 형이상학으로 나뉘고, 그리고 그 후에 분리되지만 연결되어 있는 유비구조를 가진 특수과학, 즉 물리과학과 정신과학이 온다. 각 실증과학은 그것의 토대가 되는 원칙을 선행하는 과학에 의존하며, 한편 선행하는 과학에는 고찰할 새로운 자료를 제공한다. 따라서 그 관계는 일방향적이 아니다. 예를 들면, 논리학이 역학보다 기본적인 과학이지만 퍼스는 플라톤과 아리스토텔레스 이후의 논리학이 갈릴레오가 동역학을 발전시킨 약 1590년 이전까지는 괄목할 만한 발전을 하지 않았다고 여긴다. 게다가 퍼스는 덧붙이기를, "점진적으로 사람들에게 모든 주제에 대해 더 잘 추론하도록 가르친 것은 다른 것이 아닌 동역학에 대한 연구였다"(R447:5). 더욱이 모든 실증 과학들은 수학을 사용할 수 있다.

더 나아가기 전에 퍼스 용어의 윤리학에 대해 몇 가지가 언급되어야 한다. 퍼스는 복잡한 신조어를 만들어내는 취향 때문에 평가가 좋지 않으며, 빈번하게는 새로운 말을 만들어 놓고 그것을 두 번 다시 사용하지 않는다. 이는 사실인데, 예를 들어 *휴로스푸드(heurospude), 택소스푸드(taxospude), 프래토스푸드(prattospude)*로 각각 발견의 과학, 리뷰의 과학, 실용의 과학을 가리킨다(R1334:25). 그를 격하하는 사람은 그에게 공을 돌리지 않는다. 퍼스는 생물학과 화학이 명확한 명명법을 발전시킨 후에야 괄목할 만한 진보를 이루었다고 보고 있고, 또한 많은 철학적 문제들이 야기된 점들과 그것의 해결방법이 방해를 받은 것은 빈약한 용어와 지속적이면서도 흔히 내재적으로 이루어지는 용어 재정의에 기인하는 것을 세심하게 자각하고 있다. 화학자로 훈련되어 온 퍼스는 철학 내에서 일종의 모듈구조 내지는 접두사나 접미사의 시스템을 가지고 화학과 유사한 용어를 만들어 철학을 구상한다. 그는 또한 한 용어가 도입된 후에는, 처음 주어진 의미에 가능한 가깝게 유지되어야 한다고 주장한다.

1) 머레이 머피(Murray Murphey)는 『퍼스 철학의 발전(*The Development of Peirce's Philosophy*)』에서 이러한 접근을 취한다(Cambridge, 1961).

2) 로버트 크리즈(Robert Crease), "찰스 샌더스 퍼스, 그리고 첫 번째 완전한 측정 기준(Charles Sanders Peirce and the first absolute measurement standard)", *Physics Today* (2009년 12월): pp. 29-44.

3) 화이트 헤드는 찰스 하츠혼에게 보내는 편지에서 퍼스를 미국의 아리스토텔레스라 불렀다. 폴 바이스는 『미국 인명사전(*Dictionary of American Biography*)』의 퍼스에 대한 글에서 그를 미국의 라이프니츠라고 불렀다.

4) 예를 들면, 에드워드 호간(Edward Hogan)의 『인간의 마음: 벤자민 퍼스의 전기(*Of the Human Heart: A Biography of Benjamin Peirce*)』 (Cranbury, 2008), 그리고 버나드 코헨(Bernard Cohen)(편집)의 『벤자민 퍼스: 미국의 "순수 수학의 아버지"(*Benjamin Peirce: "Father of Pure Mathematics" in America*)』 (New York, 1980).

5) Raymie E. McKerrow, "리처드 웨이틀리와 19세기 영국에서의 논리학의 부흥(Richard Whately and the revival of logic in nineteenth-century England)", *Rhetorica* 5.2(1987):163-85.

6) 웨이틀리의 『논리학 원론(*Elements of Logic*)』. 서론, 섹션 5.

7) F. A. 우즈(F. A. Woods)에게 보내는 찰스 퍼스의 편지, 1913년 10월 14일.

8) 조지 웨일리(George Whalley), "콜리지와 자아-해독의 단서(Coleridge and the self-unraveling clue)" H. J. Jackson(ed.), *Editing Polymaths: Erasmus to Russell* (Toronto, 1983), pp. 17-40: p.20에서 인용.

9) 윌리엄 제임스(William James), 『실용주의: 오래된 사유방식을 위한 새로운 이름(*Pragmatism: A New Name for Some Old Ways of Thinking*)』 (New York, 1907) p.2.

10) Carl Bode and Malcolm Cowley(eds), *The Portable Emerson* (New York, 1981), p.57.

11) Ian Hacking, *Presenting and Intervening* (Cambridge, 1983), p.61.

12) 조셉 브렌트(Joseph Brent)의 『찰스 S. 퍼스: 전기(*Charles S. Peirce: A Life*)』(Bloomington, 1998)은 영어권에서 유일하게 완전한 전기이다. 하지만 이 책은 퍼스의 삶을 그의 연구와 연결하지 못하면서, 무책임하게도 그 이유를 퍼스의 성격적이고 정신적인 문제 탓으로 돌리는데 이것에 대한 증기는 거의 혹은 전혀 없다.

13) 특히 네이선 하우저(Nathan Houser), "퍼스 논문의 행운과 불행(The Fortunes and Misfortunes of the Peirce Papers)", *Signs of Humanity*, Michel Balat & Janice Deledalle-Rhodes (eds.) (Berlin, 1992) 3: 1259-68 을 보라.

14) 마르틴 하이데거(Martin Heidegger), *Holzwege* (Frankfurt am Main, 1950), p.3.

15) "Traditions of innovation & improvisation: jazz as metaphor, philosophy as jazz" in Cornelis de Waal & Krzysztof Skowroński(eds.), *The Normative Philosophy of Charles Peirce* (New York, 2012), p.5.

# II 수학과 철학

# 2

# 수학과 철학

첫 장에서 우리는, 퍼스가 발견의 과학을 분류할 때 수학을 실증과학이라고 부르는 다른 과학들로부터 분리한다는 것을 알았다. 실증과학의 목적은 실재하는 우주에 대한 우리의 지식을 증가시키는 것에 있다. 퍼스가 그것에 대해 그려보듯이, 수학은 이러한 식으로 한정되지 않는다. 그것의 목적은 사물이 어떻게 존재하는가, 존재해 왔는가, 혹은 존재할 것인가가 아니라 순수하게 사물의 가설적 상태를 연구하는 것이며, 그런 이유로 그것이 우리가 경험하는 세상과 얼마나 멀리 떨어져 있는지는 중요한 문제가 아니다. 언급한 바대로 수학과 실증과학을 분리함으로써 퍼스는 수학을 실증과학 중에서 가장 추상적이며 가장 기본적이라고 간주하는 콩트와 그리고 다른 사람들의 생각에서 벗어난다.

부분적으로 퍼스가 콩트와 결별하게 된 이유는 19세기에 일어난 수학의 변화 때문이다. 그것의 가장 일반적 용어로 자연을 기술하는 과학으로서의 수학이라는 전통적 관점—다시 말해, 오로지 사물이 설명될 수 있고 혹은 측정될 수 있어야 한다는—은 더 이상 지지되지 않는다. 예를 들면, 익숙한 물리적 공간과는 매우 다른 공간들을 연구하게 하는 비유클리드의 기하학, 그리고 음수 일의 제곱근과 같은 것을 포함하는 [자기모순이 없는] 일관된 대수학은 수학을 근본적으로 감각의 세계에서 벗어나게 하며 결과적으로, 또한 우리의 직관에서 벗어나게 한다(퍼스에게 우리의 직관은 생물학적 진화의 결과물이다). 그 결과로 19세기 마지막에 수학은 세기 초의 모습과는 매우 다른 학문이 된다.

퍼스는 수학에 능통하다. 우리가 1장에서 보았듯이, 퍼스의 아버지는 그의 수학 능력을 어린 퍼스가 흥미를 가졌던 철학자들의 빈약한 추론을 집요하게 공격하기 위해 사용했다. 이 점은 퍼스에게 깊은 인상을 남겼고, 생애동안 그는 계속해서 수학에 면밀한 관심을 갖는데, 이러한 점으로 인해 1880년대, 그 시대에 가장 위대한 수학자인 제임스 요셉 실베스터(James Joseph Sylvester)가 퍼스를 "그의 아버지보다 훨씬 위대한 수학자"[1]로 불렀을 정도였다. 퍼스의 생전에 수학에 대한 그의 연구가 거의 출판되지 않았지만 상당히 많은 자료들이, 두 개의 완성된 책 원고를[2] 포함하여, 출판되지 않은 논문으로 남아있다. 퍼스가 오랜 기간 수행한 프로젝트는 최근의 수학의 변화를 포함하는 『새로운 원론(*The New Elements*)』이라는 교과서를 출판하는 일로, 그것은 2천년이 지난 후에도 여전히 수학 교과서의 표준이 되는 유클리드의 『원론(*Elements*)』을 대체하는 것이다.

수학에 대한 퍼스의 관점을 이해하는 것은 그의 철학을 이해하는 데 매우 중요하기 때문에 우리는 본 장에서 이를 살펴본다. 철학자들은 종종 수학을 좋은 추론의 모델로서 생각한다. 이는 스피노자의 『윤리학』에서 매우 뚜렷한데, 심지어 정의(definitions), 공리(axioms), 정리(theorems)라는 그것의 구조에서 유클리드의 『원론』을 모방하기까지 한다. 퍼스는 수학적 추론이 철학에서 매우 중요하다–그의 과학의 분류가 그것을 보여 주듯이–는 점에 동의한다. 하지만 또한 그는 철학자들이 종종 수학적 추론이 무엇으로 구성되는지에 대해서 부적절하게 이해하고 있고, 대부분이 수학 분야에  일어났던 최근의 변화와 그것의 철학적 영향을 감지하지 못한다고 말한다.

퍼스가 적기를, 철학은 "정확한 사고를 요구하고, 모든 정확한 사고는 수학적 사고이다"(R438:3). 결과적으로, 퍼스는 오류를 줄이는 방법으로서 철학에 부분적으로 수학적 정확성을 도입하려는 노력을 한다.

> 가능한 한 수학적으로 문제를 다룸으로써 즉 모든 과학적 지성의 관찰에 열려 있어야 하고, 그 위에서 수학적으로–즉 직관적으로–그러한 가설의 결과를 연역하는 것을 재현하는 일종의 다이어그램을 구성함으로써, 철학에서 오류에 관한 모든 위험이 최소한으로 줄어들 것이다(R 787:7).

이 인용문에서 마지막 부분은 퍼스가 수학적 추론에서 무엇을 취하는지에 대한 통찰을 제공한다. 그것은 다이어그램의 구성과 관찰, 그리고 다이어그램에 대한 실험과 연관되어있다. 수학적 추론이 다이어그램적 추론이라는 생각은 퍼스가 읽은 칸트로 거슬러 올라가는데, 역설적이게도 칸트는 논리가 빈약한 철학자 중의 한 사람으로 퍼스의 아버지가 그로부터 멀리하게 한 철학자였다(섹션 1. 1).

## 2.1 칸트의 수학 개념

칸트는 나쁜 철학적 추론에 대항하는 보호막으로 『순수이성비판』을 집필한다. 단순한 경험적 문제에 있어서는, 칸트는 경험이 신속하게 우리의 이론을 테스트하기 때문에 그 같은 비판은 필요하지 않다고 말한다. 수학적 추론은 "순수한 직관에 *구상적(in concreto)*으로 드러나며, 그 결과로 수학적 추론에서 기초가 없고 자의적인 모든 것은 즉시 노출되기"[3] 때문에 수학도 그러한 비판을 필요로 하지 않는다. 하지만 우리의 결론이 항상 경험에 의해 검토되지 않고 우리의 추론이 우리의 선험적 직관에 의해 인도받지 못하는 철학에서는 추론(그리고 추론에 사용되는 요소들)에 대한 비판이 절실히 요구된다. 이를 다루기 위해 칸트는 『순수이성비판』을 쓴다. 게다가 칸트는 퍼스와는 정반대로 철학적 문제를 다루는 데 수학적 추론을 사용하는 것은 철학에서 발생되는 오류의 중요한 원천이라고 생각하며, 그러한 목적으로 수학적인 추론이 사용될 수 없는 이유를 길게 설명한다. 이 섹션에서 나는 칸트의 철학과 수학적 추론 사이의 구분에 대해 간단히 논의하며, 퍼스가 칸트와 갈라지는 몇 가지 지점에 주목한다.

칸트는 철학적 추론을 엄격하게 담론적인 기획이라고 여긴다. 우리는 우리의 경험적인 직관과 우리가 세계와 상호작용하는 것에 기반을 두어 개념을 형성한다. 하지만 우리가 이러한 개념으로 할 수 있는 모든 일은 경험 안에서 우리에게 무엇이 나타나는지, 그리고 우리의 직관을 적용할 때(우리가 처음에 시작한 개념들을 선명하게 하고, 수정하게 하는 전형적인 과정으로) 우리는 무엇을 상상하는지를 개념들 아래 구분하는 일이다. 그러므로 금에 대한 개념은 금이 아닌 것과 금을 구별하게 하며, 그러한 구별에 대한 우리의 경험이 금에 대한 우리의 개념을 선명하고 정교하게 만든다. 칸트의 생각에 따르면, 우리가 금에 대한 우리의 개념(조밀하고 빛나는 노란 금속으로서의)을 넘어설 수 있는 길은 우리가 마주한 외관과 우리가 그것에 연관시킨 개념(이 경우에 조밀하고, 빛나고, 노랗고, 금속인)에 대한 숙고를 통해서이다. 그러므로 우리가 그것의 노란색이 불순물에 의한 것이고, 금은

왕수(*aqua regia*)에 의해 용해되고 또한 그것의 원자의 번호가 79번이라는 것을 발견할 때, 금에 대한 우리의 개념이 거기에 따라 변화하는 것이다. 이 같은 종류의 추론은 후행적 사건에 의존하는데 그것이 경험적인 데이터에 의존하기 때문이며, 그럼으로써 그것은 단지 경험적인(contingent) 종합적 지식만을 생산한다. 그것은 필연적인 지식으로 나아갈 수 없다. 칸트에게, 철학을 실증과학이라고 여긴 퍼스와 같이, 철학적 개념들은 이러한 종류의 것이다. 하지만 그러한 개념들이 전형적으로 경험적 직관의 추상화된 종합이기에 그것들을 포함하는 판단이 경험적 관찰에 의해 쉽게 무효화 될 수 없다.

수학적 추론은 이와는 매우 다르다. 철학에서 우리는 개념에서 추론하고, 수학에서 우리는, 칸트가 말하듯이, *순수한 직관 내의 개념의 구성물에서* 추론한다. 아래에서 칸트가 제시하는 예는 그가 이 말로 의미하는 바를 보여준다.[4] 단일한 면에 닫힌 일련의 세 직선이며 유한한 선분으로서의 삼각형에 대한 담론적 개념으로 시작해 보자. 그리고 이러한 세 선분으로 구성된 삼각형의 내부의 각의 합이 어떻게 직각과 연관되는지에 대해 질문해 보자. 이 물음에 답하기 위해 우선 칸트가 부르는 우리의 순수 직관이란 것과 대응하는 삼각형의 모양을 그리거나 혹은 구성해 보자(그림 2.1a을 보라). 초기의 초월적 미학에서 칸트는 우리는 어떤 경험적 지식이나 경험적 직관에 종속되어 있지 않는 선험적 혹은 순수한 공간에 대한 직관을 가지고 있다고 주장한다. 우리는 시간에 대한 선험적인 직관도 가지고 있다.

우리는 선분들 중 한 선분의 양쪽을 연장하고 이 연장된 선분에 평행한, 다른 두 선분이 만나는 지점에 교차하는, 완전히 새로운 선을 추가함으로써 증명을 이어간다(그림 2.1b). 그러면 즉시로 선분 AB위의 B와 2B [옮긴이 주: 2B는 그림 2.1에서 –B를 가리킨다.] 각도의 합은 두 직각의 합과 같다는 것을 알 수 있다(직각은 한 선이 다른 선과

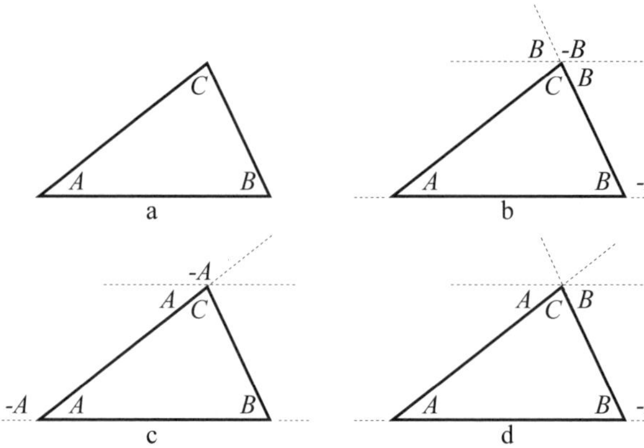


그림 2.1 삼각형들

수직으로 교차할 때 형성된다). 다음에는 선분 BC를 C너머 연장하면, 즉각적으로 이것이 BC가 C를 가로지르는 선분과 교차하는 곳에서 이 상황이 자동적으로 반복되는 것을 알 수 있다. 그런 다음 우리는 선분 BC가 또한 직선이기에 C에 연접한 오른쪽의 각도는 다시 B와 동일하다는 것을 관찰할 수 있다. 우리는 AC를 연장하고 C에 연접한 왼쪽의 각이 A와 동일하다는 것을 보임으로써 정확히 동일한 과정을 각도 A에서 반복할 수 있다(그림 2.1c). 이로써 A. B. C. 각의 합이 두 직각의 총합과 동일하다는 증명이 완성된다(그림 2.1d).

몇 가지 점이 관찰된다. 첫째, 위의 예에서 잘 드러나듯이 구성물은 우리가 처음에 시작했던 개념에 명확하게 표현된 것을 훨씬 능가한다. 둘째, 논증은 삼단논법으로 진행되지 않는다. 즉 "모든 사람은 죽는다", "소크라테스는 사람이다" 그러므로 "소크라테스는 죽는다"와 같이 개념이 개념을 대체하지 않는다. 대신, 칸트의 용어를 사용하자면, 우리는 개념을 *구성한다*. 즉 우리는 이미 존재하는 시간과 공간의 직관으로 우리가 할 수 있는 것인, 개념에 상응하는 직관을 선험적으로 보여준다. 이러한 과정에서 우리는 그 개념과 연관되어있는 모든 가능한 순수 직관의 재현인 *단일한* 대상을 창조한다. 이 점은 칸트로 하여금 추출된 결론이 필연적이고, 다른 경험적 논증에서처럼 단순히 우연한 것이 아니라는 점을 지지하게 한다. 셋째, 이 구성은 논증에 있어 본질적이다. 이것은 우리의 수학적 추론을 촉진하기 위한 단순한 보조적 도구가 아니라 그러한 추론의 핵심을 형성한다. 실제로, 칸트는 삼단논법의 연쇄를 통해 위와 같은 결론에 도달할 수 있다는 점을 부정한다. 넷째, 칸트의 순수 직관의 사용은 경험적 성격, 즉 색이나 선분의 두께, 완전한 직선이 아닌 것, 그리고 그려진 실제 형상(이는 실제로 냅킨 위에 재빠른 스케치를 할 때 전형적으로 일어난다)에 대한 시각적인 오류일 수 있다는 결론에 이르기까지 창조된 대상이 갖는 이 같은 요소들을 무시할 수 있게 한다. 다섯째, 수학적 추론은 선험적이지만 우리가 시작한 개념을 넘어서 우리를 인도할 새로운 통찰을 얻게 한다. 그러므로 칸트의 용어에서 수학은 선험적이자 종합적이다. 이는 칸트에게 수학이 발견의 과학이라는 점을 의미한다.

기하학이 이러한 유형의 추론을 가장 잘 보여주지만 칸트는 수학의 다른 영역으로도 이를 확장한다. 하지만 그 시도는 또한 더 이상 확장될 수 없다. 중요한 것은 칸트가 논리학을 포함하는 철학에서는 수학적 추론을 적용할 수 없다고 생각한다는 것이다. 위에 기술된 것처럼 철학에서는 담론적 추론 유형으로 한정해야 한다. 수학은 순수 직관으로 그것의 개념을 실현하지만 또한 이는 그 적용이 순수 직관에 제한되어야 한다는 것을 의미한다. 철학은 둘 다 가능하지 않다. 철학은 감각을 통해 우리에게 주어진 것에 자신의 통찰력을 의존하기 때문에 순수 직관에서 개념을 실현할 수 없으며, 철학이 경험적 세계의 지식을 얻는 자신의 임무를 포기하지 않고서는 개념의 적용을 순수 직관의 영역에 제한할 수 없다. 칸트는 수학과 철학을 분리하는 것이 근본적이라고 본다. 실제로, 두 유형의 추론 사이의 차이점은 매우 크고,

그것이 확립하고자 하는 바도 매우 달라서 최소한 수학과 철학에서 그 둘은 연결될 수가 없다.[5] 수학적 추론을 사용하고자 하는 철학자들의 경향이 터무니없는 생각이나 오류로 이어지는 한편, 철학에서의 담론적 방법을 수학의 문제에 적용하는 것은 오류를 피하지만 이는 단지 그것이 완전히 무의미하기 때문이다. 담론적 추론을 수학에 적용하는 것은 절대로 순수하게 분석적인 개념의 설명 이상으로 나아갈 수 없으며, 따라서 어떤 새로운 지식도 생산할 수 없다.

퍼스는 그가 좋아하는 칸트로부터 많은 것은 얻지만 중요한 교차점에선 동의하지 않는데, 종국에 퍼스는 수학적 추론이 철학에서도 사용될 뿐만 아니라 심지어 철학에서 없어서는 안 된다고 추단한다(즉 수학적 추론이 없이는 철학을 할 수 없다). 그러므로 우리는 이제 퍼스의 수학 개념을 살펴 볼 것이다.

## 2.2 사물의 이상적 상태에 대한 정밀한 연구

언급된 바와 같이 수학은 세계에 대한 가장 추상적인 기술을 표현하는 과학으로 오랫동안 여겨졌는데, 우리가 사물을 측정하고 셀 수 있는 한에서만 수학은 사물을 연구했다. 따라서 수학은 전통적으로 양에 관한 과학이라고 정의되었다—기하학은 연속적인 양을, 산술학은 이산적인 양을 다룬다. 하지만 19세기에 이뤄진 수학의 발전으로, 자연의 측정학으로 보는 이러한 관점이 더 이상 유지될 수 없게 되었다. 이는 해방의 효과를 가져 오는데, 즉 수학이 자신의 결과가 자연의 세계를 반영해야 한다는 요구로부터 자유로워졌다는 것이다. 이 같은 해방은 퍼스와 매우 유사한 연구를 한 게오르크 칸토어(Georg Cantor)가 자유는 수학의 본질이라고 선언하게 된 계기가 되었다. 즉 "수학은 발전이 완전히 자유로우며 그것의 개념은 그 자체에서 모순이 없어야만 한다는 것과 함께, 정의를 통해 기존의 개념들과 확실하고 질서 있게 연결되어야 한다는 분명한 사고에만 의존한다."[6] 자연의 세계는 더 이상 수학을 제약하지 않았다.

퍼스의 아버지는 그의 『선형 결합 대수학』에서 수학을 "필연적인 결론을 도출하는 과학"[7]으로 정의하였다. 이러한 정의는 퍼스 자신의 수학에 대한 개념의 기초를 형성한다. 퍼스에 따르면, 그의 아버지의 정의는 수학을 사물의 순수한 가설적 상태에 관한 연구로 만든다. 즉 "완전한 지식 이외에는 필연적인 결론들을 도출하는 것이 불가능하며, 실제 세계에 관한 지식이 없기에 이러한 개념에 따르면 수학은 가설의 실체에 전적으로 연결되어야 한다는 것이다"(PM:7). 퍼스에게 이러한 가설들은 단지 정신적인 창조물들이며, 퍼스는 더 나아가 그것들의 명확성, 분명함, 일관성을 제외하곤, 그것들은 꿈과 다르지 않다고 말한다(R17:7).

벤자민 퍼스는 그의 정의로부터 법칙의 발견도 이론의 구성도 수학에 정확하게 속하지 않는다고 결론을 짓는다.[8] 이 점에서 퍼스는 수학이 이론의 구성과 그것의 결과에 대한 연역을 *둘 다* 포함한다는 점을 주장하면서 아버지와 갈라진다. 그가 주창한 자연적 분류법(섹션 1.4)에 따라, 퍼스는 수학을 수학자들이 실제로 관여된 살아있는 기획으로 보아야 한다고 주장한다. 계속해서 퍼스는 말하기를, 이런 식으로 수학을 보면, 우리는 "수학자의 기획의 모든 필수적인 부분을 자연스럽게 포함한다. 그러므로 우리는 그의 가설들을 *공식화* 하는 것과 함께 그것들의 결과를 확인하는 것을 수학에 포함시켜야 한다" (PM:91). 찰스 퍼스에게 이 점은 수학이 필연적인 결론을 도출하는 것보다 훨씬 많은 것을 다룬다는 것을 의미한다.

수학자들이 그들의 원재료를 발견하는 곳이 실증과학이기 때문에, 수학에 대한 퍼스의 확장된 개념을 검토하는 가장 좋은 방법은 수학이 그것과 어떻게 연결되는지를 살펴보는 것이다. 퍼스의 관점에서 순수 수학은 궁극적으로 응용수학의 결과물이다. 이것은 퍼스가 전형적인 궤적을 스케치한 결과이다. 즉 "수학자의 기획은 처음에 어떤 실제적 문제의 제안을 구상하는 정확한 아이디어들 혹은 가설들에 달려있으며, 그리고 그것들의 결과를 확인하여 궁극적으로 일반화한다" (R188:2). 이러한 관점에서 물리학자, 기상학자, 경제학자들이 복잡한 문제에 봉착할 때 그들은 수학자들에게 조언을 구한다. 그러면 수학자들은 조사 중인 복잡한 실재보다 훨씬 단순한 사물의 상태를 구축하려는 노력을 하면서도 이러한 단순화가 요구되고 있는 실용적인 답에 영향을 주지 않는다는 것을 확고히 한다. 이러한 방법으로 수학자들은 과학자들에게 골격모델–혹은 가설이라고 퍼스가 부르는 것–을 과학자들에게 제공하며, 이러한 가설은 모든 우연적인 측면들인 현상 자체를 대신하여 연구될 수 있다. 퍼스는, 수학자들이 고찰하기를 원하는 가설이 수학적으로 다루기에 매우 적합한 것이어야 하므로 가설을 구성하는 일은 그것이 한 부분으로 구성되는 경험적 과학보다는 수학의 범위에서 이루어져야 한다고 주장한다. 퍼스는 다음과 같이 말한다.

> 경험의 결과는 그것이 수학적 사용에 적합하기에 앞서 단순화되고, 일반화되고, 사실에서 분리되어 완전한 아이디어가 된다. 간단히 말해서, 그 결과들은 수학이나 수학자들의 능력에 사용되는 형태로 취해져야 한다. 수학자만이 이러한 능력들이 무엇인지를 안다. 그리하여 결론적으로 수학적 가설들을 구성하는 일은 수학자에 의해서 수행되어야 한다. (R17:6f)

간략하게 말하자면, 그러한 가설들을 구성하는 것은 보다 구체적이고 경험적인 일을 요구하지 않지만, 수학적인 상상력을 필요로 한다.

즉 "우리 자신에게 복잡한 형상을 뚜렷하게 이미지로 형성하는 능력"이다(R252: 20).

퍼스는 채택된 가설의 성격에 관하여 아래와 같이 지적한다. 즉,

> 가설은 [중략] 형식적 연역을 허용하기 위한 확정성의 단계를 가지고 있어야한다. [중략] 다른 점에서는 가설이 덜 확정적일수록 좋은 것이다. 그러므로 어떤 특정한 색깔을 갖는 기하학적 형상을 가정하는 것은 도움이 되는 것이 아니라 오히려 방해가 될 수 있다. 따라서 수학자의 가설은 항상 복잡한 종류의 것이며, 따라서 관련된 모든 관계들은 일별할 수 없다. (NEM 3:749)

가설이 세워지면, 그 가설을 발생시켰던 실제적인 문제와의 모든 연결을 상실할 정도로, 수학자는 그 가설의 일반화를 해낼 수 있다. 비유클리드 기하학의 발전과 산술학에서의 허수의 사용이 이것의 명백한 예이다.

그렇다면 수학자의 능력을 구성하는 것은 무엇인가? 퍼스는 세 가지를 구별하는데, 상상력, 집중력, 일반화가 그것이다. 이로부터 퍼스는 그가 수학자의 임무라고 부르는 것을 추출한다. 이는 삼중으로 되어있다. 즉

> 첫 번째, 수학자는 일반적으로 실제적인 사유에 기반을 두어 행동을 취하면서 사물의 이상적인 상태에 대한 가정을 세워야 한다.
> 두 번째, 수학자는 그러한 사물의 이상적인 상태를 연구해야 하며, 그 경우에 무엇이 참인지 발견해야 한다.
> 세 번째, 수학자는 그러한 사물의 이상적인 상태를 일반화하여야 하며 특정한 측면에서 처음의 상태와 차이가 있는 다른 사물의 이상적인 상태를 생각해야 한다. (NEM 2:10)

특히, 퍼스가 생각하는, "주로 수학자를 구성하는"(R278a:91) 일반화의 능력은 얻기가 어려운 기술이다. 상상력, 집중력, 일반화에 대한 퍼스의 강조는 증거를 제공하는 것이 수학자의 일이라는 대중적 믿음에서 벗어나게 한다.

어떻게 수학적 모델이 존재하게 되는지 설명했고, 수학적 정신 상태에 대한 통찰력을 제공하였으므로, 우리는 이제 퍼스가 한 것처럼 수학을 "사물의 이상적인 상태에 대한 정밀한 연구"(NEM 2:10)[9]로 성격 지을 수 있다. 다시 말해, 탐구를 자극하였던 실질적인 동기가 제거되었고, 모든 에너지는 모델 자체에 대한 연구로 향한다. 모델들이 그것들 외부의 모든 것과 가질 수 있는 모든 관계와 무관하게, 그리고 연구자가 전적으로 모델을 위해 모델을 연구하는 것 외에 가질 수도 있는 모든 동기와도 무관하게 그러하다.

그러므로 퍼스에게 수학자의 일은 세 가지 부분으로 구성된다. 즉 실제적인 문제에 의해 영감을 받은 사물의 이상적인 상태를 구상하는 일, 이 같은 사물의 이상적인 상태에서 참이 무엇인지를 결정하는 일, 마지막으로 그러한 구성을 자극한 다른 참조나 참작 없이 전적으로 타에 의존하지 않고 연구하는 일이다. 다음 섹션에서 우리는 퍼스가 말하는 수학적 추론이 무엇을 뜻하는지 검토한다.

## 2.3 수학적 추론

칸트와 같이, 퍼스는 수학적 추론이 다이어그램적(diagrammatic)이라는 점을 주장한다. 일반적 용어로 자신의 가설을 만들고 난 후, 수학자는 다이어그램을 구성하는데, 퍼스는 이를 "그곳에서 부분들의 관계가 명확하게 드러나고, 글자나 아니면 다른 방식에 의해 구별되며 어떤 의미나 혹은 최소한 어떤 중요성을 갖는 모든 시각적 골격의 형태"(NEM 2:345)라고 여긴다. 그러한 다이어그램은 "기하학적일 수도, 다시 말해 익숙한 공간적 관계들이 전제들에서 주장된 관계들을 대신하는 것과 같을 수도, 혹은 그것은 대수학적일 수도 있는데, 거기에서 관계들은 관습적이든, 경험적이든 간에 상관없이 특정 규칙에 의존한다고 상상되는 대상에 의해 표현된다"(CP 2.778). 이런 관점에서, "그들의 관계가 한 번에 보일 수 있는 방식으로 연속해서 쓰인 방정식의 시스템은" 또한 다이어그램을 구성한다(NEM 2:345).

수학이 다이어그램에 대한 연구라면, 관찰은 수학적 추론에 중요한 구성요소가 된다. 이 점은 관계들이 구성의 수칙으로 명시화되지 않은 상태로 관찰될 수 있기 때문에 수학이 진정한 발견의 과학이 되게끔 한다. 예를 들면, 모든 자연수가 4번의 2승의 합[옮긴이 주: 프랑스의 수학자 라그랑주(Joseph Louis Lagrange, 1736-1813)의 4제곱수 정리]으로 재현될 수 있는 것은 우리가 이러한 숫자로 구성한 것이 아니라 그것들이 오랫동안 사용된 후에 발견된 관계이다.

관찰을 수학적 추론의 중요한 요소로 만드는 것은 또한 실험을 가능하게 한다. 즉 다이어그램 위에서 수행하는 행위와 그 결과를 관찰하는 것이다. 퍼스가 주장하는 그러한 실험은 귀납과 유사하며, 단 "그것은 경험의 과정을 다루지는 않고 어떤 특정한 사물의 상태가 상상될 수 있는지에 대한 문제를 다룬다"라는 점에서 다르다(CP 2.778). 게다가 실험은 선택의 요소— 퍼스가 생각하는 모든 필연적 추론에 참이 되는 것—를 도입한다(CP 6.595). 요약하면, 수학적 추론은 반성적이기보다는 실험적이며 관조적이기보다는 행위적이다. 퍼스가 주장하기를 우리는 수학에서 "단순한 정신적 응시나 정신적 비전의 압력"이 아닌 "종이 위에서 혹은 상상으로 공식들 혹은 다른 다이어그램을 조작함으로써"(CP 4.86) 지식을 얻는다. 퍼스가 주장하기를, 그러한 경험만이 "우리 안의 감춰진 이성"을 이끌어내며, 그리고 그러한 방식으로 "이와 같은 경험은 화학자 혹은 물리학의 실험들이 그러하듯이, 자연에 속한 이성을 끌어내지 않고 안에 감춰진 이성을 끌어낸다는 점에서 일상적으로 경험이라고 불리는 것과 다를 뿐이다."(같은 책 그리고 섹션 9.5) 다른 말로 하면, 인간이 만든 다이어그램을 가지고 실험할 때, 우리는 자연에서 실험을 수행할 때에 못지않게 엄연한 사실에 직면한다. 공간을 사용하여 예를 들면,

> 수학자가 공간에 대한 이 같은 아이디어를 연구하게 될 때, 그는 그 아이디어가 자신의 기분을 따르지 않는다는 것을 발견한다. 그는 정신 내부나 혹은 너머에 어떤 초자연적인 힘에 이끌리며 그 안에 특정한 성질을 인식한다. 하지만 모든 수학자들은 그것이 그들이 세운 아이디어와 적대적일지라도, 그들이 추구하는 사고의 방향과는 관계가 없을 지라도 결국에는 동일한 결론에 도달한다. 단지 아이디어일지라도 공간은 특정한 방법으로 사유되게 하는 것처럼 보인다. 공간은 우리가 좋아하든 혹은 그렇지 않든 자신의 특성을 가진다. (R256:12)

수학에 있어 관찰과 실험이 중요하다는 관점은 퍼스가 존스 홉킨스에서 가르칠 때 가까이 지내던 수학자들에게 주요 사안이 되며, 그 후 20년간 퍼스는 이러한 관점을 위한 철학적 토대를 발전시키는 데 많은 시간과 노력을 쏟는다. 이는 또한 모든 유효한 필연적 추론은 다이어그램 위에서 하는 실험과 그 결과를 관찰함으로써 진행된다는 자신의 보다 일반적인 주장에 기초를 형성한다(CP 1.54).

위의 내용과 일관적으로, 퍼스는 연역법을 다음과 같이 정의한다. "전제에 사실들을 재현하는 논증으로 우리가 사실들을 다이어그램에 재현할 때, 우리는 결론에 진술된 사실을 재현하*지 않을 수 없게 되는 자신을 발견한다.*"(CP1.66; 강조는 추가됨). 혹은 다른 곳에서 그가 말하기를, 연역법은 "일반적 수칙에 부합되는 이미지나 다이어그램을

구성하는 데 있으며, 그러한 이미지에서 그 수칙에 명시적으로 놓여있지 않는 특정한 부분의 관계들을 관찰하는 데 있고, 그 수칙이 따라오면 동일한 관계가 항상 일어날 것이라는 것을 스스로에게 확신시키는 것에 있다"(CP 8.209). 이것이 바로 연역법을 *필연적* 추론으로 만드는 점이다. 전통적인 삼단논법이 이러한 종류의 예이다. 연역법은 우리가 한 번에 그들의 상호연결성을 알 수 있도록 구조에서 그것의 요소를 결합한다. 즉,

> 모든 인간은 죽는다;
> 소크라테스는 인간이다;
> 그러므로 소크라테스는 죽는다.

우리는 즉시 전제들과 결론 사이의 연결을 *지각하고*, 이러한 연결이 두 전제에 모두 나타나는 "인간"이라는 개념에 걸린다는 것을 *지각하기* 때문에 결론을 받아들이게 된다. 위의 삼단논법 대신 벤 다이어그램을 그릴 수 있다. 여기서 다시 우리가 동의하는 모든 것을 고려하면 소크라테스가 죽는다는 결론을 피할 수 없음을 우리는 즉각적으로 *깨닫는다*.

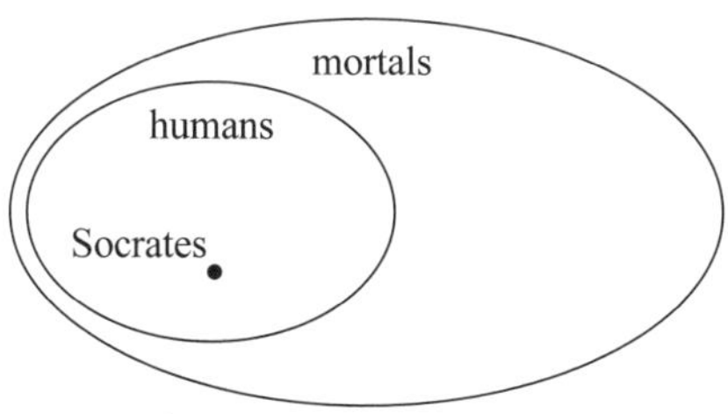


그림 2.2 벤 다이어그램

수학적 추론에 관한 자신의 논의와 부합되도록, 퍼스는 연역법을 귀결적[옮긴이 주:필연적 연역의 성격을 갖는다.)과 정리적[옮긴이 주: 이론적 연역의 성격을 갖는다.], 두 가지 유형으로 구별하며 이러한 구별에 대한 발견을 자신의 "수학적 절차에 대한 최초의, 진정한 발견" (NEM4:49)이라고 생각한다. 귀결적 연역은 "다이어그램에 결론의 조건들을 재현하고 이러한 다이어그램의 관찰에서 현재 상황의 상태로부터 결론의 참을 찾는다"(CP 2.267). 소크라테스에 관한 삼단논법은 좋은 예이다. 그것을 아는 사람은 결론에 대하여 합리적으로 의문을 품을 수 없다. 대조적으로 정리적 연역은 "다이어그램에 결론의 조건들을 재현하고 그 다이어그램에서 창의적인 실험을 수행하며 관찰에 의하여 수정되며, 그 결론이 참임을 확증한다"(같은책). 앞에서 주어졌던, 삼각형의 세 각의 합은 두 직각과 같다라는 증명은 정리적 연역의 예이다. 정리적 연역에서는 자유로운 행동이 다이어그램에서 수행되기 때문에, 동일한 결론이 종종 다수의 방법을 통해 도출될 수 있다. 귀결적 연역에는 그러한 다양성이 존재하지 않는다( 거기에 있는 것이 무엇인가만 알 수 있을 뿐이며, 혹은 그마저도 알 수 없기도 하다). 다이어그램을 보는 것만으로 놀라움을 자아낼지라도, 토끼 그림이 또한 오리 그림이라는 것을 발견하게 되는 때와 같이, 수학적 추론

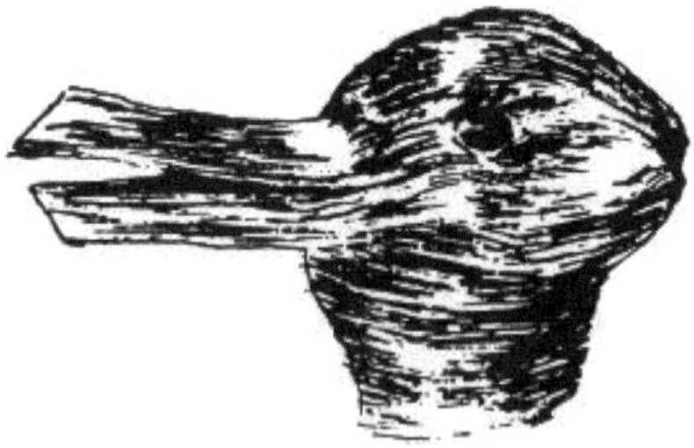

그림 2.3 오리 토끼: 조셉 재스트로(Joseph Jastrow)의 오리-토끼 그림[10)]

에서의 놀라움의 진정한 원천이 되는 것은 정리적 연역이다.

수학자들에 의해 연구되는 사물의 가설적 상태에 충분한 자료를 제공하는 중요한 수학적 과정은 추상화(abstraction)이다. 퍼스는 일반적으로 추상화라는 용어가 적용되는 사고의 두 과정을 구별한다. 첫째, 다른 것은 무시하면서 한 가지 성질에 우리의 주의가 집중되는 상황이 있다. 색에 초점을 맞추고 크기, 스타일, 안락함 등을 무시한 채로 침대소파를 살 때, 우리는 이렇게 한다. 퍼스는 이를 분해적 추상화(prescissive abstraction) 혹은 *분해하여 생각함(prescission)*(CP 4.235)으로 부른다. 그러므로 기하학에서 우리는 색에서 형태를 *분해한다(prescind)*(CP 5.449). 퍼스는 분해하여 생각함과 그가 실재적 추상화(hypostatic abstraction)라고 부르는 것을 구별한다. 이것은 그가 실체적인 사고로부터 사유적 존재(*ens rationis*) 혹은 사유 대상의 창조를 구별함을 의미한다(같은 책). 실재적 추상화에서 주제에 대한 사고는 그 자체로 사고의 주제가 되며, 따라서 사고는 담론의 독립적인 주제가 될 수 있다(CP 5.534). 우리는 형용사, "덕이 있는"에서 명사 "덕", 그리고 덕에 대한 이론을 발전시키는 진행을 통해 이러한 과정을 수행한다. 퍼스에게 실재적 추상화를 통한 사고 대상의 구성은 수학에서 본질적인 것이다. 즉,

> 아주 작은 것일지라도 수학에서 이런 과정의 중요성을 짐작하기 위해서는 한 집합이 실재적 추상화 혹은 사유적 존재라는 것, 다수가 한 집합의 술어로부터 나온 실재적 추상화라는 점, 그리고 기수는 특정한 다수에 부여된 추상화라는 것을 기억하는 것으로 충분하다. 그러므로 서수는 자리에 부여된 추상화이며, 이는 그 다음, 시리즈 단위의 상대적 성격에서 나온 실재적 추상화이며, 다시 그 자체가 추상화가 된다. (CP 5.534)

간단히 말해서 실재적 추상화에서, 우리는 사물의 가설적 상태에서 특정한 성질을 추출하고, 그것을, 그 후에 다른 사물이 서술될 수 있는, 사고의 독립적인 대상으로 만든다. 퍼스는 강력한 추상화의 발견이 어려운 기술이라고 생각하며, 올바른 추상화를 발견하는 것은 종종 대단한 수학적 발전을 촉발한다고 본다. 지금까지 기술된 것으로부터 그러한 실재적 추상화가 단일한 개인의 상상력이 만든 단순한 결과물 이상의 것이라는 것이 또한 명백해 질 것이다. 이점은 8장에서 다시 다루어진다.

몰리에르가 1673년 작품인 코미디 발레(Comédie-ballet), 『상상으로 앓는 사나이』에서 의학생이 "잠이 오게 하는 힘"으로 아편이 사람들을 잠들게 한다고 엄숙히 표명하게 함으로써 실재적 추상화를 조롱한 일은 잘 알려져 있다. 하지만 퍼스는 그것은 그것대로 이러한 힘을 연구하도록 허용하며 따라서 아편 이외의 다른 물질에서도 그것을 발견하는 가능성을 열어두기 때문에 그것은 쓸모없는 일이 아니라고 말한다.

하지만 수학적 추론에서 가장 도전적인 부분은 연역이나 추상화가 아니라 일반화이다. 퍼스에게 이 점은 수학의 진정한 원동력이다. 엄격히 말해서 일반화된 모델은 제약을 부과함으로써 모델이 무엇으로부터 일반화된 것인지 초기의 모델로 다시 되돌아간다. 그래서 비유클리드 기하학은 유클리드 기하학의 일반화로, 유클리드 기하학은 부가된 제약으로서 평행선 공준[옮긴이 주: 주어진 한 점을 지나, 그 점을 지나지 않는 주어진 직선과 평행을 이루는 직선은 단 한 줄밖에 그어지지 않는다는 유클리드 기하학의 한 공준]이 적용되는 특별한 경우이다. 일반화된 모델을 찾기 위한 하나의 메커니즘은 극단적인(혹은 퇴행적인) 경우들을 검토하는 것이다. 예를 들어 위에서 언급된 삼각형의 정의는 한 각도가 0이 되는 극단적 경우를 허용한다. 이것을 검토하는 것은 한 선 위의 세 점이 하나의 삼각형을 구성한다는 점까지도 입증한다–그리고 이와 관련한 삼각형의 내부 각도의 합은 두 직각과 같다는 것을 입증한다. 이는, 우리의 익숙한 개념을, 삼각형의 세 각의 점들이 단일 선분에 있지 않을 수 있다는 부가된 제약으로 특징지어진 특별한 경우를 갖는, 삼각형의 보다 넓은 개념으로 이끈다.

요약하면, 퍼스에게 수학적 추론은 증명을 제공하는 것보다 훨씬 더 많은 것을 포함한다. 퍼스가 유클리드가 『원론』에서 하는 것을 보듯이, 수학을 입증(demonstration)하는 것으로 축소하는 것은 구성, 관찰, 실험, 추상화 그리고 일반화라는 수학적 추론의 가장 중요한 측면을 배제시킨다. 퍼스가 그의 형에게 쓰기를, 입증은 단지 "수학자들이 달성하고자 하는 목표와 그 목적을 이루기 위한 계획으로 그의 팀을 이끌기 위해 잘 닦아 놓은 길일뿐이다."[11)]

나중에 자세히 더 잘 알게 되겠지만, 철학자들은 종종 수학적 입론에 의존하고 수학자들이 추상화했던 사유적 존재들(*entia rationis*)을 종종 활용하고 싶어 하기 때문에 수학을 통한 이와 같은 긴 우회는 오히려 철학의 이해에 매우 중요하다.

## 2.4 수학, 철학, 논리학

칸트에 관한 짧은 논의에서 우리는 칸트가 철학자들은 수학적 추론을 피해야 한다고 믿고 있음을 보았다. 하지만 퍼스는 다른 견해를 가진다. 철학이 수학으로부터 많은 것을 배워야 할 뿐만 아니라 칸트가 담론적 추론의 전형적 예라고 생각한 삼단논법까지도 퍼스에게는 수학적 추론이며 그렇기에 다이어그램적 추론의 형식이 된다. 이러한 생각과 맥을 같이하며, 퍼스는 철학을 하는 데 있어서 좋은 스타일로 특징지어지는 것은 그것이 "이해가 쉬운 다이어그램, 혹은 잘 알려진 상징을 보여주는 표로 나타난 배열에 가능한 한 가장 가깝게 다가가는"(CN 3:129) 것이라고 말한다. 이는 단지 수학자들이 어떻게 추론하는지가 철학자들에게 유용할 뿐만 아니라, 몇몇의 수학적 개념들, 예를 들면, 퍼스의 개념을 포함하여 무한대(the infinite), 무한소(infinitesimals), 집합(collections), 다수(multitudes), 그리고 연속성(continuity)이 철학에도 중요한 역할을 하게 된다는 것이다. 다음 장에서 이들의 몇몇이 논의될 것이다. 이는 수학자가 자연적으로 좋은 철학자라는 것을 의미하지 않는다. 앞으로 보게 될 것이지만, 철학은 위대한 수학자를 만드는 능력과는 매우 다른 능력을 요구한다.

퍼스가 일생동안 논리를 수학화한 점과 이를 통해 그가 수학에 기여한 점을 특별히 고려하면서, 수학과 논리학의 관계에 대해 언급할 몇 가지가 있다. 통상적으로 수학과 논리학의 관계는 *논리주의(logicism)*라고 본다. 즉 궁극적으로 수학이 "논리의 법칙"과 같은 것에 기반이 되고, 환원되고, 연역이 될 수 있다는 관점이다. 역사적으로 논리주의는 모든 수학을 수에 기초하려는(예를 들어 산술) 수학자들의 오래된 시도인 피타고라스주의를 따른다. 부울이 그의 새로운 대수의 논리를 산술로 발전시켰기 때문에 수학이 논리–즉 부울식의 대수에서–에 토대를 둘 수 있는 사유는 피타고라스식 관념을 자연적으로 확장하게 된다. 퍼스 시대에 논리주의적 입장의 주요 지지자는 리하르트 데데킨트(Richard Dedekind)이며, 퍼스는 그의 저작에 대해 잘 알고 있다.

논리주의에 관하여, 우리는 매우 다른 두 주장을 구별해야 한다. 첫째, 수학 과학은 논리 과학에 기반을 둘 수 있다. 1장에서 퍼스에 의한 과학의 구분에서 입증되듯이 퍼스는 이러한 방식에서 논리주의자는 아니다. 그에게 수학과 논리학은 매우 다른 기획이다. 수학이 사물의 가설적 상태에 대한 연구에 국한하는 반면, 논리학은 세계에 대한 지식을 얻기를 원한다면 어떻게 추론*해야하는지*에 대한 연구로서 실증과학 아래 존재한다(섹션 4.1).

두 번째 주장은 모든 수학이(그것의 전부나 혹은 단지 산술) 수학*내의* 단일한 부류에 기반을 두고, 환원되고 혹은 연역될 수 있는가이다. 그리고 그러하다면 그 같은 단일한 부류가 (수학적인) 논리로서 정당하게 인식될 수 있는지에 관한 것이다. 퍼스의 수학에 대한 위의 설명은 그가 이러한 의미에서 논리주의자가 아니라는 것을 암시한다. 우리가 보았듯, 통상적으로 논리주의자들이 받아들이는 제한적인 의미에서의 단순한 논증보다 수학적 추론에 훨씬 많은 것이 있다. 하지만 퍼스의 입장을 더 잘 이해하기 위해서는 퍼스가 어떻게 수학을 구분하는지 그리고 다양한 부분들이 어떻게 연결되는지를 아는 것이 도움이 될 것이다.

수학은 여러 방법으로 구분될 수 있다. 전통적인 구분이 대수학과 기하학 사이에서 이뤄진다. 이 구분은 본질적으로 방법, 더 정확히는 사용된 도식의 유형에 따른 구분이다. 즉 기하학은 "선으로 된 도형에 글자가 추가된" 것이며, 대수학은 "문자의 배열로 변형을 허용하는 어떤 규칙과 연합되어"있다(CP 4.246). 퍼스는 이러한 방법으로 수학을 구분하는 것에 반대하는데, 그 이유는 두 방법이 모든 수학적인 주제에 적용될 수 있고, 종종 가장 생산적인 접근은 둘을 결합하는 것이기 때문이다. 자신의 수학의 정의와 그것이 수반하고 있는 것을 진지하게 생각하며, 퍼스는 수학자들이 연구하는 이상적 시스템들, 혹은 가설들의 측면에서 수학을 구분할 것을 제안한다. 퍼스는 우선 이 가설들을 예측되는 요소들의 수로 모으고, 그리고 그것들을 이러한 요소들 사이에서 어떤 관계에 있는가에 따라 더 구분하며, 그것은 가설의 초점이 된다. 그 결과는 세 유형의 시스템에서의 구별이다. 즉 유한집합(finite collections), 무한집합(infinite collections), 그리고 진정한 연속체(true continua)이다(CP1.283). 유한집합은 두 개의 요소만 포함하는 것, 그리고 둘보다 큰 유한한 요소들을 포함하는 것으로 세분할 수 있다. 처음에는 이상하게 보이는 이러한 구분의 토대는 다음 장에서 퍼스의 범주이론을 살펴볼 때, 논의될 것이다. 무한집합의 체계에 관해서 퍼스는 이를 산술학과 미적분학으로 구별한다. 마지막으로 퍼스의 생전에는 여전히 유아기 상태의 학문인 위상 기하학은 진정한 연속체를 다룬다.

둘보다 더 적은 요소들을 갖는 가설이 존재할 수 없기 때문에, 두 개의 요소를 포함하는 가설은 가장 단순한 형태이다.

> 어떤 것도 추정되지 않는다면, 수학은 기초를 이루는 어떤 기반도 없을 것이다. 가설이 단지 한 단위만을 가지고 있다면 오직 하나의 대답만이 가능하기 때문에 질문에 대한 가능성이 존재하지 않을 것이다. 결과적으로 가장 단순한 가능한 가설은 두 개의 대상이 존재하는 것이고 그것을 우리는 v와 f로 나타낼 수 있다. (CP4.250)

그러한 이분법의 대수학은 다음과 같은 질문을 허용한다. 즉 우리가 하나의 가설이 적용될 수 있는 어떤 미지의 대상 x을 가지고 있다면, 그것이 **v범주에 있는** x인가 아니면 **f범주에 있는** x인가? **v범주에 속하는**, 3개의 미지의 대상 x y z에서, z가 **f의 범주**로 변화할 때, x또는 y는 **v범주**를 유지할 것인가?

퍼스는 윤리학과 논리학(모든 논리학은 아니더라도)을 이분법적 대수학의 적용으로 말한다. 즉 "이는 평가의 체계로 윤리학은 이를 행동의 옳고 그름으로 나누는 데 적용하고 비관계적 논리학은 주장들을 참과 거짓으로 나누는데 이를 적용한다"(CP 4.368). 퍼스의 관찰은 다음과 같이 계속된다. 즉 이러한 유형의 수학은 "유용성이 거의 없고" 그리고 "논리 대수의 미적분학을 추구하는 사람들은 그들의 문제를 복잡하게 만들면서 수학적 흥미를 쫓아 무익한 노력을 기울인다" (같은 책).

그러면, 퍼스가 두 번째 의미에서 논리주의자인지는 다음과 같은 것에 달려있을 것이다. 즉 모든 수학들(예를 들어 유한 혹은 무한집합을 다루는 모든 가설들 그리고 진정한 연속체를 다루는 모든 가설들)이 단일한 이분법적 대수학으로 환원될 수 있는가이다. 거기에서 각 요소는 **v** 혹은 **f**의 가치를 갖고, **v**는 결코 **f에 이를 수 없는** 방식에 구속되는 변형의 규칙을 갖는다. 그것이 매우 엄밀하게 증명된다면(무엇보다도 관계사의 논리학을 도입함을 통해 논리학이 의미하는 바를 확대하거나, 혹은 모든 수학에 적용되는 요구사항들을 자유롭게 하면서), 이는 잇따르는 양보를 이끌어 낼 수 있는 가장 강력한 형태의 논리주의가 될 것이다. 이렇게 해석된 논리주의는 수학자들이 구성하고 연구하는 사물의 이상적 상태와 관련하여 일종의 토대주의(foundationalism)를 표현한다. 다시 말해 이상적으로 그것 모두는 이분법적 대수(학)의 단일한 가설 체계로부터 추론될 수 있으며, 이는 생각할 수 있는 가장 단순한 수학이다. 퍼스의 수학 개념을 고려할 때, 이것이 가능하다는 주장은 원리의 측면에서만 보아도 매우 사변적인 것이라고밖에 할 수 없다.

1) 『미국 인명사전(*Dictionary of American Biography*)』(1934)에서 폴 바이스가 쓴 퍼스 항목에서 인용됨.

2) 캐럴린 아이젤(Carolyn Eisele)은 후일 그녀가 편집한 *New Elements of Mathematics* 제2권에, 연대순이 어긋나긴 했지만, 이 두 원고를 포함시키며 출판하였다.

3) 『순수이성비판』, A711/B739.

4) 『순수이성비판』, A716/B744; 이 증명은 유클리드 『원론』에서 발견되므로 원론보다 더 오래된 것임에는 의심할 여지가 없다. 이것은 유클리드의 평행선 공준에 크게 의존하므로 칸트의 순수 직관의 공간은 사실상 유클리드식의 공간이다.

5) 칸트는 응용수학의 가능성을 부정하지 않는다. A726/B754 참고.

6) 게오르크 칸토어(George Cantor), *Grundlagen einer allgemeinen Manigfaltigkeitslehre* (Leipzig, 1883), 섹션 3.

7) 벤자민 퍼스(Benjamin Peirce), *Linear Associative Algebra* (Washington, 1870), 섹션 1; 찰스 퍼스는 1882년에 이 연구의 새로운 판본을 편집하였고, 이 책은 뉴욕의 Van Nostrand에 의해 출판되었다.

8) 같은 책.

9) 『센츄리 백과사전(*Century Dictionary*)』에서 퍼스는 수학을 "이상적인 구성물들에 관한 연구(종종 실제 문제들에 적용 가능한), 그리고 그 연구를 통해, 이러한 구성물들 중, 이전에는 알려지지 않았던, 구성요소 사이의 관계를 발견하는 연구"(CD 3659)로 정의한다.

10) 조셉 재스트로(Joseph Jastrow)의 "정신의 눈", *Popular Science Monthly* 54 (1899): 299-312, p.312. 재스트로는 존스 홉킨스에서 퍼스의 학생이었다.

11) 1894년 11월 18일에 제임스 밀스 퍼스에게 보내는 편지.

# III

# 현상학과 범주론

# 3

# 현상학과 범주론

앞 장에서 우리는 수학의 추상성과 그로부터 도출되는 그것의 일반적 적용가능성 때문에 수학이 가장 기본적인 실증과학이라는, 일반적으로 인정되는 견해를 퍼스가 거부한다는 것을 알았다. 사실 퍼스는 수학이 실증과학이라는 것조차 완전히 부정한다. 퍼스가 정의하듯이, 실증과학은 "존의 바지는 녹색이다", "원자는 분리될 수 있다" 혹은 "모든 새가 날 수 있는 것은 아니다" 등에서와 같이 어떤 주제에 대하여 확증하거나 부정하는 것을 추구하는 과학이다. 퍼스에게 수학은 이러한 것을 목표로 하지 않는다. 수학자는 조건적 혹은 가설적 명제만을 연구하며, 이러한 명제는 그들이 연구하는 것이 실제로 어떤 것을 재현하고 있는지와는 전혀 무관하다. 앞 장에서 수학에 관한 간략한 논의를 통해 입증되었듯이 수학을 실증과학으로 표명하는 일은 수학이 진정으로 무엇에 관한 것인지를 오해하는 것일 뿐 아니라 수학이 적법하게 할 수 있는 일을 심각하게 제한하는 것이다.

퍼스는 수학 대신에 철학을 가장 기본적인 실증과학으로 만든다.

그가 적기를, 철학은 "예컨대 성인이면서 정상적인 모든 이들에게 있어서 그가 깨어있는 삶의 매일과 매 시간에 나타나는 일상생활 속의 사실들을 보다 주의 깊고 면밀하게 검토하고 비교하는 것을 포함한다"(EP 2:146). 철학을 하기 위해서 우리는 망원경이나 입자가속기와 같은 특정한 도구가 필요 없으며, 법의학적인 병리학이나 문화 인류학과 같은 어떤 특정한 배경 지식을 가질 필요가 없다. 철학의 목표는 우리에게 세계관(*Weltanschauung*)—즉 특수과학의 모든 표명을 포함하며, 세계에 대한 우리의 생각의 일반적 배경으로서 기능할 수 있는, 우주를 이해하고 해석하는 일반적인 방법을 제공하는 것이다(EP2:146f). 퍼스의 실증과학 구분에서 철학이 첫 번째에 위치하기는 하지만, 그는 이를 과학에서 사용되는 것과는 다른 절차들에 의해 특징지어지는 독립적인 학문으로 여기지 않는다. 퍼스의 관점에서 철학과 과학 사이의 그러한 분리는 존재하지 않는다. 철학자를 구별 짓는 것은, 전형적인 과학자가 그러하듯이 사실들을, 종종 많은 숙고 없이, 어떤 전문화된 관찰을 위한 디딤대로서 취하는 것 대신에, 그가 이러한 "일상생활의 사실들"을 그의 유일한 연구주제로 삼는 데에 있다. 다른 방식으로 이러한 구별을 하자면, 철학(혹은, 퍼스가 벤담(Bentham)에서 그 용어를 차용하여 부르듯이, *시노스코피(cenoscopy)*)은 "모든 인간의 공통 경험에 기초하고", 반면 사람들은 특수 과학 혹은 *이디오스코피(idioscopy)*에서 "새로운 현상들을 발견한다"(CP 8.19)고 말하는 것이다. 퍼스의 과학 개념은 현재, 특히 영어권 철학자들에 의해 고려된, 일반적인 과학 개념이 의미하는 것보다 훨씬 넓다는 점이 덧붙여져서 언급되어야 할 것이다. 나는 이 주제에 대해 섹션 6.3에서 다시 논할 것이다.

퍼스는 철학을 3분야로 구분한다. 가장 기본적인 것은 현상학, 혹은 퍼스가 선호하는 표현으로 *패너로스코피(phaneroscopy)*이다. 현상학의 유일한 과제는 "외관들의 진리에 대한 어떤 탐구에 들어가지 않고 외관의 목록을 만드는 것이다"(CP2.120). 그 다음에 오는 것이 규범과학으로, 이는 이러한 현상들이 어떻게 특정한 목적과 관련되는지를 연구한다. 퍼스는 세 종류의 규범과학을 구별한다. 즉 미학, 윤리학, 논리학이 그것이다. 철학의 세 번째이자 마지막 분야는 형이상학이며, 이는 "실재와 실재적 대상의 가장 일반적인 특징을 연구한다"(EP2:375). 형이상학은 내가 방금 언급한 세계관을 구축하려고 시도하는 그러한 철학의 부분이다. 각각의 이어지는 분야 혹은 하위분야는 그러한 구분 속에 선행하고 있는 원리로부터 자신의 원리 중 일부를 도출하며, 그리고 모든 분야는 수학을 활용한다.

본 장에서, 나는 퍼스의 현상학을 논의한다. 논리학(추론하는 방법에 대한 이론으로 광의적으로 해석되는)과 형이상학에 대한 보다 자세한 논의는 이어지는 장들에서 마련될 것이다.

## 3.1 현상학

철학이 무엇인지를 설명할 때, 퍼스는 보통 논리학으로 시작하는데, 그는 진리를 유지하기를 원할 때 우리는 어떻게 추론을 해야 하는지에 관한 (규범적)이론으로 논리학을 정의한다. 그런 다음에 퍼스는, 그렇게 정의된 논리학이 모든 종류의 자아 통제적 혹은 의도적 행동을 연구하는 규범과학으로서 윤리학을 전제한다고 주장하며 역방향으로 논의를 펼친다. 그 다음으로 그는 윤리학이 그보다 한층 더 기본적인 규범과학, 즉 미학을 전제한다고 주장한다. 퍼스가 보기에 미학은 어떤 이면의 근거(윤리학과 논리학은 둘 다 이면의 근거를 상정한다)와 독립적으로, 즉 그것 자체만으로 가장 감탄할만한 것에 대한 연구이다. 결과적으로 미학은, 현상들이 나타날 때 무엇이어야 하는지 혹은 무엇이 아니어야 하는지에 대한 모든 판단을 만들지 않은 채 단순히 현상들을 관조하며 그것들과 마주치게 될 때 그것들을 기술하고, 그리고 어떤 규칙성이나 구조가 그 자체를 드러내는지를 발견하는 과학에 의존한다. 퍼스는 이러한 과학을 현상학이라고 부르며, 그는 이보다 더 기본적인 실증과학은 존재할 수 없다고 주장한다. 본 섹션에서 나는 현상학이 무엇을 연구하며, 그것이 성취하려는 목표는 무엇이고, 왜 그것이 기본적인지, 그리고 왜 퍼스가 패니로스코피라는 용어를 선호하는지를 논의한다. 다음 섹션에서 나는 퍼스 범주의 현상학적 도출에 대해 논의한다.

적절한 용어에 대한 퍼스의 관심은(섹션 1.4) 이러한 기본적 과학을 위해서, 현상학, 패니로케미(phanerochemy), 패니로스코피(phaneroscopy), 카테고릭스(categorics), 임피릭스(empirics), 그리고 피노스코피(phenoscopy)를 포함하는 다양한 이름들을 수용하게 했다. 퍼스는 상당히 광범위하게 현상학을 사용하지만, 후에 그 용어를 거부하며, 그것에 대한 정당한 이유를 제공한다.[1] 퍼스는 패니로스코피라는 용어를 선호하는데, 이 용어는 그리스어의 *패니론*(*phaneron*, 보이는 것 혹은 나타나는 것)과 *스코페인*(*skopein*, 평가하다)에서 유래한다. 그러므로 패니로스코피는 "*패니론*에 대한 기술"(CP1.284)이 된다. 퍼스는 패니론을 다음과 같은 것으로 정의한다. 즉 "모든 것의 *집합적 총체*로 그것은 어떤 실제 사물에 상응하는지 혹은 아닌지와는 전혀 무관하게 모든 방법으로 혹은 모든 감각으로 정신에 나타난다"(같은 책; 강조는 추가됨). 퍼스는 다른 곳에서 유사하게 패니론을 다음과 같은 것으로 정의한다.

> 어떤 한 사람의 의식의 *총체적 내용*(어떤 한 사람은 본질적으로 다른 어떤 사람이기 때문이다)으로, 즉 그것의 인지적 가치와는 무관하게 어떠한 방식으로든 우

리 정신에 있는 모든 것의 총합이다. 이는 매우 막연하다. 나는 의도적으로 그렇게 남겨놓는다. 나는 단지 순간적인 상태의 의식을 지시하는 것으로 한정하지 않는다는 점만을 지적할 것이다. 왜냐하면 "어떤 방식으로든"이라는 절이 기억과 모든 습관적 인지를 받아들이기 때문이다.(EP 2: 362; 강조 추가됨)

두 구절은 패니론이 모든 것을 포괄하는 총체성으로서 의식의 부분이 된다는 것을 가리킨다. 의식이 되는 것이 패니론들의 *다수성*(예를 들어, 감각 인상을 기본적인 것으로 받아들이는 사람들에게 일반적인 것과 같이)이라는 것을 주장하는 것은 이미 다수성을 나타내는 모든 지시가 그 자신을 드러내는 총체성 내에서 구별을 만드는 것을 암시하기 때문에 이미 이해의 행위(특정하게 발전된 인지의 이론들은 말할 것도 없고)를 도입한다.

퍼스가 말하는 패니론이 의미하는 것이 무엇인지를 더 잘 이해하기 위해서 경쟁하는 용어들을 살펴보고 왜 퍼스가 그 용어들을 거부하는지를 알아본다. 퍼스는 *현상(phenomenon)*이라는 용어를 거부하는데, 헤겔의 *현상학* [옮긴이 주: 『정신현상학』(1807)을 가리킨다]으로부터 부분적으로 거리를 두기 위해서일 뿐만 아니라 물리학에서 그 용어가 사용되는 방식과의 혼동을 피하기 위해서이다. 물리학에 현상이란 과학적 기술과 설명의 주제가 될 수 있는 특정하게 지각된 규칙성들을 의미하는데, 예를 든다면 차갑고 건조한 날에 머리를 빗질할 때의 전기 스파크 발생 같은 것이다.

퍼스는 또한 윌리엄 제임스의 *순수 경험(pure experience)*, 즉 모든 개념화하는 것으로부터 자유로운 경험을 거부한다. 제임스는 이를 "우리의 지혜로 통일해야 할 단순히 잡다한 것"[2)]이라고 기술하며, 이는 세상을 처음으로 만나는 신생아가 "모든 것을 하나의 대단히 생기발랄하고, 와글거리는 혼란으로서 느낄"[3)] 때와 다르지 않다고 말한다. 퍼스가 제임스의 정의를 부정하는 주요한 이유는 그것이 매우 제한적이라는 점이다. 즉 "*경험*은 삶이 우리에게 강요하는 것이다—의심이 없는 막연한 관념이다. 하지만 내가 말하는 *패니론*은 우리에게 *강요되는* 것에 제한되지 않는다. 그것은 또한 우리가 가장 변덕스럽게 생각에서 불러내는 것도 포용한다"(NEM3: 834).[4)]

퍼스는 더 나아가 경험주의자들의 *관념(idea)*에 관한 개념을 부정한다. 로크는 그의 『인간지성론(*An Essay Concerning Human Understanding*)』이라는 글에서 관념은, "인간이 사고할 때 이해의 대상이 되는 모든 것"이며, 덧붙여서 그는 관념을 "*환영(Phantasm), 개념(Notion), 종(Species)*을 가지고 의미하거나, 또는 사고 과정에서 정신이 적용될 수 있는 것이라면 그것이 무엇이든지 상관없이 표현하기 위해 사용한다"[5)]라고 정의한다. 퍼스가 인정하듯이, 패니론과의 유사점은 분명하다(CP 1.285). 더욱이 환영과 개념을 포함함으로써, 로크는 제임스의 "순수 경험"에서 볼 수 있었던 제한을 피한다. 퍼스가 인지하듯이, 패니론이라는 용어는 관념이라는 용어보다 여럿의 이점을 더 가지고 있다. 그것은 사고의 대상이기도 하고, 사고 그 자체이기도 한 *관념*의 다루기 힘든 애매성을 피한다. 아울러 이는—산마루의 관념을 가지고 말할 때처럼, 의식에 무엇이든지 나타날 수 있다는 점을 무시하면서 어떤 것을 선택하는—주의력(attention)을 가진 모든 내포(connotation)를 멀리한다. 그리고 패니론은 관념을 지식의 추상적 건축블록으로 만들었던 영국 경험론자들의 영향 때문에 그 용어의 의미가 진화되었던 방법과 혼합되는 것을 막는다. 결과적으로 관념이라는 용어를 사용하는 것은 무시되어야 하는 모든 종류의 내포들과 선입견들을 패니로스코피에 도입하게 될 것이다. 동일한 이유에서 퍼스는 버트란트 러셀과 다른 이들에 의해 발전된 감각 데이터의 20세기 개념을 거부했을 것이다.

퍼스의 패니론에 대한 개념은 더 나아가 수십 년 전 「새로운 범주 목록에 관하여」에서 그가 "현전 일반", 즉 어떤 비교나 구별이 만들어지기 이전의 현전(W2: 49)이라고 부르는 것과 공명한다. 퍼스는 이러한 현전 일반을 또한 "그것" 그리고 "실체"라고 부른다(같은 책).

그렇게 정의된 패니론과 그리고 패니론의 과학으로 확인된 패니로스코피로 다음과 같은 질문이 나온다. 이러한 패니로스코피의 목적은 무엇인가? 퍼스의 대답은 이렇다. 패니로스코피는 발견의 실증과학을 위한 토대를 형성하기 위해서, 패니론에 종종 혹은 심지어 보편적으로 현전하는 요소들에 대한 일종의 목록—다른 과학들이 이어서 세워질 수 있는 목록—을 제공해야 한다. 이러한 요소들 혹은, 퍼스가 부르듯이, 구성요소들은 모든 인지의 가장 기본적인 요소들이며, 퍼스가 패니론을 정의한 방식에 따라 이것은 또한 수학적 대상을 비롯하여 정신에 의해 만들어진 모든 것을 포함한다.[6] 그 이유는 다음과 같이 설명된다. "패니론의 구성요소들이 다를 수 있는 것보다 더 서로 간에 다를 수 있는 것은 없다. 왜냐하면 우리가 아는 모든 것은 패니론의 구성 요소들을 통해 알아야하기 때문이다"(R477:10). 그 다음, 퍼스는 아리스토텔레스를 따라 "전혀 공통점이 없는 따라서 완전히 본질적으로 다른" 그러한 것들을 범주라고 부르며(같은 책), 그는 심지어 더 나아가 패니로스코피를 "범주의 독트린" (CP 2.120) 그리고 "카테고릭스 즉 범주학"(RL75)이라고 까지 부른다. 간단히 말해 패니로스코피의 목적은 범주의 목록을 만드는 것이다.

더 이상 말하기 전에 우리는, 패니로스코피에서 패니론에 관련하여 무엇이 참인지 확정하려는 시도를 하지 않고 혹은 무엇이 실재이고 무엇이 아닌지를 확정하려는 시도를 하지 않는다는 것을 기억하는 것이 좋다. 만약 그렇게 한다면, 우리는 패니로스코피의 근거를 논리학이나 형이상학에 세우게 될 것이며, 그리고 그것은 정확하게 우리가 확립하려고 하는 것의 반대이다. 그러므로 패니로스코피스트들은 패니론이 어떤 것을 재현하는 것으로 받아들이지 말아야 하고, 혹은 그것을 정신의 어떤 예정된 목적으로 보지 말아야 한다. 퍼스가 정의하듯이, 패니로스코피는 오직 보이는 것에만 관심을 갖으며, 그리고 그러한 전제 위에서 "보이는 것에서 그 자신들을 나타내는 것처럼 보이는 본질적으로 다른 요소들"(CP 2.197)을 기술하려고 노력한다. 퍼스가 주장하기를 이러한 다른 요소들을 발견하는 것은 우리가 다른 곳, 즉 철학, 수학, 혹은 특수 과학에서 찾으려는 것과는 매우 다른 사유의 방식을 요구한다. 그것들은 추론의 결과일수 없는데, 이는 설령 사물이 보이는 방식이 그것들과 완전히 반대일지라도 추론은 그것의 결론이 참임을 주장하며 이것이 추론을 특징짓기 때문이다. 결론적으로, 패니로스코피가 과학에 기반을 두고 그런 다음에 과학이 패니로스코피에 기반을 둔다는 점을 제외하더라도, 어떤 순환적 요소가 있는 것처럼 보이는 어떤 외관이 존재한다는 것 이외에 다른 주장이 있을 수 없기 때문에, 추론의 적용은 패니로스코피의 영역 외부로 우리를 이끈다.

현상학자들(패니로스코피스트들)이 추론이나 논증을 제공할 수 없다면 그들은 무엇을 해야 하는가? 이를 보는 한 가지 방식은 산의 정상에 오르려는 초보 등산가를 만나는 노련한 등산가에 패니로스코피스트들을 비교하는 것이다. 그는 초보자에게 최선의 결과를 내도록 방향을 알려주고 희망을 주거나 혹은 여정 내내 그와 함께하며 코치할 수 있다. 하지만 정상에 도달하기 위해서는 초보자 자신이 올라야 한다. 유사하게, 패니로스코피스트들은 방향을 알려 줄 수 있다—독자에게 어디를 보고, 무엇을 기대해야 하는지를 말할 수 있다. 하지만 각자 혼자 힘으로 실제적 관찰을 해야 하고 그것을 토대로 패니로스코피스트들의 설명을 검토해야 한다.

물론 모든 이가 산에 올라갈 필요는 없고, 모든 이가 동일하게 거기에 적합하지도 않다. 퍼스가 주장하기를 패니로스코피도 마찬가지이다. 1903년 하버드에서의 두 번째 강의에서 퍼스는 패니로스코피에 관여하기 전에 세 가지 능력을 소유하는 (또는 갖추는) 것이 필요하다고 말한다. 첫 번째이자 가장 중요한 것은 "내가 즉시 명백하게 응시하는 것을, 대체되는 어떤 해석도 없이, 가정되는 상황의 변화가 아무리 허용된다 해도 복잡하지 않게, 그것이 그렇게 나타나는 것처럼, 단순하게 보는 능력이다"(EP 2:147). 이것은 예술가의 관찰 능력으로, 예술가는 그것이 어떻게 보여야 하는지에 의해 방해를 받지 않고 사물을 보도록 자신을 훈련한다. 퍼스는 설명하기를, 예술가들에게 눈이 흰색인 경우—관습이 그렇다고 말하기에—는 극히 드물다. 그리고 그것은 그늘에서는 무딘 청색이고 햇볕에서는 진한 노랑이거나 등등이다. 두 번째 능력으로 우리가 필요로 하는 것은 예술가보다는 사냥꾼의 특성이다. 우리는 "확고한 안목으로, 우리가 연구하는 특정한 자질에, 마치 불독처럼 주의를 집중하고, 그것이 잠복하고 있을 만한 어떤 곳이라도 따라가며, 모든 가면 아래에 감춰진 그것을 감지하는 그런 안목"(같은 책)을 습득해야 한다. 세 번째 능력은 "관련도 상관도 없는 부수물이 모두 혼합된 것으로부터 정화된 검토 가운데 존재하는 가장 본질적 특성이 포함된 추상적 공식을 생산하는, 수학자의 일반화 능력이다" (같은 책).

퍼스가 정의하듯이, 패니로스코피는 패니론의 주요 구성요소 혹은 범주의 탐색을 수반한다. 다음 장에서 나는 패니론에서 이러한 범주들을 추출하는 방법에 대하여 패니로스코피적인 초보적 설명을 짤막하게 제공한다.

## 3.2 범주의 도출

앞 장에서 우리는 우리의 앞에 놓인 과제가 범주의 목록을 만드는 것임을 알았다. 단지 다른 범주를 확인하는 것에 부가적으로 우리는 또한 (1) "각각의 특성을 확인해야 하고" (2) "각각이 다른 것들과 맺는 관계를 보여주어야 하며", 그리고 범주 전체를 위해 (3) "그것이 충족성을 가졌고 중복성이 없음을 입증해야 한다"(CP 5.43).

퍼스는 우선 보편적 범주와 특정한 범주 사이를 구별한다. 그는 설명하기를, 전자는 "한 범주가 아마도 그 현상의 한 측면에서 다른 것보다 더 두드러지지만 모든 범주는 각 현상의 일부를 이루며, 각 현상에 속하게" 될 것이라고 하였다. 그리고 그가 찾으려 나선 것은 이것들이다(같은 책). 이 과제는 야심찬 것이다. 그것이 "외향적 경험이 우리의 주의를 끄는 어떤 것이든, 혹은 그것이 원대한 꿈이든, 혹은 그것이 가장 추상적이고 일반적인 과학의 결론이든 상관없이"(CP 5.41), 우리는 패니론이 결코 결여되어 있지 않은 그러한 특성을 찾아야 한다. 게다가, 우리는 중복성으로부터 자유로운 범주를 만들고자 노력하고 있기 때문에, 분해할 수 없는 그러한 요소들을 찾아야 하며, 따라서 결국 더 단순한 것들의 결합으로 환원될 수 있는 범주를 포함시키지 않는다.

우리는 패니론으로부터 어떤 것을 추출하거나 혹은 구분하고, 그리고 그것을 사고의 대상으로 만들려고 하기 때문에, 우선 우리가 의미하는 구분(separation)에 대하여 명확해져야한다. 퍼스는 많은 경우에 함께 작동하는 세 단계의 구분을 구별 짓는다. *분리(dissociation)*, 분해(prescission) [옮긴이 주: 전체에서 떼어내어, 분리하여 생각한다는 의미에서의 분해이다] (혹은 추상화(abstraction)), 판별(discrimination)(혹은 구별(distinction))이 그것이다. 두 사고가 "거의 연합되어 있지 않아서 그 중의 하나가 다른 사고를 포함하지 않는 하나의 이미지로 의식에 나타날 때"(W 5:238), 우리는 두 사고를 분리(dissociation)할 수 있다. 그러므로 우리는 멜로디로부터 소리를 분리할 수 있지만 소리로부터 멜로디는 분리할 수 없다. 그 이유는 우리는 멜로디 없이 소리를 *상상할* 수는 있어도, 퍼스가 주장하듯이, 소리 없는 멜로디는 상상할 수 없기 때문이다. 하지만 우리가 둘을 분리할 수 없는 곳에서는 여전히 그것이 구분된다고 *가정한다(suppose)*. 이는 퍼스가 분해하여 *생각함(prescission)*이라고 부르는 것이다. 이러한 관념은 말하자면 우리가 공간으로부터 색을 분리할 수 없는 반면 (색이 없는 공간에 대한 *이미지*를 가질 수 없기 때문에) 우리는 여전히 색으로부터 공간을 분해(추상화)함으로써 색 없는 공간을 *가정할* 수 있다. 마찬가지로, 우리는 소리로부터 멜로디를 분해(추상화)할 수 있다. 우리가 음악 악보에서 하는 것처럼 소리와 무관하게 멜로디를 재현하는 것도 가능하다. 분해(추상화)에서 우리는 하나의 요소에만 집중하고 모든 다른 것들은 무시한다. 마지막으로 우리는 분리하거나 분해할 수 없을 때에도 두 사물을 *판별*할 수 있다. 즉, 우리가 두 사물이 구분된다고 가정조차 할 수 없을 때에도 우리는 여전히 그것을 구별할 수 있을 것이다. 그러므로 우리가 무색의 공간을 구성하기 위해 색으로부터 공간을 분해할 수는 있어도, 우리는 어떤 곳에도 위치하지 않는 색을 구성하기 위해 공간으로부터 색을 분해할 수는 없다. 하지만 심지어 그렇게 할 수 없다고 말하는 것은 공간에서 색을 판별하거나 구별할 수 있다는 것을 요구한다. 그러므로 패니론에서 범주들을 추출할 때, 우리는 어떤 단계의 구분(separation)을 말하고 있는 것인지를 명확히 하여야 한다. 즉, 그것이 분리(dissociation)인가, 분해하여 생각함(prescission)인가 혹은 단순한 판별(discrimination)인가?

퍼스는 보편적 범주들을 탐색할 수 있는 두 가지 방법을 구별한다. 물질에 따른 방법과 형식 혹은 구조에 따른 방법이 그것이다. 퍼스는 둘을 다 시도했으며, 결국 후자에 만족한다(CP 1.288). 패니로스코피가 실증과학의 토대가 되어야 하므로 후자 또한 많은 결과물을 제공한다. 더욱이 우리는 수학을 활용할 더 좋은 입장에 있게 된다. 우리가 패니론의 *분해할 수 없는(indecomposable)* 부분들을 찾고 있으므로, 퍼스는 더 나아가 "그것들을 구분하는 방식 중에서 가장 중요한 것은 그것들이 결합하는 정도에 따른 구분일 수 있다"고 말하며, 원자가에 따른 화학원소들의 구분법과 비교한다(NEM 3:834).

패니론의 분해할 수 없는 요소들이 결합될 수 있는 상이한 방법들을 발견하는 것이 다음 순서의 일로 확정되었기에 우리는 수학자에게 모델을 발전시킬 것을 요청하고 우리가 그것을 패니론에 적용할 수 있는지 알아본다. 우리의 질문은 다음과 같다. 즉 우리가 상상가능한 모든 복잡성을 야기하는 분해할 수 없는 요소들의 한정된 집합을 찾을 수 있는지, 그리고 그것들이 관여하는 구성 관계의 측면에서 그러한 요소들은 어떠한 것인지에 대한 질문이다.

이 질문에 대답하기 위해서 퍼스는 그래프의 방법을 사용한다. 화학에서 처음으로 시작되었고 최근에는 수학에 도입된 이러한 방법에서 점과 선의 시스템은 그것이 어떤 관계라도 재현할 수 있는 방식으로 설정되어 있다. 그럼, 그 같은 시스템에서 분해 불가능한 요소들은 무엇인가? 직관적으로 이렇게 말하게 될 것이다. 즉 점과 선들이 그것이다. 그러면 유일한 검은색 점을 흰색 종이 위에 올려놓고, 이러한 분리된 점 하나가 어떤 것과도 연결되지 않은 것을 재현한다고 말해보자. 퍼스는 이를 제1요소라 부르고 그는 제1요소의 성격을 나타내기 위해 *1차성(firstness)*이라는 용어를 사용한다. 이러한 방식으로 우리는 우리의 첫 번째 보편적 범주로서 "그것이 다른 것과 연관 없이 실증적으로, 있는 그대로 존재하는 존재의 모드"를 얻는다(CP 8.328).

하지만 하나의 점을 종이 위에 놓는 것만으로도 우리는 그 종이를 둘로 구분한다. 즉 한 부분은 흰색이고, 다른 부분은 검은 색이다. 그러므로 제1요소라는 관념은 즉각적으로 다른 어떤 관념—즉, 제2요소—을 도입하지 않고는 그것을 재현할 수 없다고 퍼스는 말한다. 퍼스가 설명하듯이, 이 점은 "*하나(one)*는 그것의 개념의 부분으로서 논리적으로 *둘(two)*을 포함한다. 하지만 *하나*를 실현하기 위해서(설사 사고로만 실현된다고 해도), 어떤 *제2요소*가 사용되어야 한다"(R915:4)[7]는 것을 의미하지는 않는다. 따라서 퍼스는 *2차성(secondness)*이라 부르는 두 번째 범주에 이른다. 즉 "어떤 3의 요소와도 무관하게 제2의 요소와 관련하여 그렇게 존재하는 존재의 모드이다"(CP 8.328).

그래프의 방법에서 우리는 우리에게 알려지는 제2요소의 개념을 종이 위에 두 점을 놓음으로써 더 명확하게 할 수 있고, 그리고 그것들을 하나의 선으로 연결할 수 있다. 하지만 보다 신중한 관찰을 통해 종이가 이미 두 점을 연결하기에 그 선이 잉여적이라는 것을 보여준다. 퍼스가 그 점을 일반화하듯이 "그래프의 방법에서 한 쌍의 점은 한 종류나 혹은 다른 종류로 연결된 것으로 생각되어야 한다. 하지만 한 쌍의 점을 결합되지 않은 채 두는 것은 그것을 다른 방식으로 결합되도록 재현하는 것이기 때문이다"(R915:4). 이 말이 의미하는 바는 두 점은 일종의 매개물 없이는, 즉 그 둘을 연결하는 어떤 것 없이는 재현될 수 없다는 것이다. 다시 말하면, 이 점은 *둘(two)*이 논리적으로 그것의 개념의 부분으로서 *셋(three)*을 포함한다. 하지만 둘을 실현시키기 위해서(그것이 단지 사고일지라도) 일종의 *제3요소*가 관련되어야 한다는 것을 의미하지는 않는다. 이러한 점은 퍼스가 *3차성(thirdness)*이라고 명명하는 세 번째 범주에 이르게 하며, 그는 그것이 의미하는 바를 “제2요소와 제3요소가 서로 관계를 맺도록 하며 그렇게 존재하는 존재의 모드이다”(CP 8.328) 라고 말한다.

그러면 우리는 *네 번째 요소(a fourth)*를 도입하지 않고 *셋*을 생각할 수 있는가? 다시 그래프의 방법이 그 대답을 우리에게 입증한다. 종이 위에 세 개의 점을 놓고 앞에서 두 점에서 한 것처럼(그림 3.1을 참고) 그것들을 선들로 연결한다. 그 다음 우리는 분해 불가능한 요소들을 찾고 있다는 점을 환기한다. 이는 처음의 셋으로 환원될 수 있는 어떤 것도 네 번째 범주로서 승인하지 않을 것이라는 것을 의미한다. 이 점에서 수학자의 일반화하는 능력이 활용된다. 우선 우리는 세 개의 선을 제거하고 세 개의 점이 결합되지 않도록 한다(즉 종이 혹은 우리의 사고가 그것을 연결하도록 한다.) 다음에 우리는 그 점 중에 하나를 선 하나로 대치한다. 계속하여 요소들을 교체하는 것은 우리가 양쪽 점들을 선으로 연결되도록 재현하는 것을 허용한다(따라서 그것들을 연결하기 위한 종이나 혹은 우리의 사고의 필요를 제거하면서) 이런 식으로 다이어그램을 축소할 수 있는 것은 네 번째 범주가 필요하지 않다는 것을 입증한다.

결론적으로 퍼스의 정리는 다음과 같다. 단지 세 개의 범주만 존재하고, 그것은 서로 환원되지 않으며, 모든 네 번째 범주는 세 개의 범주로 환원될 수 있다는 것이다. 그러한 정리는 단순한 관계(예를 들면 이원체)로 삼원적 관계를 정의하는 것이 불가능하며, 네 개나 그 이상의 관계항을 갖는 관계들은 더 단순한 것으로 축소될 수 있다는 점을

그림 3.1 퍼스 정리의 그래프적인 증명

기술한다. 위의 논의는 또한 모든 세 개의 범주들이, 심지어 따로 떨어진 점(dot)에서도 나타나듯이, 항상 나타난다는 점을 보여준다.

이 점에서 우리는 구분(separation)이라는 주제의 논의로 돌아가야 한다. 우리의 분석은 비록 우리가 세 범주를 *판별(discriminate)* 할 수는 있어도 그것들을 명확히 *분리(dissociate)*할 수 없다는 것을 보여준다. 단일한 점(dot)의 경우는 우리가 모든 세 개의 범주를 포함하지 않는 어떤 것도 상상할 수 없다는 것을 보여준다. 하지만 위의 분석은 또한 우리가 1차성을 2차성과 3차성으로부터 *분해(prescind)*할 수 있고, 2차성을 3차성으로부터 분해할 수 있다는 것을 보여준다. 즉 우리는 다이어그램에서 사유적 존재(*entia rationis*)로서 그것들을 추출할 수 있고, 그런 다음에 그것은 담화의 분리된 대상으로 만들어질 수 있다(섹션 2.3). 위의 분석은 더 나아가 2차적 요소는 1차적 요소의 2차적 요소가 되기에 1차적 요소가 없이는 가능하지 않다는 점을 통해 우리가 2차성을 1차성에서 분해*할 수 없다*는 것을 보여주며, 3차성이 둘의 중재기능을 하기 때문에 3차성을 1차성과 2차성에서 분해할 수 없다는 것을 보여준다. 우리가 할 수 있는 일은 그것들을 판별하는 것이다.

우리의 과제는 상이한 범주들을 인식하고, 그들의 특성을 밝히고 그들의 상호관계를 보이며, 우리의 목록이 충분하다는 것과 또한 불필요한 반복이 없다는 것을 증명하는 것이었다. 우리가 적용한 그래프의 방법은 이러한 모든 것을 수립한다. 그렇지만 우리가 지금까지 한 모든 것은 *수학적인* 모델을 제공하는 것이고, 우리는 여전히 그것을 패니론에 적용해야 한다는 점을 염두에 두어야 한다. 그런 점으로 인해, 세 범주가 독립되어 있어 그들의 성격과 상호관계가 우리가 그것을 알 수 있을 만큼 명확하게 드러나도록 고안된 가장 단순한 예를 들기로 하자. 한 측면에서 우리는 불가능한 것을 요구하고 있는데 우리가 찾고 있는 범주들이 보편적이기 때문이다. 다른 말로 하면, 그것들 모두는 마음에서 생각되는 모든 것에 나타나야 하며, 이는 우리가 그것들을 분리(dissociate)할 수 있다는 것을 배제한다. 우리가 할 수 있는 최선의 방법은 독립되어 존재하는 각 범주의 경험에 접근하는 어떤 것을 상상하여, 패니로스코피적인 범주로서 그것들의 관념을 얻을 수 있도록 하는 것이다.

패니로스코피적 범주로서 1차성을 알아차리기 위해서는 완전하게 부동 상태의 짙은 안개 속에 있는 대양 위에 열기구로 높이 떠다니는 전적으로 몰아적 경험을 상상해 보라.[8] 거기에는 아무것도 없다. 심지어 우리는 우리자신이 현재 존재한다는 것조차도 의식하지 못한다. 말하자면, 우리는 안개와 함께 하는 존재이다. 물론, 우리가 열기구 조종자, 짙은 안개, 그리고 그 둘을 이어주는 연결이 존재하기에 이러한 상황을 기술하면서 세 범주가 즉각적으로 튀어나온다. 하지만 우리가 관심 있는 것은 경험의 *기술(description)*이 아니라, *경험 그 자체이다*. 우리가 주장하는 모든 것은 1차성의 범주가 경험을 지배한다는 것이다. 이제 열기구 조종자를 감싸고 있는 완전한 부동이 지속적인 김빠지는 소리에 의해 갑작스럽게 갑자기 방해받는다고 상상해 보라. 이런 점이 2차적 요소를 가져오며, 그 열기구 조종자는 그 일이 왜 일어났는지를 모르거니와 그가 경험한 것에 어떻게 연관되는지도 모르기 때문에, 이러한 2차적 요소는 그 자신을 순수한 침입으로서 나타낸다. 퍼스는 또한, 완전히 그의 주변을 의식하지 못한 채 마을을 배회하고 백일몽을 꾸면서, 갑자기 뒤통수를 무거운 기둥에 부딪히는 사람의 예를 제시한다. 여기서도 마찬가지로 2차적 요소가 도입되는 것은 중재되지 않은 타자성이다. 3차성은, 열기구 조종자가 요란한 바람 빠지는 소리가 그의 머리 위의 풍선에서 급격하게 공기가 나가기 (아마도 천이 찢어진) 때문이라는 것을 알게 되었을 때, 등장한다. 열기구 조종자의 혼란과 소리의 원천에 관한 더딘 하지만 끔찍한 인식에서 우리는 중재의 출현 혹은 2차성과 1차성에서 분리된 범주로서의 3차성을 본다.

열기구 조종자의 불행한 모험은 우리에게 패니로스코피적 범주가 어떤 것과 같은지에 대한 관념을 제공한다. 더욱이 사고의 예를 통한 실험이 신속하게 보여주듯이, 그것은 우리의 수학적 모델이 끌어낸 그들 간의 관계를 확정한다. 우리는 1차성을 2차성에서 분해할 수 있고, 1차성과 2차성을 3차성에서 분해할 수 있다. 하지만 우리는 2차성을 1차성에서 분해할 수 없다 등등이다. 하지만 여전히 해결되어야 할 어려운 문제들이 존재하는데, 결국에는 그것들이 모두 다음과 같은 문제에 직면한다. 즉 우리의 수학적 모델은 그 현상이 어떤 것이든지 간에 그것에 얼마나 잘 적용되는가? 우리가 어떤 낯선 경험에 직면하게 될지 모르기 때문에 어떤 면에서 이것은 결론이 주어지지 않은 경험적인 문제이다. 퍼스는 자신이 오랜 시간동안 그리고 열심히 이러한 세 범주가 틀렸음을 입증하려고 노력해 보았으나 그것과 모순되는 어떤 것도 발견할 수 없었다고 주장하며, 모든 이가 동일한 것을 시도하도록 널리 권유한다. 다른 말로 하자면, 이러한 세 범주에 관한 독트린이 옳다는 강력하고 귀납적인 증명은 쉽게 얻어지며, 이 점은 우리가 최소한 실용적이며 과학적인 입장에서 볼 때, 증명을 하는 부담이 그 원리를 부정하는 이들에게 있다고 말하게 한다.

패니로스코피적 범주에 대한 논의를 계속하기 전에, 우선 한 걸음 물러나 수학자들이 퇴행적인 경우들을 살피는 요령을 따라해 보자. 우리가 2장에서 본 것처럼, 그러한 경우들에 대한 연구가 우리가 다루고 있는 것들에 대한 이해력을 높이는 데 가장 가치가 있는 것임이 드러날 수 있다. 상기하자면, 수학에서 퇴행적인 경우는 (하나 혹은 그 이상의 변수나 상수의 가치가 동일하거나 0이나 혹은 무한성에 근접하는 경우를 말한다) 따라서, $x^2=0$과 $y^2=0$은 2차 방정식, $x^2+2xy+y^2=0$ 의 퇴행적 형태들이다.

퍼스에게 퇴행적 1차 요소들은 존재하지 않는다. 하지만 퇴행적 2차 요소들의 한 유형과 퇴행적 3차 요소들의 두 유형을 구별한다. 진정한 2차성은 완전히 외재적이다. 그것은 사실에서 직접적인 한 쌍이거나 혹은 대립이다. 그에 반해 퇴행적 2차성은 일종의 내적 관계나 혹은 다른 것의 결과물이다. 내가 어떤 사람의 이름을 부를 때, 그것의 메아리는 나를 놀라게 한다. 이 때 나를 놀라게 한 것은 타자성의 진정한 침범이 아니다. 왜냐하면 그것의 메아리는 나 자신의 소리로 발생한 것이기 때문이다. 퇴행적 2차성의 다른 예는 동일성의 관계(줄리어스 시저의 통치와 줄리어스 시저의 관계)와 한 남자가 자신이 고집불통이라는 것을 갑작스럽게 깨닫는 것이다.

진정한 3차적 요소는 그것이 중재하는 둘 중에서 대상 하나가 제거된다면 사라져 버리는 특성을 통해 대상 간을 중재한다. 두 대상의 비교는 진정한 3차적 요소의 좋은 예이다. 대상의 하나가 제거된다면, 비교도 또한 사라질 것이다. 퍼스는 퇴행적 3차 요소의 두 유형을 구별한다. 첫 번째 유형은 두 개의 분리된 관계를 통해 대상 사이를 중재한다. 즉 한 관계는, 한 대상이 제거된다면, 그 관계가 상실될 것이며, 다른 한 관계는, 다른 한 대상이 제거된다면, 그 관계가 상실될 것이다. 안전핀은 천의 두 조각을 함께 잡음으로써 이러한 종류의 퇴행적 3차성의 예를 보여준다. 우리가 천의 한 조각을 제거한다고 해도 이는 안전핀과 천의 다른 조각 간의 관계에 영향을 끼치지 못한다. 퇴행적 3차성의 두 번째 유형은 그것이 중재하는 두 대상이 존재하지 않게 될 때에도 지속하여 갖는 어떤 성질로 두 대상을 중재한다. 예를 들어 파리라는 도시는 지리학적 위치로 마드리드와 암스테르담 중간에 위치하며 그 두 도시가 없어진대도 그것이 갖는 이러한 위치는 지속된다.

1860년대 퍼스는 범주에 관한 연구를 시작한다. 그리고 이를 잠시 살펴보는 것은 유익한데, 부분적으로 그것이 퍼스 초기의 범주 목록의 기원을 드러내며, 부분적으로 퍼스가 초기에 추구했던 것이 무엇인지를 알려주기 때문이다. 범주에 관한 퍼스의 탐구는 칸트의 『순수이성비판』에 대한 초기의 광범위한 그의 연구로 거슬러 올라가며, 1867년의 「새로운 범주 목록에 관하여」(W2:49-58)에서 정점을 이룬다. 칸트와 마찬가지로, 퍼스는 잡다한 감각 인상을 일종의 이해가능한 통일체로 축소해야 할 필요성을 인정한다. 퍼스가 주장하듯이, 우리는 여전히 칸트가 말한 대로 개념화를 통해서 그렇게 한다. 그러므로 퍼스는 그가 *실체(substance)*라고 부르는 개념화되지 않은 감각 인상들의 다수성에서 어떻게 명제적 지식—퍼스가 *존재(being)*와 동일시하는 것—을 추출할 수 있는지를 규정하려고 노력한다. 여기서 도입되는 존재에 대한 개념은 엄격하게 명제의 계사(copula)에 내포된 것, 예를 들어 "모든 켄타우로스는 발굽이 갈라져 *있다.*"로 한정하며, 그 이상의 것이 아니라고 말해야 한다. 우리는 그 용어와 관련하여 모든 형이상학적 연상을 도입하는 것을 피해야 한다. 퍼스가 설명하듯이, "실체와 존재는 사고의 두 축이다. 실체는 시작이고, 존재는 모든 개념의 *끝*이다. 실체는 서술어에 적용되지 않고 존재는 동등하게 주어에 적용되지 않는다"(W1:518).

『순수이성비판』에서 칸트는 그의 범주를 형식 논리학에 기초한다. 아리스토텔레스 이후로 논리학은 실제로 변하지 않았기에, 그렇게 함으로써 지속적인 토대를 확증한다고 칸트는 믿었다. 칸트는 범주를 완전히 선험적으로 유지하려고 하였기에, 재료가 되는 경험을 거부하였다. 칸트 방법의 발견과 그 방법이 칸트의 형이상학 시스템을 그의 논리학의 결과가 되도록 야기했다는 깨달음은 퍼스가 논리학의 중요성을 알게 하고 그것이 그의 삶을 바칠 가치가 있는 주제가 됨을 깨닫게 한다. 하지만 퍼스의 논리학에 관한 연구는 칸트가 사용하는 논리학이 매우 피상적이었다는 것을 신속하게 드러내며, 범주에 대한 퍼스 자신의 연구는 이를 해결하는 시도가 되었다. 칸트의 경험적인 것과 선험적인 것 사이의 엄격한 분리를 거부하며, 퍼스는 칸트가 한 것처럼 단순히 명제의 논리적인 분해에 자신을 제한하지 않고, 현상을 고찰—비심리적이며 선논리적(prelogical)으로—하여 범주를 추출한다. 현상(실체 혹은 패니론)으로 돌아가는 것은 퍼스의 범주 도출을 이전의 시도와 구별한다. "나의 목록은 아리스토텔레스, 칸트, 헤겔과는 다르며", 퍼스가 후에 말하듯이, "그들은 무엇이 거기에서 관찰되어야 했는지 알아보기 위해 현상을 다시 고찰하는 것으로 결코 되돌아가지 않았으며, 그들은 단순히 현재의 개념을 취했고 그것을 배열했기 때문이다"(NEM 4:19).

정리하자면, 퍼스에 따르면, 셋, 오로지 세 범주들이 우리가 생각하는 모든 것에 자신을 나타내며—가장 활발한 감각인상이든, 풍부한 상상이든 상관없이—그리고 퍼스는 그것을 1차성, 2차성, 3차성으로 부른다. 그것들은 첫 번째, 실증적으로 그리고 다른 것과는 독립적으로 실재하는 것으로서 존재의 순수한 자질이고, 두 번째, 1차적 요소가 그것이 아닌 어떤 것과 매개되지 않는 대립이며, 세 번째, 서로에게 2차적 요소가 되는 두 1차적 요소들 사이의 실증적 관계들이다. 수학에서 지속되는 피타고라스주의(기하학을 산술학으로 환원하려는 시도, 섹션 2.4을 참고)를 연상시키며, 퍼스는 또한 그것을 시노피타고리안(cenopythagorean) 범주라고 부르는데, 접두사 *시노(ceno)*는 그리스어 *카이노스*(*kainos* 새로운)와 코이노스(koinos 공통의)라는 말과 즉시 공명한다. 어떤 점에서 퍼스는 그것을 피타고라스식의 데카드(decad)의 맨 앞 세 개의 수로 읽기까지 한다. 즉 "*하나*는 기원이었고 둘은 완강한 저항이고, *셋*은 매개이며 아름다움이다.[9] 다른 곳에서 퍼스는 그것들을 프로틴(Protean) 범주로 지칭한다. 즉 퍼스는, 지속적으로 자신의 형태를 변화하여, 그것을 잡을 수 있는 사람에게만 답을 주는 프로테우스라는 신을 따라 그것을 지칭한다. 그리스의 바다 신인 프로테우스가 그렇게 하는 이유는 미래를 예언할 수 있으나 그 일을 피하기 위함이다. 범주도 이와 마찬가지이다. 범주들 또한 무수한 변장을 걸치고 나타나며, 종종 식별하기가 어렵다. 그것들이 우리가 생각할 수 있는 가능한 모든 것들에, 가령, 그것이 치통이든, 열두 개의 면을 가진 하이퍼큐브의 공간적인 관계이든, 가치들의 갈등이든, 햄릿과 세익스피어와의 관계이든, 패러다임의 변화든, 혹은 형사사건에서 유죄의 확정이든, 보편적으로 적용되기 때문에 이는 거의 확실한 것이다.

1) 『선집(*Collected Papers)*』에서 현상학이라는 용어가 중요하게 부각된 것은 편집자들에 의한 것임을 주목하라.

2) 윌리엄 제임스, 『실용주의: 오래된 사유방식을 위한 새로운 이름(*Pragmatism: A New Name for Some Old Ways of Thinking)*』(New York, 1908), p. 172.

3) 윌리엄 제임스, 『심리학의 원리(*Principles of Psychology)*』(New York, 1890), 1: 488.

4) 제임스에게 있어, 상상 또한 "그것의 직접적 인식의 개념에서 보면, 단지 순수 경험의 사건들"이라는 점에 주목하라. (*Essays in Radical Empiricism* [New York, 1912], p.15)

5) 존 로크, 『인간지성론(*An Essay Concerning Human Understanding)*』, Peter Nidditch 편집 (Oxford, 1975), I. i 8.

6) 이것은 1902년 7월 22일, 퍼스가 그의 "논리학 노트"에서, "범주의 독트린은 수학에 선행해야 한다"(R339)고 쓰게 되는 원인이 된다.

7) "실현하기 위하여"라는 구절은 칸트의 구성물 개념을 상기시킨다. (섹션 2.1)

8) 나는 퍼스가 원래 제시했던 예(CP8.330에 수록)에 약간의 수정을 가했다. 이는 이반 믈라드노프(Ivan Mladinov)에 의해 제안되었다.

9) Charles S. Peirce, "Pythagorics", *The Open Court* No. 263 (1892년, 9월 8일): 3375-77, p.3376.

# IV 규범과학으로서의 논리학

# 4

# 규범과학으로서의 논리학

우리는 3장에서 퍼스의 현상학과 범주의 도출에 대하여 고찰하였다. 본 장에서는 퍼스의 3중으로 된 철학에서 두 번째에 해당하는 규범과학에 대해 살펴본다. 퍼스는 규범과학을 미학, 윤리학, 논리학으로 구분한다. 퍼스는 비교적 늦은 인생의 시기에 논리학이 윤리학에 크게 의존하는 규범적인 기획이라는 것을 인식한다. 그리고 훨씬 나중에 윤리학이 미학에 크게 의존한다는 것을 인식한다. 규범과학—미학, 윤리학, 논리학의 구분—이란 표현은 퍼스가 매우 인상 깊게 생각했던 프리드리히 위버벡(Friedrich Überweg)의 1857년작 『논리학 체계』란 책에서 유래한다. 규범과학의 중요한 가치에도 불구하고, 퍼스는 그 자신이 미학이나 혹은 윤리학에 많은 기여를 해야 한다고 생각하지 않으며, 그가 두 학문을 논하게 되는 것은 기본적으로 논리학의 토대를 마련하려는 필요에 의해서이다. 퍼스가 목표로 삼은 것은 미학과 윤리학을 발견의 과학으로 논의하는 것이다. 그는 심지어 그것들을 "순수하게 이론적인 과학들 중에서 가장 순수하게 이론적"(CP

1.281)이라고 여긴다.

언뜻 보기에는, 퍼스가 규범과학을 실증과학에 포함시킨 것이 좀 이상할 수도 있다. 왜냐하면 실증과학은 엄격하게 사물이란 무엇인가에 대해 말하려 하고, 규범과학은 사물이 어떻게 존재하는지와는 상관없이 어떠해야 하는가를 말하려 하기 때문이다. 하지만 이러한 토대 위에서 실증과학으로부터 규범과학을 배제하는 것은 우리가 처음에 시작했던 개념보다 훨씬 작은 실증과학의 개념을 사용하는 것이다. 실증과학은 정언 명제, 즉 어떤 주제의 어떤 것을 실증적으로 부정하거나 긍정하는 명제의 참을 추구하는 과학으로 정의되었다는 것을 기억하자. 최소한 명백하게 이는 규범적 진술, 즉 "살인해서는 안 된다" 혹은 "미켈란젤로의 다비드상이 아름답다"에 동일하게 적용된다. 이러한 명제를 포함하는 것은, 퍼스가 유명론자라고 부르는 철학자들 가운데서 발견되는 관점인, 실존하는 것들만의 영역으로 한정하는 실증과학의 널리 알려져 있는 개념과 충돌한다. 하지만 유명론은 그것의 경쟁상대인 실재론과 같이 진리와 실재에 관하여 *형이상학적* 입장을 취한다. 엄격히 말해서, 형이상학적 관점은 여기서의 논의에 어떤 영향도 끼칠 수 없으며, 이러한 상황은 어떤 것이 과학인지 혹은 그렇지 않은지에 관하여 형이상학적으로 영향을 받은 유명론적 제한들을 포함한다. 규범과학을 발전시킬 때, 우리가 충분히 귀류법(*reductio ad absurdum*)을 구성할 정도로 터무니없는 형이상학적 견해에 전념하고 있다면, 이것이 규범과학에 대한 우리의 개념이 옹호될 수 없음을 입증할 것이라는 것은 참이다. 하지만 이러한 진술은 우리가 말한 모든 것을 다시 고려하여야 한다고 말할 뿐이다. 이것은 현상학과 규범과학을 발전시킬 때 형이상학적 개념들을 도입하기 위한 무조건적인 정당화가 아니다. 나는 8장에서 퍼스의 형이상학과 유명론자와 실재론자의 논쟁에 대해 다시 논의할 것이다.

"그것의 추론이 주로 수학적"(EP 2:147)이라는 이유만이라면 퍼스는 규범과학을 수학 아래 위치시키는 것을 잠시 고려한다. 퍼스는 이러한 선택을 거부하는데, 그것의 연역이 수학적 논증의 순수성을 결여하고 있을 뿐 아니라 세 규범과학이 "사실의 실증적인 진리에 부합하려는 의도가 있고 [중략] 그것들의 관심은 거의 배타적으로 그러한 상황으로부터 비롯되기 때문이다"(CP 5.126). 그렇지만 우리는 규범과학을 위치시키고 구조화하기 위해서 앞 장에서 발전된 범주의 독트린을 사용할 수 있다. 현상학이 어떤 것과도 관련하지 않고 혹은 현상의 1차성에서 현상을 연구하는 반면, 규범과학은 특정한 목적과 관련하여, 즉 현상의 2차성에서 현상을 연구한다. 퍼스가 표현하듯이, 그것은 "목적에 따르는 사물의 순응 법칙에 관한 과학이다"(CP 5.129). 철학의 세 번째 갈래에 속하는 형이상학은 현상을 연구하는데, 그것이 법과 혹은 3차성에 의존하기 때문이다.

위버벡으로부터 실마리를 얻으면서 퍼스는 규범과학을, 각각의 목적이 미, 선, 진으로서 전통적으로 인정된, 미학, 윤리학, 논리학으로 구분한다. 다시 범주의 독트린을 적용하면서, 퍼스는 다음과 같이 말하며 계속 나아간다. 즉 미학은 단순히 그것이 그 자신을 나타내기에 (혹은 그것의 1차성에서) 그것의 목적을 연구하고, 윤리학은 그것이 행동이나 혹은 의지의 노력(혹은 그것의 2차성에서)과 관련되기에 그것의 목적을 연구하며, 논리학은 재현(혹은 그것의 3차성에서)[1]에 관하여 그것의 목적을 연구한다. 퍼스는 사실상 그의 모든 시간을 논리학, 혹은 우리의 논증이 진리를 유지하기를 원할 때 우리가 어떻게 추론*해야 하는지*에 관한 이론에 바친다. 미학과 윤리학은 거의 규범과학으로서의 논리학의 토대를 제공하기 위하여 필요하기 때문에만 도입된다. 다시 말해 그것들이 현상학과 논리학 사이에 다리를 만든다. 따라서 일반적으로 수용되는 논리학을 논의하기 전에 나는 미학과 윤리학을 논의하며 아울러 그들이 어떻게 한편으로는 현상학, 그리고 다른 한편으로는 논리학에 연관되는지를 함께 논의한다. 본 장의 나머지 부분은 논리학에 할애된다.

## 4.1 미학과 윤리학에 논리학 기반세우기

일반적으로 퍼스는 그의 철학에 대한 구분을 정당화하기 위해, 그가 가장 정통해 있는 분야인 논리학으로 시작하며, 그런 다음 논리학이 윤리학에, 윤리학이 미학에, 미학이 현상학에 의존하고 있음을 보여준다. 따라서 우리는 퍼스가 논리학을 어떻게 이해하는지를 묻는 것으로 시작하는 것이 좋다. 특히 퍼스가 수리 논리학을 많이 연구했다는 점은 또한 논리학이 어떻게 수학과 연결되는 지에 대한 질문을 하게 한다. 우리의 현재 목적을 위해, 퍼스가 논리학을 실증과학으로 생각한다고만 말해 두자. 즉 이는 그것이 2장에서 기술된 방식의 수학적 모델의 주제로 만들어질 수 있다는 것을 의미한다. 이런 점에서 논리학은 물리학, 화학, 혹은 경제학과 다르지 않다. 그래서 수리 논리학은 이러한 모델들의 창조, 발전, 그리고 연구에 관심을 갖는다.

퍼스는 실증과학으로서의 논리학을 "*올바른* 추론에 관한 이론, 즉 추론은 무엇인지에 관한 것이 아니라, 추론은 무엇이어야 하는가에 관한 이론"(CP2.3)으로서 기술한다. 이 점은 좋은 추론과 나쁜 추론을 구별하고 후자는 피하고 전자에 목적을 두어야 한다는 것을 전제한다.[2)] 그러므로 퍼스에게 논리학은 규범적인 기획이다. 이 점으로 인해 퍼스는 다른 논리학자들과 충돌하는 과정에 놓이게 되는데, 그들은 좋고 나쁜 추론을 느낌(*gefühl*)에 직접적인 호소를 함으로써 구별하려고 한다. 예를 들어, 퍼스가 언급하기를 독일의 논리학자 크리스토프 폰 지그바르트(Christoph von Sigwart)는 "모든 논리를 모순에 맞서는 우리의 완강한 정신적 반감, 혹은, 그가 부르듯이, '필연성의 직접적인 느낌'에 기초한다"(CP 2.209). 당시, 특히 독일에서 널리 유행했던 논리학에 대한 이런 정서적인 접근은 심리주의의 한 형태이다. 즉 논리학은, 가령, 궁극적으로 심리학의 범위 아래 있는 관념의 연상과 같이, 실제적인 정신적 과정의 기술적 설명에 기반을 두어야 한다고 보는 입장이다. 퍼스는 이러한 생각에 강하게 반대하는데, 그것의 근거는 이렇다. 우리는 종종 어떤 것에 대하여 완전히 자신감을 느끼고, 한참 지난 후에 우리가 전적으로 틀렸다는 것을 알게 된다는 것이다. 그리고 이러한 유형의 이론은 그러한 틀린 경우들과 우리의 자신감이 정당화된 곳의 경우들을 구별하기 위한 어떤 도구도 제공하지 않는다.[3] 윤리학과 미학에 기반을 둔 논리학, 그리고 현상학에 기반을 둔 윤리학과 미학은 논리학의 원리를 사용하는 심리주의에 대한 퍼스의 응답이다.[4]

논리학을 규범과학으로 선언하는 것은 자아-통제의 개념을 그 중심에 놓는 것이다. 다시 말해, 사람들이 어떻게 추론하는지에 관한 통제가 없다면, 사람들이 어떻게 추론해야 하는지에 관한 이론을 발전시키는 것은 전혀 이치에 맞지 않는다. 퍼스는 더 나아가 사고는 능동적인 일이라고 생각한다. 그것은 우리가 *행하는* 어떤 것이지, 우리가 수동적으로 경험하는 것, 예를 들어 근육 경련과 같은 것이 아니다. 설령 이따금씩 갑작스런 통찰력으로 우리의 생각이 그런 방식으로 나타날지라도. 퍼스는 결론적으로 논리학을 "의도적 사고의 이론"이라고 부르며, "모든 사고가 의도적이라고 말하는 것은 그것을 하나의 목적이나 지선(至善,ideal)에 순응하도록 만들기 위해 사고가 통제된다는 것을 함축하는 것이다"(EP2: 376)라고 부언한다. 이는 다음과 같은 몇몇의 질문을 유발한다. 즉, 이러한 지선은 무엇인가? 무엇이 지선인지를 결정하는 일은 논리학이 담당해야 하는 것인가 아니면 논리학이 이를 위해서 보다 기본적인 과학에 의존해야 하는가? 그리고, 다수의 지선이 존재하는가? 아니면 결국에는 하나의 궁극적인 지선이 존재하는가? 지금 우리는 사고의 목적이 진리라고 말하려고 할지도 모르겠다. 그렇게 한다면, 우리는 논증을 너무 빨리 앞서가는 것이 될 것이다. 한 측면에서, 그것은 다음과 같은 우리의 질문에 거의 도움을 주지 않을 것이다. 예를 들면, 왜 모든 이가 진리를 목적으로 하는지, 우선 이러한 진리가 무엇인지, 그리고 그것이 무엇이고 그리고 추구할 가치가 있는 것인지를 결정하는 일이 정말로 논리학자의 과제인가라는 질문들이다.

논리학은 의도적 사고의 이론이고 사고가 행동(action)의 한 형식이라는 것을 인식하는 것은 논리학을 윤리학에 토대를 두는 길을 마련하는 것이며, 거기서 윤리학은 "자아-통제적 혹은 의도적 행위(conduct)의 이론"(CP 1.191)으로 이해된다. 이러한 사고에서 윤리학은 광의의 과학으로 그 안에서 논리학은 특정한 하위학문으로서 나타난다. 간략하게 말하면, 윤리학이 모든 자아-통제적인 행위를 연구하는 것이라면, 논리학은 어떤 것의 재현을 목적으로 하는 그러한 자아-통제적인 행위만을 연구한다.

암시된 바처럼 퍼스가 생각하는 윤리학은 *이론적인* 과학이지 현실적인 과학이 아니다. 퍼스는, 심리학과 논리학이 현실적 종류의 모든 도덕적 논의에서 중요한 역할을 하기 때문에 우선 심리학과 논리학에 대한 명확한 이해를 하지 못한 상태로 현실적인 의미에서 윤리학을 발전시키려는 것은 잘못된 것이라고 말한다. 계속해서 퍼스는, 현재 철학의 상황을 고려하여, 모든 실제 삶의 윤리적 문제들에 철학을 적용하는 것은, 만약 그것이 비도덕적인 것이 아니라면, 무책임하다고 말한다. 이론적 윤리학에 대한 연구가 당신을 더 도덕적인 사람으로 만들 수 있지만, 퍼스는 이것이 참이라는 것에 의문을 가지며, 오히려 그 반대가 더 참일 수 있다고 생각한다. 가스파르 코리올리(Gaspard Coriolis)의 『당구 게임의 해석 역학(*Analytic Mechanics of the Game of Billiards*)』이 당신의 당구 게임에서 미치게 될 효과처럼, 즉 그 책이 초래할 신중함이 당신의 기술을 향상시키기보다는 악화시키게 되는 것과 같이 윤리학에 관한 이론적 논문도 동일한 효과를 갖게 된다고 퍼스는 주장한다(EP2: 197). 그의 이론적인 윤리학을 그 이름 하에 일반적으로 불리는 윤리학과 구별하기 위해 퍼스는 특정한 시점에서 목직론적인 *선(先)윤리학(antethics)* 이라는 용어 사용을 제안한다(EP 2: 377).

이 같은 윤리학 혹은 목적론적 선(先)윤리학은 우리가 가치가 있다고 믿는 특정한 목적과 우리의 행동을 연관시키는 것을 탐색하는 학문이다. 이러한 윤리학은 "행동을 지선(至善, ideal)에 부합시키려는 이론이다"(EP 2:377). 이는 여전히 다음과 같은 문제들을 제기한다. 그러한 지선은 무엇인지, 그것이 무엇인지를 결정하기 위해 윤리학이 필요하게 되는 것인지, 그리고 하나의 궁극적인 지선(至善)이 있는 것인지 아니면 여러 개의 지선이 존재하는지에 대한 물음이 그것이다. 퍼스는 두 번째 질문에 대해 부정적으로 대답한다. 윤리학은 본질적으로 우리가 동의하는 어떤 예상된 지선을 *가정한 후에* 우리가 어떻게 우리의 행동을 통제해야 하는지에 대한 문제를 제기한다. 어디에 우리의 행동의 목표를 두어야 하는지를 탐색하면서 퍼스는 전혀 다른 문제, 즉 탐구자에게 전혀 다른 사고를 요구하는 문제를 생각한다. 결론적으로 퍼스는 그 문제를 별개의 과학의 대상으로 삼는데, 이 과학이 곧 지선을 연구하는 과학이며 퍼스가 미학으로 여기는 것이다. 이러한 과학의 목적은 "어떤 다른 숨은 이유 없이 객관적으로 찬탄할 만한 것"(CP 1.191)을 확인하는 것이다. 앞 장에서의 논의를 고려하면, 그 자체로 여기서 착상되는 미학은, 현상학의 선규범적인 과학

(pre-normative science)—*어떤* 동기도 없는 현상의 연구로 심지어 무엇이 찬탄할 만한 것이고, 무엇이 아닌지를 결정하는 연구도 아닌—에 의존하는 것이 분명하다.

전형적으로 미학은 감각적인 아름다움을 연구하는 과학으로 정의된다. 실제로 퍼스는 『센츄리 사전』 [옮긴이 주: 센츄리 사전은 『The Century Dictionary and Cyclopedia』을 가리킨다. 이후로는 '센츄리 백과사전'으로 옮긴다.]에서 그렇게 정의한다.[5] 하지만 이러한 정의는 여기에서 퍼스가 생각하고 있는 것이 아니다. 거의 반대의 입장에서 그는 미학이 "미에 관한 이론으로서 그렇게 정의되면서 불완전해졌다"(CP 2.199)고 주장한다. 그는 말하기를, 미의 개념은 "단지 이러한 과학의 결과이며, 미학이 명확히 하고자 하는 것을 파악하려는 것은 매우 부적절한 시도이다"(같은 책). 더군다나 미는 전형적으로 느낌의 자질로 인지되며, 퍼스는 그것에 대한 "엄중한 증명" 없이, "까닭 없이 모든 특정한 느낌의 자질이 찬탄할 만한 것"이라고 받아들이는 것을 거부한다(CP1.612). 대신, 퍼스는 미학의 과제는 무엇이 찬탄할 만한 것인지를 발견하는 것이라는 생각으로부터 논의를 시작하는데, "그것의 내재적인 성격 너머, 찬탄할 만한 것이 되는 어떤 이유도 없이"(같은 책) 그리고 이것은 단지 특정한 느낌의 자질이라고 진술함으로써 논의를 선취함이 없이 그렇게 한다.

과학의 구분으로 다시 돌아와 우리는, 미학자는 다른 어느 것도 아닌 현상학과 수학을 사용한다고 말할 수 있다. 이는 앞 장에서 발전되었던 범주의 독트린을 포함한다. 그 독트린의 적용을 통해 퍼스는 다음과 같이 말한다. 즉 "미학적으로 선한 대상은, *실증적이고 단순하며 직접적인 자질을 그것들의 전체*에 나누어 주는 식으로, 서로 연관된 다수의 부분들을 가지고 있어야 한다. 그리고 전체의 특정한 자질이 무엇인지와는 무관하게, 이렇게 연결되어 있는 부분들은 어느 것이나 미학적으로 선한 것이다"(CP 5.132; 강조는 추가됨). 설령 그러한 자질이 "우리를 역겹게 하고, 두렵게 하고, 또는 미학적 즐거움 밖으로, 그러한 자질의 체현을 단순히 관조하는 분위기 밖으로 던져버린다고 할 정도로 우리를 방해한다더라도"(같은 책), 자질은 그렇게 될 것이라고 퍼스는 말한다. 여기서 퍼스가 말하는 자질은 우리가 관조하는 *대상*을 포함하며 그 대상에 대한 우리의 관조를 포함할 필요는 없다. 다른 말로 하면, 전체에 대한 실증적이면서도 단순하고 직접적인 자질이 즐거움의 주관적인 느낌일 수는 있어도, 그러한 느낌은 아마도 미학적 지선의 좋은 지표가 될지라도, 그것의 본질적 요소이기보다는 우연적인 것일 수 있다.

퍼스는 즐거움을 느끼는 것이 우리가 추구해야 하는 유일한 목적이 아니라고 주장한다. 전통적으로 다른 두 개의 목적이 구별된다. 즉 사회의 객관적 의도에 맞는 목적, 그리고 우주의 합리성에 기여하는 목적(CP 1.590)이 그것이다. 퍼스에 의하면, 후자의 것이 진정으로 궁극적일 수 있으며, 이러한 점으로 그는 미학적 자질을 "창조물에 그 자체를 드러내는, 총체적이고 분석될 수 없는 느낌인 실재적 합리성"으로 인식한다(R310:12; 섹션 9.5도 참고). 퍼스가 어딘가에 적듯이 "외부적 요인에 기인하지 않는 그것의 자질이 찬탄할 만한 것은 우리가 이해할 수 있는 한, 그것의 충만함으로 이해되는 이성 자체이다"(CP 4.615). 더군다나 언급된 바로부터 명백해지듯이 이것은 우리 자신이 테이블로 가져오는 어떤 것이 아니라 우리가 조우해야 하는 어떤 것으로—그것은, 말하자면, 패니론 안에서 밝게 빛난다—우리는 그것에 반응하거나 반응하지 않는다. 9장에서 퍼스의 진화적 우주론에 대해 논의할 때, 이 주제는 이성과 본능 사이 연결과 퍼스의 실재적 합리성에 대해 다루면서 다시 논의될 것이다.

위의 사유와 같이, 퍼스는 찬탄을 "유용성, 홍미, 도덕, 혹은 진리의 외부적 고려와는 무관하게, 존재하거나 행동하는 모든 대상에 감정적으로 동의하거나 즐거움을 느끼는 최상의 경지"[6]라고 인식하며, 미학을 "숭배할 만한 찬탄의 대상을 연구하는 과학"(R 1334: 40)으로 간주한다. 퍼스가 찬탄의 대상을 숭배할 만한 것으로 부르는 것은 그 찬탄이 마치 전적으로 자신을 낮추며 신을 예배하는 것과 유사하다는 것을 의미한다. 이러한 과학을 일반적으로 인식되어 온 미학(감각적인 미의 이론으로서)과 구별하기 위해서, 퍼스는 한편으로 액시아개스틱스(*axiagastics*) 라는 용어를 소개하는데, 이 용어는 그리스어인 액시아(*axia*)(가치, 중요성)와 애가마이(*agamai*)의 합성어로 "원시시대에 보통사람들이 어떻게 그들의 지도자를 열정적인 찬탄과 헌신으로 우러러보았는지"를 표현한다(같은 책).

요약하면, 퍼스에게 미학적 지선은 우리가 추구할 수도 있는 혹은 그것에 대해 느낄 수도 있는 모든 것과의 관계와 무관하게, 전체성에 대한 실증적이면서도 단순하고 직접적인 자질이며, 퍼스는 이를 창조물에 충만하게 나타난 합리성으로 간주하게 된다. 우리가 우리의 미학적 지선을 발견하였기에, 퍼스는 그것이 정언명제, 혹은 그것에 대해 동의하거나 혹은 대항하거나 하는 의식의 무조건적 명령을 이끌어낸다고 말하며 칸트의 방식을 이어간다(CP 5.133). 그러므로 이 점이 이 같은 지선이 어떻게 실제 행동에서 실행될 수 있는지를 연구의 목적으로 하는 윤리학으로 우리를 인도하며, 이어서 이러한 지선이 어떤 것을 재현하는 특정한 행동에서 어떻게 실행될 수 있는지에 대한 연구인 논리학으로 인도한다.

## 4.2 본능 대 이성

"추론의 목적"은 "우리가 이미 알고 있는 것에 대한 생각에서 모르는 어떤 것을 찾아내는 것이다"라고 퍼스는 『월간대중과학(*Popular Science Monthly*)』에 적고 있다(W3:244). 이로부터 퍼스는 "다른 경우가 아닌, 참인 전제에서 참인 결론을 내는 그런 추론이 좋은 추론이라고 결론을 짓는다"(같은 책). 이는 퍼스가, 논리학은 규범과학이며, 그것의 목적은 좋은 추론 혹은 진리를 유지하고 있는 추론을 나쁜 추론 혹은 오류로 이끄는 추론과 구별하는 일이라고 생각하게 한다. 후에 퍼스는 다음과 같이 적는다. 즉 논리학의 목적은 좋은 추론 습관을 발전시키는 것이라 말하면서, "일반적으로 참인 전제들에서 참인 결론을 제공하는 그러한 *습관*에 의해 지배된다면, 추론은 좋은 것이 된다"(CP 2.11; 강조는 추가됨). 논리학에 대한 이러한 접근은 우리가 진리를 유지하기 위해서 추론해야 할 뿐만 아니라 우리가 종종 실패하여도 그 문제에서 선택을 한다는 것을 전제한다. 우리가 항상 올바르게 추론해야 한다면 부정확하게 추론할 수 없고, 논리학은 혈액 순환에 대한 이론과 마찬가지로 기껏해야 설명적인 이론에 불과할 것이다.

전통적으로 이성은 우리가 인간이 되게 하는 것으로 간주된다. 아리스토텔레스는 우리를 이성적 동물로 부르면서 우리를 짐승으로부터 잘 분리하였고, 플라톤에 영감을 받은 기독교 전통에서는 우리가 신성에 참여하는 것은 추론하는 능력을 통해서이다. 신이 자신의 이미지를 따라 인간을 창조하였다고 할 때, 우리는 발, 눈썹, 혹은 겨드랑이에 대해서가 아니라 이성의 자리에 놓이는 영혼에 대해 생각하기 마련이다. 데카르트는 여기에서 훨씬 더 나아가 정신과 몸은 공통점이 없는 분리된 실체라고 단언하면서 이러한 영혼을 혹은 정신을 몸에서 분리하였다. 이런 모든 것의 요지는 이성이 우리의 정체성의 핵심을 구성하는, 신성하게 영감을 받은 고귀한 능력으로 간주되었다는 것이다. 이성은 영원하고 모든 일반적 인간에게 동등하게 부여된 것으로 간주되었다.

다윈을 좇아 글을 쓰는 사람으로서 퍼스는 이 점에 대하여 다른 의견을 갖는다. 하늘로부터 이미 만들어진 채로 주입된 이성이기보다, 우리의 추론 능력은 우리의 문제해결 활동과 우리 앞 수많은 세대들의 문제해결 활동에 기초한 자연적 성취이다—이러한 문제해결 활동은 호모에렉투스에서 그 너머로 확장된다. 이는 퍼스가 어떻게 이성을 이해하는지에 관하여 몇 가지를 시사한다. 첫째, 이성은 영원하고 변함없는 것이 아니라 시간이 지나면서 발전된다(그리고 여전히 발전하고 있는 중이다). 둘째, 우리의 추론 능력은 우주와 상호작용한—혹은 우주에 적응한—결과물로, 우리의 추론은 우리를 통해 빛나는 신성한 빛이 아니고 우주 질서에 대한 반영이다. 다른 식으로 말하면, 우주 자체가 합리적이고, 추론하는 우리의 능력은 그것에 대한 반영이다. 셋째, 추론은 우리가 세계를 실제적으로 다루는 데 기초하기 때문에 우리가 그것을 이것으로부터 훨씬 멀리 떨어져 있는 주체들에 적용할 때, 예를 들어 우리가 원자보다 작은 입자들, 다수의 은하계들, 신의 전지 혹은 무한수를 추론한다고 말할 때, 이것이 얼마나 잘 진행되는지는 명확하지 않다.

이성에 대한 퍼스의 자연주의적 설명은 또한 퍼스가 이성과 본능 사이의 관계를 어떻게 보는지에 영향을 준다. 전통적으로 이성은 본능보다 우월한 것으로 간주된 반면 퍼스는 그 반대의 입장을 취한다. 이성과 마찬가지로, 본능은 개인이 환경과 상호작용한 결과물이며 우주의 합리성에 대한 반성이다(섹션 9.5). 퍼스는 더 나아가 본능이 더 섬세하며, 이성보다 실수를 덜 하는 경향이 있다고 여긴다. 사실 이성이 본능에 앞서는 유일한 장점은, 퍼스가 관찰하기로는, 그것이 반성적이라는 것이다. 즉 "이성 자체가 비난하는 추론이 있다"(R 832:2)—그리고 좋고, 나쁜 추론의 구별이 정확히 그 안에 존재한다. 자동차가 접근할 때 거북이가 그의 껍질 속으로 쑥 들어가는 경우에 본능은 부정확하다. 하지만 본능은 자신을 수정할 수는 없다. 이와 비슷하게 퍼스는 볼드윈의 『사전』 [옮긴이 주: 사전은 『철학과 심리학 사전(Dictionary of Philosophy and Psychology)』를 가리킨다.] 에서 추론을 다음과 같이 정의한다. "일반적인 사고 습관에 따라, 하나의 판단 즉 결론이, 다른 판단 혹은 판단들, 즉 전제에 의해 결정되는 과정으로서 추론자에게 자각된 것으로, 추론자는 이러한 사고 습관을 정확하게 표현하지 못할 수도 있지만 그것이 진정한 지식으로 이끈다는 점을 승인한다"(2: 426). 지도적이고, 자아-통제에 의존하며, 추론자에 의해서 승인되는 이 같은 습관의 전체성은 초보적인 논리의 과학을 구성하며, 퍼스는 이를, 중세의 개념을 따라, 우리의 *로지카 우텐스(logica utens)*(HPPLS2: 891)라고 부른다. 이러한 *로지카 우텐스*는 우연하게 형성된 것이지만 잘 수립된 추리 모드의 무작위적 선택이다. 이는 *로지카 우텐스*에 대한 체계적인 연구의 가능성(과 그것의 필요성)을 열어놓고 있다. 중세의 개념을 따라 퍼스는 후자를 *로지카 도센스(logica docens)*라고 부른다. 하지만 퍼스는, 이것의 이면에 있는 동기가 *로지카 우텐스*를 *로지카 도센스*로 대체하는 것이라고 생각한다면 오해라고 조심스럽게 덧붙여 말한다. 대신에 우리는 추론의 본능적인 방법을 유지해야 하며 특히 실제적인 문제에 있어서 그렇다. *로지카 도센스*는 단지 "이론을 실천과 비교하기 위해서" 혹은 어떤 "특정하고 매우 이론적인 목적"을 위해서만 필요하다(NEM 4:187).

퍼스는 논리를 연구해야 하는 필요성에 무게중심을 두지만 그는 우리가 기본적으로 본능보다는 이성에 인도된다고 하는 전통적인 믿음을 거부한다. 그가 생각하기에 이러한 전통적인 믿음은 우리가 전형적으로 우리의 본능을 자각하지 못하는 동안에, 우리의 이성이 우세하게 의식에서 작용하는 상황에 의해 야기된 환상이다(R 410: 1f).

이성이 발전하고 실제적인 뿌리를 가진다는 것은 퍼스가 어떻게 논리를 생각하는지에 깊은 영향을 준다. 논리에 있어 모든 중요한 발전은 실제적인 문제해결—의심을 제거하는 실제적 경우에서처럼—에서 유의미한 발전의 (일반화된) 결과물이다. 문제를 해결한다는 것은 전형적으로 유사한 경우들이 동일한 방법으로 해결될 수 있기(심지어 해결되어야 하기) 때문이다. 다음 단계에서 이는 법칙이나 습관으로 이어지고, 미완성의 상태이기는 해도 우리의 *로지카 우텐스*의 한 부분이 된다. 이러한 법칙의 어떤 것은 특정한 개인에만 적용 가능한 것이 되지만 대부분은 그렇지 않을 것이다. 간단히 말해 이성은 그 자체가 오류일 수 있는 우발적인 역사를 갖는다. 특히 현대에 이러한 역사는 현저하게 과학의 역사이다. 퍼스가 「믿음의 고정」에서 관찰하듯이, "몇 세대 동안 기억될 정도로 위대한 모든 과학의 업적은 그것이 작성되었던 그 시대의 추론 기술의 결함 있는 상태의 예시들을 가지고 있으며, 그리고 과학에서 각각의 주요한 단계는 논리학에 더 심화적인 교훈을 제공하여 왔다"(W3:243). 이러한 점으로 인해 또한 퍼스는 앙투안 라부아지에(Antoine Lavoisier, 1743-1794)의 증류기(alembics)와 증류병(cucurbits)을 말 그대로 사고의 도구라고 부른다(같은 책). 퍼스가 어디선가 설명하기를, "침묵과 어둠이 사고하기에 적합한 것이라며 좁은 의미"에서 추론을 받아들이는 것은 오류이고, "추론은 모든 합리적 삶에 적용되는 것으로 이해되어야 하며, 그래서 실험이 *사고의 과정(an operation of thought)*이 되어야 한다"(CP 2.420; 강조는 추가됨). 기본적인 것들로 여기며, 내가 앞서 말한 것은 사고를 외부로 드러내는 것이다. 이 점은 퍼스의 과학철학(6장)과 그의 정신의 개념(섹션 9.4)에 대해 논할 때 다시 다루어질 것이다. 다음은 이러한 *로지카 도센스*에 대해 자세히 살펴본다.

## 4.3 추론의 기본적 모드

앞의 섹션에서 보았듯이, 논리학 혹은 *로지카 도센스*는 우리의 로지카 우텐스를 체계적으로 연구하는 것에 관심을 둔다. 퍼스에게 그것의 핵심적인 목적은 우리의 *로지카 우텐스*를 구성하는 논증의 자연적 분류를 도출하고 그것의 상관관계를 검토하는 것이다. 이런 점에서 논리학은 본질적으로 종의 분류를 다루는 생물학, 혹은 요소의 분류들을 다루는 화학과 다르지 않다. 이러한 과정에서 좋은 논증은 나쁜 논증과 구별되고, 좋은 논증은 그것의 상대적 설득력이 규명된다. 퍼스는 로크와 칸트를 따라 논리학의 이러한 부분을 *비판(critic)*이라고 부른다.

하지만 비판은 논리학의 가장 기본적인 부분이 아니다. 이것은 퍼스가 *사변 문법(speculative grammar)*이라고 부르는 것, 즉 논증을 분류하는 것을 시작하기 전에 다루어져야 할 폭 넓은 문제들을 고려하는 것 뒤에 온다. 이러한 맥락에서 라틴어 스페큘라리(*speculari*)[검토하다 혹은 관찰하다]에서 온 "사변적"이란 말은 실제적인 것과 대조적으로 이론적인 것을 의미한다. 일반적으로 말해, 사변 문법은 기호가 의미를 전달할 수 있으려면 어떤 조건을 충족해야 하는가, 즉 "기호의 본성과 의미에 관한 일반적 이론"(CP 1.191)이다.

사변 문법과 비판 외에 퍼스는 *사변 수사학(speculative rhetoric)* 혹은 *방법론(methodeutic)*이라 부르는 것을 구별한다. 이러한 논리학의 세 번째이자 그리고 최상의 갈래는 "해결을 위해 문제가 일어나는 일반적 조건들을 연구한다"(CP 3.430). 전통적으로 수사학은 설득의 기술을 지칭한다. 퍼스는 사변 수사학을 발견의 기술이라고 표명함으로써 상이한 해석으로 이것을 표현한다. 어떤 의미에서, 퍼스는 여기서 다른 사람들의 의견이 아니라 사실이 설득하는 행위를 해야 한다는 관점을 반영한다. 더 나아가, 퍼스는 탐구가 명백하게 공동체적인 일—"고독한 과학자"를 전혀 불가능한 생각으로 만드는 정도로—이라고 간주하면서 사변 수사학은 소통의 기술과 아울러 보다 전통적 의미에서 설득의 기술도 포함한다고 보았다. 사변 수사학은 실용주의, 불필요한 연구를 피하는 경제적 이론, 시네키즘(가능하면 언제라도 우리는 모든 것들을 연속적이라고 간주해야 하는 관점) 그리고 오늘날 우리가 과학철학이라고 부르는 것을 포함한다.

논리학의 이러한 세 갈래 각각은 그것을 선행하는 갈래들에 의존한다. 퍼스는 가끔 사변 문법을 기호학(semeiotics)과 동일시하고, 다른 때에는 기호학이 모든 논리학을 포함한다는 의견을 표현한다. 다음 장에서 나는 다시 기호학을 다룬다.

퍼스의 논증의 분류를 논하기 전에 우선 무엇이 논증인가를 잠시 살펴본다. 퍼스는 추론을 다른 한 믿음(혹은 명제)의 공인된 진리의 결과에서 일어나는, 결론이라 불리는, 믿음(혹은 명제)의 의도적 채택으로서 정의한다. 전자는 전제라고 불린다. 결론이 참—필연적으로 혹은 개연성의 정도에서—이라고 주장하는 것이 정당화되려면, 전제(혹은 전제들)와 그리고 퍼스가 지도 원리라고 부르는 것이 참이어야 한다. 지도 원리는 엄격히 말해서 "결론이 필연적이거나 개연적으로 참이 되도록 결정하기 위한 전제들뿐만 아니라 필요조건으로 고려되는 모든 것"으로 정의될 수 있다(W2:24). 전통적으로 그러한 지도 원리는 우리의 *로지카 우텐스*로부터 온다. 한 예로 이를 생각해 보면, 우리는 소크라테스가 죽었다는 새로운 믿음을 그가 사람이라는 기존의 믿음에서 도출한다고 말한다. 이것의 정당성은 소크라테스가 사람이라는 믿음과 모든 사람은 죽는다는 표현되지 않은 지도 원리에 존재한다. 우리가 "소크라테스가 사람이었고, 그래서 소크라테스가 죽었다"라는 추리의 논리적 비평(criticism)을 수행할 때, 우리는 지도 원리를 전제로서 추가함으로써 그것을 명확하게 한다. 우리는 다음과 같은 결과를 갖는다.

> 소크라테스는 사람이었고,
> 모든 사람은 죽는다;
> 그러므로 소크라테스는 죽었다.

이제, 지도 원리가 한 상황에서 결론을 도출하는 것을 정당화한다면, 그 동일한 원리는 그 상황이 충분히 유사한 상황일 때도 적용될 수 있다는 것이 또한 우리의 *로지카 우텐스*의 지도원리가 된다. 이러한 방법으로 성공적인 지도 원리는 자신을 추론의 습관으로 드러낸다. 즉 추리를 확정하는 습관이다. 예를 들어 어떤 이가 인간이라는 것을 들을 때마다 우리는 그가 이미 죽은 것이 아니라면 죽을 것이라고 습관적으로 결론을 내린다. 이런 관점에서 논증의 타당성을 나타내는 것은 추론자의 주관적인 느낌 혹은 *Gefühl*이 아니고 지도 원리의 적용가능성에 대한 객관적인 고찰이다. 어떤 특정한 지도 원리의 수용은 논증 너머에 있는 목적과 연관되어 있어서 그것은 하나의 규범이나 혹은 법규처럼 행동하게 된다. 우리는 어떤 지도 원리를 적용하는가에 대한 의식적인 결정을 할 때 의도적으로 추론한다.

위의 사항을 바탕으로 우리는 추론을 잘하는 사람은 추론의 좋은 습관—그의 추론이 참인 지도 원리에 의해 지배된다는 것을 의미—을 발전시킨 사람이라고 말할 수 있다. 하지만 그가 이러한 습관이나 원리들에 대한 명백한 이해력을 가지는 것이 필수적인 것은 아니다. 사실, 사람들이 갖는 특정 원리들에 대한 개념은 모호하기 때문에 그 원리들이 명백하게 진술되는 것을 최초로 알게 될 때 심지어 그것들을 거부할 수도 있다. 예를 들어, 근본주의자 기독교인에게 모든 인간이 죽는다는 원리는 이른바 성경은 결코 오류가 없다는 다른 확립된 원리와 충돌한다. 에녹이 인간이었는데 죽지 않았고, 엘리야도 그러했다는 점 때문에 그것은 충돌한다(죽지 않고 둘은 바로 하늘로 올라갔다).

논증의 분류에서 우리는 우선 그러한 추론의 습관, 혹은 지도 원리가 좋은(참인) 것과 그렇지 않은 것을 구별해야 한다. 퍼스가 말하듯이, "입론(argumentation)이 타당하다고 말하는 것은 *그것이 진실하다고 주장하는 것만큼 진실하다고* 말하는 것이다. 입론이 추론의 종류에 속하고, 거기에서 거의 혹은 어떤 추론도 참에서 거짓으로 이끌지 않는다는 반영이 동반되어야 하는 것은 [중략] 추론에 있어 본질적이다. 그러므로 모든 추론은 주장(pretension)을 한다. 그러한 주장이 참이라면, 추론은 타당하다"(CP 2.446 강조 추가됨). 그러므로 후건(consequent)을 긍정하는 논증(만약 p가 참이면 q가 참이다, q가 참이다. 그러므로 p가 참이다)은 타당하지 않다. 왜냐하면, 그것은 그것이 실제로 그러한 것보다 더 설득력 있다고 *주장하기* 때문이다. 그것의 진술된[주장된 진술의] 타당성은 외관이 연역적 추리—"결론이 거짓인데 전제들이 참이라는 것은 논리적으로 불가능하다고 그렇게 주장하는 추리"(CP 2.447)—와 유사한 점에서 비롯되며, 반면 그것의 진정한 신뢰성은 기껏해야 은밀하게 가추적 혹은 귀납적이다. 이런 이유로 우리는 그것을 실수라기보다는 오류라고 부른다.

퍼스는 더 나아가 논증을 완성하는 지도 원리—예를 들어 "모든 인간은 죽는다" 혹은 "성경은 전혀 오류가 없다"—와 이미 완결된 논증을 지배하는 지도 원리를 구별한다. 퍼스는 전자를 *실질적(material)* 지도 원리라 부르고, 후자를 *논리적(logical)* 지도 원리라 부른다(볼드윈 2:1). 논리적 지도 원리는 완결된 논증을 지배하는 것이기에 그것은 "전제들에서 암시되거나 관찰할 수 있는 어떤 *사실*도 포함할 수 없다." 그렇지 않다면 그 논증은 완결된 것이 아니기 때문이다(CP 3.166, 강조 추가됨). 퍼스가 진술하듯이, 그러한 원리들은 "적용된 특정 체계의 기호들의 추론적인 변형을 위한 법칙들일 뿐이다." 그리고 우리가 그 체계를 변화시켜야 한다면 그러한 법칙들은 또한 크게 변화하게 될 것이라고 그는 덧붙인다(CP 2.599). 논리적 지도 원리의 개념으로 우리는 수학의 영역으로 들어간다. 수학에서 우리는 추론적인 변형을 재현하기 위해 모델들이나 혹은 체계들을 창조할 수 있다—"따라서(hence)", "고로(ergo)", 혹은 "그러므로(therefore)"와 같은 말을 사용할 때 우리가 적용하는 이러한 방식에 의해 우리는 한 일련의 기호들(전제들)을 또 다른 기호(결론)로 변형한다. 러셀과 화이트헤드의 『수학원리(*Principa Mathematica*)』에서 실질 함축에 대한 개념은 이것의 한 예가 된다. 간단하게 말해서, 추론적인 변형의 한 체계를 가정할 때, 완결된 논증은, 전제들이 참으로 취해진다면, 그 결론이 그 체계의 법칙들을 위반함이 없이 거짓이라고 말할 수 없다는 식으로 구조화되는 논증이다.

하지만 퍼스가 인지하듯이 논리학은 수학의 한 부분이 아니라 실증과학이다. 그것은 우리가 경험하는 실제 세계에 관한 것이다. 퍼스는 더 나아가 논리는 그 자체로, 추론의 대상인 실증적 사실들이 우리의 추론을 결국에는 "모든 인간에게 동일한 어떤 예정되는 결론을 향하게"(CP 3.161) 한다는 믿음을 갖게 하는, 일반적 가정 내지는 *신뢰감(faith)*에 의해 영향을 받는다고 생각한다. 이러한 결론들은 그것에 대한 우리의 추론이 그것을 변화시키지 않는다는 의미에서 예정된 것이다—느슨하게 말하자면, 그것은 "미리 정해진 것이며", 추론의 과정에서 우리가 그것들을 "발견한다." 나는 이러한 가정을 6장에서 좀 더 자세히 다시 다룰 것이다. 지금으로서는, 지도 원리가 모든 사람들에 의해 공유된 예정되는 결론으로 우리를 인도하는 경향이 있는 그러한 유형이라면, 그것이 참이고, 그렇지 않으면 참이 되지 않는다고 말해두자.

이제 논증의 분류라는 주제로 돌아가 보자. 중세의 독트린 *콘세쿠엔티아이(consequentiae)*에서 그의 실마리를 취하면서, 퍼스는 환원될 수 없는 세 종류의 논증을 구별한다. 여기서 *종류(class)*는 "존재할 수 있는 대상의 전체 [중략] 그리고 그것들의 특정한 기술"(CP 1.204)로서 외연적으로 이해된다. 그리고 그는 그것을 연역, 귀납, 그리고 가추로 부른다(퍼스는 또한 마지막 것에 가설(hypothesis)과 귀추법(retroduction)이라는 용어를 사용한다). 1911년이 되어서야 퍼스는 이러한 세 종류가 "전적으로 다른 추론의 세 가지 방법"을 구성하며 "네 번째가 없다고 믿는, 매우 강한 *개연적* 이유"가 존재한다고 적고 있다(NEM 3: 177f).

퍼스의 초기 연구에서 추론의 세 종류는 다음의 예가 보여주듯이 법칙, 경우, 결과가 결합될 수 있는 세 가지 방법으로 드러난다.

*연역법*

이 주머니에 있는 모든 콩이 희다(법칙),

이 콩들은 이 주머니에서 나왔다(경우);

이 콩들은 희다(결과).

*귀납법*

이 콩들은 희다(결과),

이 콩들은 이 주머니에서 나왔다(경우);

이 주머니에 있는 모든 콩이 희다(법칙).

*가추법*

이 주머니에 있는 모든 콩이 희다(법칙),

이 콩들은 희다(결과);

이 콩들은 이 주머니에서 나왔다(경우).

하지만 이제 드러나듯이, 이 상황은 곧 훨씬 더 복잡해진다. 그리고 퍼스가 깨닫게 되듯이, 세 모드의 추론 방법을 정의하는 이 같은 형식적 방법은 귀납법과 가추법의 진정한 성격을 나타내는 데 실패한다. 앞으로 전개될 부분에서 처음에는 연역법, 그 다음은 귀납법, 그리고 마지막에는 가추법을 논의하면서 이 같은 보다 복잡한 상황에 대한 인상적인 스케치를 제공하고자 한다.

## 4.4 연역법과 귀납법

『센츄리 백과사전』에서, 퍼스는 *연역법*을 "가정된 원리들이나 혹은 가설들의 결과로서의 파생물; 필연적 추리"라고 정의하며, 동사 *이끌어내다(to deduce)*를 "[가정된] 원리의 결과로서 이끌어 내거나 혹은 결론을 내리다; 필연적인 결론으로 추론하다"로 정의한다" (CD:1495).[7] 유사하게 퍼스는 볼드윈의 『사전』에서 연역법을 "전제들에 표현된 사실들이 상상할 수 있는 모든 상황 아래서 결론의 참을 포함하지 않고는 참이 될 수 없으며, 따라서 필연적인 양태성으로 수용되는" 모든 추론으로 정의한다. 그리고 퍼스는 덧붙여서 다음과 같이 말한다. "연역법이 적용되는 곳은 사물 자체의 이상적인 상태—혹은 항상 현실과는 어느 정도 다르게 이상적으로 생각되는 사물의 실제적인 상태이다"(2:428).

필연성과 가정된 원리들, 혹은 가설들과 관련하여 위에 기술된 사항은 본질적으로 섹션 2.3에서 논의되었던 수학적 추론의 정의이다. 우리가 여기서 다시 보았듯이, 연역법은 여러 형태로 나올 수 있으며, 귀결적 연역법(논리학 교과서 저자들이 선호하는) 외에 정리적 연역법도 포함한다. 퍼스는 연역법 가운데 모든 필연적 추론을 포함하는데, 수학적 귀납법[8]이라고 부르는 것과 "결국에는 결과를 참으로서 추측할 수 있는 그러한 개연성에 기반을 둔 추론들을 포함하는 한편, 결국에는 수정 가능한 것으로서 간주되는 그러한 추리들을 배제한다" (CD:1495). 나는 6장에서 퍼스의 결국(the long run)[옮긴이 주: "the long run"은 여러 차례의 실험을 시도한 후에 마침내 얻게 되는 결과를 내포하고 있다는 점에서 "오랜 기간"으로도 해석이 가능하다.]이란 개념을 다시 논한다. 퍼스는 우리가 결코 어떤 것에 대해 전적으로 확신할 수 없다고 생각하는 철저한 오류가능주의자이기 때문에 우리는 결코 논증이 연역적이라고 확신있게 말할 수 없다. 심지어 가장 단순한 연역법이 미래에 잘못된 것으로 증명될 수도 있다. 후에 퍼스는 필연적 추론보다는 강압적 추론이라는 측면에서 연역법을 정의한다. 퍼스는 적기를, "연역법은 처음에 전제들과 그것들의 관계를 가리키고, 그런 다음 당신의 얼굴에 주먹을 흔들고, 그리고 당신에게 이렇게 말한다. '이제, 반드시 너는 그 결론을 받아들*여야 한다*' "(R754:3). 이러한 강압은 퇴행적 이차성의 예이다(섹션 3.2). 퍼스에 따르면, 논리학에서 가장 큰 결점은 논리학자들이 주로 연역법에만 자신들을 제한하였고, 그들은 더 나아가 자신들을 삼단논법에만 한정했다는 점이다. 그런 식으로 귀결적 연역법을 논리학의 표본으로 만듦으로써 논리학자들은 과학이 거의 아무것도 제공하지 못하게 만든다.

『센츄리 백과사전』에서 퍼스는 *귀납법*을 "특정한 경우들로부터 일반적 결론을 도출하는 과정, 그리고 한 표본의 성격으로부터 다수의 표본화된 성격으로의 추리"(CD:3068)라고 정의한다. 그가 다른 곳에서 말하듯이, "귀납법은 무엇이 부분에 참이 되는가로부터 무엇이 전체에 참이 되는가라고 결론을 내는 그 같은 추론의 종류이다."[9)] 고전적인 것은 콩 자루의 예이다. 주머니에서 나온 콩의 3분의 2가 희다면, 주머니에 남아있는 콩의 3분의 2가 또한 희다는 결론은 정당화된 것처럼 보이고, 우리가 이러한 결론을 통해 도달한 메커니즘은 우리의 *로지카 우텐스*의 일부가 될 가능성이 있다. 이러한 논증은, 주머니에서 서너 줌의 콩을 꺼내 그 중 3분의 2가 흰 것을 보았다 하더라도, 가령 주머니 속 콩의 절반 미만이 희다는 가능성을 열어놓기 때문에, 연역적 논증—혹은 강압—을 확실히 결여한다. 이러한 예는 또한 귀납적 논증이 다양한 설득력을 가질 수 있다는 것을 보여준다. 당신이 단지 세 개의 콩을 주머니에서 취하고 그것의 3분의 2가 희다고 보는 것에 결론의 기반을 둘 것인지, 주머니에서 콩의 반을 취하고 동일한 결론을 도출할 것인지에 따라 중요한 차이점이 생긴다.

귀납법이 연역법의 힘을 결여한다는 사실은 퍼스에게 일반적으로 수용되는 논리학에서 그것을 생략하는 이유가 되지 않는다. 정반대로 논리학의 목적이 우리가 진리를 주장하길 원할 때, 어떻게 추론해야 하는지 우리에게 알려주어야 하는 것이라면, 무엇이 귀납법을 강하게 만드는지, 그리고 약한 귀납법을 어떻게 피할 수 있는지를 결정하는 것은 논리학자의 일이 된다. 사실 퍼스는 많은 시간과 노력을 귀납법의 이론을 발전시키고, 빈약한 귀납적 논증들이 틀렸음을 드러내는 데 기울인다. 후자는 『살아있는 자의 환영(*Phantasms of the Living*)』—우리가 죽은 사람과 말할 수 있다는 것을 입증했다고 알려졌던 연구—에 대한 그의 비판에서부터, 측지학에서의 오류-축소 전략에 대한 자세한 분석에까지 이른다.

퍼스의 시각에서, 추리의 합리적 모드로서 귀납법을 정당화하는 것은, 우리가 구별할 수 있는 한, 우리가 모르는 것에 대한 추측을 해 보는 가장 좋은 방법이다. 게다가, 귀납법이 자기-수정한다는 믿음을 지지하는 데 좋은 (귀납적) 증거가 존재한다. 퍼스가 『센츄리 백과사전』에서 적고 있듯이, "그것의 성격은, 도출된 특수한 결론이 결국에는 타당하지 않게 될지라도, 여전히 유사한 결론들이 있을 것이고, 그리고 결국에는 그 결론을 변화시키고 올바른 것으로 만들 수 있도록 전제들이 정정될 것이다"(CD: 3068). 이것이 귀납법에 대한 방법론적 정당성이지 형이상학적인 정당성이 아니라는 것에 주목하라. 후자에 관한 한, 미래가 과거를 닮는다는 것을 암시하면서 귀납법이 자연의 통일성에 의해 정당화된다는 그 당시의 대중적인 시각을 퍼스는 거듭 부정한다.

간략하게 말하면, 우리가 귀납적으로 추론할 때 우리는 우리가 아는 것(예를 들자면, 주머니에서 나온 콩의 구성)이 우리가 모르는 것(주머니에 남아있는 콩의 구성)을 결정하도록 하며, 그 과정에서 우리가 획득한 경험은 잘못된 믿음을 수정하게 하고 우리의 방법들을 개선시킨다. 이것은, 비록 여기서 그것이 내부적 강압—우리의 믿음 간에 화해할 수 없는 양립불가능성을 만들지 않고서 우리는 사물을 생각할 수 없다는 것을 보임으로써, 우리가 알아야 하는 것을 우리에게 말하고 있는 정신 자체—이 아닌 외부적인 강압이라 할지라도, 귀납법에서 역시 어느 정도의 강압이 작동되고 있다는 것을 의미한다. 하지만 연역법처럼 귀납법은 어떤 아이디어를 창안할 수 없다. 그것은 단지 "우리의 실험이 구성 단계로 향할 때 그러한 경험의 과정에서 대략 얼마나 자주 그런 특정한 사건이 일어나는지에 대해서만 말할 뿐이다"(볼드윈 2: 426f) 퍼스에게 독창성의 진정한 원천은 세 번째 유형의 추론에 존재한다. 퍼스는 그것을 *가추법(abduction)*이라고 부르며, 그는 또한 *귀추법(retroduction)*, *추정(presumption)* 그리고 *가설(hypothesis)*이라는 용어를 사용한다.

## 4.5 가추법

『센츄리 백과사전』에는 추리의 모드로서 가추법[10](혹은 귀추법)에 대한 항목이 없다. 그렇지만 퍼스는 볼드윈의 『사전』에서 그 용어를 다음과 같이 정의한다. 즉,

> 어떤 상황에서 그가 예상할 수 있었던 것과는 다른 현상에 자신이 마주하게 됨을 알게 되면서, 그는 그 현상의 특질을 살피고 그것들 간에 현저하게 드러나는 특징이나 관계에 주목한다. 이는 이미 정신이 그것을 가지고 축적되어, 그가 단번에 인식하는 어떤 개념의 특성이 되며, 그 결과로 그 현상에서 무엇이 놀랄 만한 것인지를 *설명*(즉 필연적으로 만드는)할 수 있는 하나의 이론이 제안된다. (2: 427)

고전적인 예는 요하네스 케플러(Johannes Kepler)의 화성 궤도의 발견이다. 케플러는 티코 브라헤(Tycho Brahe)의 관찰 결과를 가지고 연구하였다. 브라헤는 그 자신이 매우 뛰어난 관찰자이며, 거기에 더해 그가 관찰했던 별과 행성들의 위치를 정확하게 측정하고 계산할 수 있는 능력을 소유했음을 증명해 보였다. 그 결과는 엄청난 양의 새로운 데이터였다. 퍼스에게, 화성이 타원의 궤도를 돌고 그 중심의 하나가 되는 태양을 타원으로 회전하고 있다는 케플러의 결론은 명확하게 논증의 결과로, 그것은 연역적이지도 귀납적이지도 않다. 케플러의 논증은 다음과 같은 것을 포함한다. 즉 코페르니쿠스식의 태양중심적 관점(브라헤는 이를 수용하지 않았다)을 수용하고, 태양의 크기가 행성의 움직임과 관계가 있을 것이라 깨닫고, 태양이 고정된 기준이 될 때 화성의 움직임을 기술하는 것이 더 간단하다는 것을 발견했음을 포함하고 있는 것이다. 케플러의 이론은 여전히 브라헤의 데이터에 근접할 뿐이었고, 이는 궁극적으로 케플러가 화성의 궤도가 완전

한 원형은 아니고 그 궤도에 약간의 압축이 있음을 확신하도록 결론을 내리게 하는 심도 있는 수정을 필요로 하게 하였다. 이 점은 케플러가 화성의 정확한 궤도가 타원이라고 추정하도록 만들었다. 천체의 원형 궤도에 대한 오랜 믿음을 거부하는 것을 의미하는 이 마지막 단계에서는 다른 가능한 가설들이—공간이 균등하지 않다는 것, 브라헤의 몇몇 관찰들에 결점이 있었음에 분명하다는 것, 케플러 자신의 계산들에 실수가 있었다는 것—받아들여지고 거부되어진 이후에 이루어졌다.

그것의 가장 일반적 형태로 이 같은 유형의 추리가 다음과 같이 포착될 수 있다. 즉,

> B라는 놀라운 사실이 관찰된다,
>
> A가 참이라면 B는 정상적인 일로 설명될 수 있다;
>
> 그러므로 A가 참이라고 생각할 만한 이유가 있다.

그러므로 천체가 완전한 원형으로 움직인다는 상식적 선입관을 유지하면서 새로운 코페르니쿠스식의 체계를 위한 화성의 궤도를 발전시키려고 할 때, 케플러는 화성의 궤도에 약간의 특이한 점이 있다(놀라운 사실 B)는 것을 발견함으로 시작한다. 그 다음 그는 이러한 특이점을 설명할 수 있는 가능한 이유들을 찾으려고 했다. 이는 그로 하여금 가설적 이유(추정된 사실 A)를 세우게 하였으며, 뒤이은 연구는 거부되거나 또는 승인되었다. 연구가 거부되는 경우는 그로 하여금 놀라운 사실 B를 설명할 수 있는 추정된 사실 A의 대안들을 찾도록 하였다.

그러면, 우리는 어떻게 이런 대안들을 발견하는가? 퍼스에게 그것은 결국 경험에서 우러난 추측이 된다. 이 점으로 인해 어떤 사람들

은 가추법은 진정한 추리의 모드가 아니라고 주장한다. 하지만 이러한 추측들에 대해서는 뭔가 더 진술될 수 있다. 즉 일반적으로 그것들은 가능한 한 많이, 관련 있는 사실들을 설명해야 한다; 우리의 과거 경험과 다른 이들의 믿음은 추측 중의 다른 것들보다 어떤 것들을 더 추측하게 한다; 각 대안은 그 자신의 가정과 함축을 동반한다; 어떤 대안들은 다른 것들에 비해 거부하거나 승인하는 것이 훨씬 용이하다; 기타 등등. 그러므로 케플러의 경우에, 그가 고려해야 하는 첫 번째 추측은 계산에 실수가 있다는 점이다. 즉 그것은 있을 법한 일이며, 그것은 기존의 이론에 수정을 요구하거나 혹은 과거의 관찰들을 버려야 한다는 측면에서 최소한의 문제를 만들어 내고, 또 상대적으로 검토하기가 용이하다. 케플러의 경우에서처럼 실수들이 발견되지 않는다면, 위에 열거된 것들과 같은 고려 사항들, 즉 연구의 경제적인 면에서 주로 고려된 사항들은 우리가 다음에 어디를 보아야 할지를 시사할 것이다.

위에서 개략적으로 언급된, 경험에서 우러난 추측의 과정은 연역법과 귀납법에서와 마찬가지로 가추법에서도, 우리가 어떤 일반적 습관이나 방법에 따라 의식적으로 진행함을 보여준다. 이는 합리적 설명으로 나아가 진리로, 우리가 8장에서 보겠지만, 즉 모든 가능한 의심 너머에 있는 합리적 설명에 다름 아닌 진리로 우리를 이끄는 식으로 진행된다. 따라서 가추법이 "논리적 규칙에 의해 거의 제한받지 않고"(CP 5.188), 귀납법의 자기-수정성을 결여하고 있다고 해도 그것은 여전히 논리적 추리의 모드로 고려되어야 하고, 우리가 7장에서 보게 될 것이지만, 퍼스는 명시적으로 실용주의를 가추법의 논리로서 동일하게 생각한다. 위의 과정은 또한 가추법이 우리가 논리적으로 가능한 수많은 대안들, 결실이 있는 대안들로부터 추출할 수 있다는 정도에서만 가능하다는 것을 보여준다. 나는 이 주제에 대해 섹션 9.5에서 다시 논의할 것이다.

오늘날 문헌에서 가추법은 가끔 "최상의 설명을 위한 추리"[11]로 지칭된다. 이 구절은 퍼스가 사용한 것은 아니며, 이것에 몇몇의 문제점이 있기 때문에 피하는 것이 좋다. 가장 중요하게 여길 것은, 이 구절이 가추법뿐만 아니라 아마도 심지어 귀납법에 더 적합하다. 주머니에 있는 콩의 3분의 2가 희다는 결론은 그 주머니에서 추출된 표본에서 콩의 3분의 2가 희다는 사실을 위한 매우 명백한 "최상의 설명"이다. 일반적으로 가추법은 그러한 종류의 설득력으로 결론을 도출하지 않는다. 그것은 성공적인 설명이 실지로 가장 최상의 설명인지를 결정하는 어떤 메커니즘도 포함하지 않는다. 우리가 말할 수 있는 최선의 것은 그것이 *있을법한* 설명(또는 설명적 가설)이거나 또는 어떤 이유로 우리가 가장 있을법한 것으로 찾아낸 설명이다.

추리의 모드로 가추법을 정당화하는 것은 우리가 정말로 선택을 갖고 있지 않다는 것이다. 우리가 가추법에 참여하는 것을 거부할 때—추론은 자아-통제의 한 형태로 자발적인 것이므로, 이는 우리가 수행할 수 있는 것이다—우리의 유일한 선택은, 퍼스가 말하듯이, "진리를 배우는 어떤 희망도 없이"(R440:35) 남아있는 것이다. 가추법과 귀납법의 궁극적인 정당성과 관련하여 퍼스는, 그것들이 필연적 추론의 이상—전제가 참이라면 결론이 거짓이 될 수 없다는 논증—에 가까울수록 우리가 그것을 사용함에 있어 더욱 정당화된다는 의미로, "그러한 방법의 유일한 *이론적 근거(rationale)*는 본질적으로 연역적이거나 혹은 필연적이다"라는 입장을 유지한다.

위에서 개략적으로 살펴본 세 유형의 추론은 이상적인 유형으로 퍼스는 이들을 가장 기본적 추론의 세 유형이라고 간주한다. 전형적으로 우리의 추론은 이들의 결합을 포함한다. 특히 강력한 결합은—보다 과학적인 추론의 특성을 갖는 결합—우선 가추법을 연역법과 결합하고 그 다음에 귀납법과 결합하는 것이다.

일련의 추론을 작동하게 하는 것은, 퍼스가 주장하기를, 우리가 설명을 찾게끔 충분히 강제하는 어떤 놀라운 현상이다. 이것이 모든 발견이 결국 우연이라는 것을 의미한다 하더라도, 대부분 자각하지 못하는 사소한 일에 의해 자기 자신을 주의집중 하게끔 사람들을 교육할 수 있음을 퍼스는 예리하게 인식하고 있었던 것이다. 이러한 의미에서 퍼스는 발견이 우연이 아님을 주장한다.

우선 우리는 놀라운 현상과 우리가 이미 갖고 있는 믿음에서 그 현상을 설명할 수 있는 그럴듯한 가설들을 추출하려고 노력한다. 다음으로는 이러한 가설들을 시험하기 위한 전략을 발전시킨다. 여기서 추진력은 연구의 경제성이다. 경험적 테스트는 비용이 클 수 있다. 특히 비싼 장비가 요구될 때나 또는 충분히 대표적인 샘플이 상당한 시간과 에너지의 투자를 요구할 때가 그렇다. 하나의 가설이 결정되면 그 다음 단계는 수학자에게 가져가는 것이다. 수학자는 그 가설이 참인지 아닌지에 대해선 전혀 관심이 없고 단지 그것으로부터 필연적으로 따라오는 것이 무엇인지를 확정하려고 한다. 그 목적은 가설이 참인지 거짓인지를 보여줄 수 있는, 시험가능한 (경험적 혹은 실용적) 결론들을 추출하는 것이다. 세 번째이자 마지막 단계는 귀납법이다. 여기서 우리는 도출된 이러한 결론들이 우리의 경험과 일치하는지를 연구하기 위해 현상으로 돌아온다. 이것이 분리되지 않고 셀 수 없는 예시들로부터 나온 추리인 경우, 퍼스는 그것을 *질적 귀납(qualitative induction)*이라고 부른다. 한편, 그것이 분리되고 셀 수 있는 예시들—주머니에서 꺼낸 콩처럼—과 관련될 때, 퍼스는 이를 *양적 귀납(quantitative induction)*이라고 부른다. 그리고 그것이 폭 넓게 이해되는 경험에 기초할 때—지구가 항상 그 축을 매 24시간 돌았기 때문에 그것은 내일도 그럴 것이라고 우리가 말할 때처럼—그는 그것을

*단순 귀납(crude induction)*[12]이라고 부른다. 요컨대, 가추법은 우리에게 설명적 가설들 혹은 이론들을 제공하며, 연역법은 그것들의 논리적 함축을 도출하고, 귀납법은 이러한 함축들을 검증하고(혹은 잘못임을 입증하고) 그럼으로써 가설을 검증한다(혹은 잘못임을 입증한다).

## 4.6 관계사 논리학

전통적으로 논리학자들은 그들의 연구를 주어-서술어 논리로 한정하였다. 부분적으로, 이것은 특성을 갖는 개체적 사물만이 존재한다는 실체-속성 형이상학을 가정하였기 때문이다. 퍼스에게 이것은 한정적일 뿐 아니라 오도된 것이다. 전통적인 논리학은, 각 추리가 엄격한 규칙—심지어 기계도 할 수 있는 것—의 틀에 박힌 적용을 통해서 도달할 수 있는 단일한 결론만을 갖는다고 그릇된 제안을 한다. 퍼스는 관계사 논리학이 모든 명제로부터 "계속되는 일련의 필연적인 결과들"을 연역할 수 있다는 것과 "어떤 것도 또 다른 하나에 이르지 않으면서, 구별되는 많은 추리의 연속들이 취해질 수 있다"는 것을 입증하고, 수의 이론을 적절한 예로서 인용한다(볼드윈 2:449). 따라서 퍼스는 연역적 논리가 분석적이라는 칸트의 관점을 거부한다. 연역법은 이미 전제에 포함된 것의 명시화 그 이상의 것과 관련된다. 즉 "전제들에서 완전히 생소한 사안이 결론에서 나타날 수 있다"(같은 책). 관계사 논리학은 또한 연역법이 다이어그램 위에서의 관찰과 실험을 포함한다는 것을 강조한다.

관계사 논리학(the logic of relatives) [옮긴이 주: 관계사는 관계를 유명론적으로 표현한 형태로서, 개체를 의미하는 지표적 단어들의 필요를 나타내는 도상 또는 이미지로 이해된다] 혹은 관계 논리학(the logic of relations)은, 그것이 "로미오가 줄리엣에게 꽃을 준다"에서처럼 다수의 주어-명사를 갖는 명제들을 고려한다는 점에서 일반적인 주어-서술어 논리와는 다르다. 퍼스가 정의하듯이, 관계사(a relative)는 불완전한 명제로 거기에서 주어-명사는 "___ gives ___ to ___"처럼 공백으로 대체된다. 이는 *gijk*(*i*는 로미오를 재현하며 *j*는 꽃을 재현하며, *k*는 줄리엣을 재현한다)로서 대수학적으로 재현될 수 있으며, 기하학적으로 다음과 같이 재현될 수 있다.

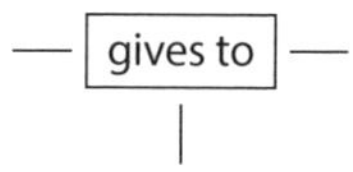


그림 4.1 "___gives___to___"의 그래픽 재현

관계 논리학은 개체와 그것의 속성 이외에도 관계들이 또한 존재한다는 것을 함축한다. 섹션 2.3에서 논의되었던 퍼스의 실재적 추상화와 사유적 존재의 개념은, 심지어 우리가 관계항 없이 관계를 생각할 수 있게 한다. 퍼스의 관점은 더 나아가 이러한 관계들을 단순한 사유적 존재 이상의 것이라고 생각하게 한다. 그것들은 또한 실재적 존재(*entia realis*)일 수도 있다. 즉 그것들은 실재적일 수 있다.

섹션 3.2에서 범주를 논의할 때, 현상의 분해할 수 없는 요소를 확인하기 위한 수학적 모델을 소개하였다. 이러한 모델은 삼원적 관계가 이원적 관계의 집합으로 환원될 수 없다는 것과 모든 다원적 관계들이 삼원체의 결합으로 환원될 수 있다는 점을 입증하는 데 사용될 수 있다. 관계사에도 이는 동일하게 참이다. 관계사들도 이원체의 결합으로 환원될 수 없다. "로미오는 줄리엣에게 꽃을 준다"는 "로미오가 꽃을 준다"와 "줄리엣이 꽃을 갖는다"의 단순한 결합 이상을 명백하게 표현한다. 하지만 셋 이상의 공백을 갖는 모든 관계사들은 삼원적 관계의 결합으로 환원될 수 있다.

이를 증명하는 하나의 방법은 분기점 수형도의 방법이다. “존은 크다”라는 이원적 명제는 다음과 같이 재현될 수 있다.

그림 4.2 이원적인 관계사의 그래픽 재현

(이 이면에 있는 논증은 섹션 3.2를 보라.) 유사하게, 삼원적인 “로미오가 줄리엣에게 꽃을 준다”는 다음과 같이 재현될 수 있다.

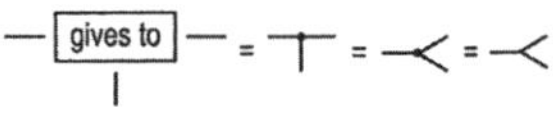


그림 4.3 삼원적인 관계사의 그래픽 재현

이제, 우리가 보다 복잡한 다이어그램을 만들려고 이러한 두 형태를 사용할 때, 많은 수의 이원적 형태를 결합하더라도 그 결과는 항상 이원적 형태가 된다는 점을 발견한다. 이원적 관계끼리의 어떤 결합도 우리에게 삼원적 관계를 제공할 수 없다.

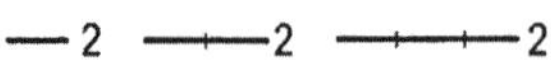


그림 4.4 이원체에 이원체를 추가하면 이원체만을 제공할 뿐이다.

우리는 삼원적 형태에서 모든 다원적 형태를 구성할 수 있으며, 따라서 모든 다원적인 관계사들은 예를 들면 아래와 같이 삼원적인 관계사들의 결합으로 해석될 수 있다.

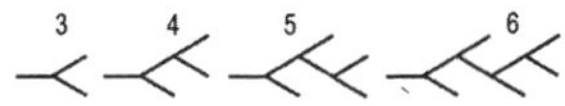

그림 4.5 삼원체로 우리는 모든 다원체를 해석할 수 있다.

그러므로 우리는 삼원적인 관계사를 위해서는 분리된 논리학을 필요로 하지만, 일단 그것을 얻게 되면 우리에게는 또한 고차원의 관계사를 위한 분리된 논리학이 필요하지 않다. 그 이유는 그것들이 항상 삼원적인 관계사들로 나타낼 수 있기 때문이다.

## 4.7 사고의 기하학: 실존적 그래프

퍼스는 수리 논리학에서 매우 활발하게 활동했다. 그의 연구는 다음과 같은 자료들을 포함한다. 즉 현대 양화 이론(양화와 양화사의 용어는 퍼스의 것이다)의 기원, 진리함수 분석의 초기 형태(진리표를 포함), 귀납의 논리와 개연성 이론에 대한 커다란 기여, 그리고 관계(혹은 관계사 논리학)를 위한 발전된 대수학이 그것이다. 또한 퍼스는 에밀 포스트(Emile Post)의 박사논문(이는 보통 3치 논리의 기원으로서 인용된다)보다 10년 앞서 3치 논리(three-valued logic)를 위한 의미론을 발전시켰고, 헨리 셰퍼(Henry Sheffer)가 도입하여 지금은 그의 이름을 따르는 유명한 표시법보다 30년도 더 전에 단일한 연결 논리를 발전시켰고, 그리고 지금은 퍼스의 법칙으로 알려진 ((P→Q)→P)→P (참인 P가 참인 "만약 P이면 그러면 Q이다"로부터 도출되는 그러한 명제 Q가 존재한다면, P는 참이어야 한다)를 발견하였다. 1922년에 유명한 폴란드 논리학자 얀 루카시에비치(Jan Lukasiewicz)가 고틀로프 프레게, 찰스 퍼스, 버트란트 러셀을 수리논리학[13)]의 가장 중요한 대표적인 세 인물로 인정했다. 50년이 더 지나서, 유사하게 W. V. O. 콰인(Quine)은 그의 의견으로 현대 논리학은 퍼스와 프레게로부터 시작한다고 진술했으며,[14] 그는 퍼스의 1870년 "관계사 논리학을 위한 표기법의 기술"(W2: 359-430)을 러셀과 화이트헤드의 『수학원리』의 전신이라고 간주한다.[15] 좀 더 체계적으로 우리는 퍼스가 고대의 아리스토텔레스식의 명사 논리학, 조지 부울의 집합 계산법, 그리고 오거스터스 드 모르간의 관계 논리학을 가장 능률적이라고 입증된 방식으로 결합한다고 말할 수 있다.

퍼스의 수리 논리학에 대한 연구를 논의하는 것은 이 책의 범위를 훨씬 벗어나는 것이지만 나는 간단하게 그의 실존적 그래프를 언급하고자 하는데, 그것이 지금까지 논의된 몇몇의 주장들을 함께 끌어낼 수 있기 때문이다. 퍼스는 일찍부터 그래프를 가지고 연구하고 있었지만 그것으로부터 본격적인 논리학을 발전시키는 발상은 1896년이 되어서야 그에게 나타난다.[16] 10년이 지난 후에 그는 그러한 발상에서 나온 실존적 그래프를 그의 걸작(*chef' d'oeuvre*)[17]이라고 부른다.

우리가 앞서 보았듯이 연역법은 관계들의 관찰을 요구할 뿐만 아니라, 종종 우리에게 실험을 하도록, 즉 특정한 행동을 수행하고 그 결과를 관찰하도록 요구한다(섹션 2.3). 우리가 보았듯이, 많은 것이 즉각 그 상황의 대표성을 띄게 되고 실험하기에 좋은 일종의 다이어그램으로 고안된다. 이러한 접근을 사용함으로, 2장에서 한 삼각형의 각들이 두 직각과 동일하다고 결론을 내릴 수 있었다. 대수학의 관계들이 다이어그래마틱하지만 그것은 도상적이지는 않다. 다시 말하면 그것은 그것이 재현하는 관계들을 *닮거나* 혹은 묘사하지 않는다. 대신 그것의 적용가능성은 이전에 정해진 규칙에 의해 결정된다. 퍼스에게 이것은 대수학적 시스템에 대한 중요한 공격이다. 추론이라고 부르는 활동에 관련될 때 우리가 적용하는 절차에 근접하게 따라가면서, 퍼스는 그래프를 최상의 방법으로 여기는데, 특히 우리의 목적이 "연역적 추론들의 해부학을 돕고 그것을 통해 연역적 추론들의 생리학을 돕는"것일 때(R 500:11) 그러하다.

2장에서 우리는 또한 계산이나 측정 과학으로서 수학의 개념이 더 이상 유지될 수 없다는 것을 배웠다. 그 결과는 수학이라는 학문의 철저한 재구조화이다. 수학을 발견의 과학으로 간주할 때, 퍼스가 주장하기를, 우리는 기하학 혹은 공간에 대한 연구를 위상 기하학, 사영 기하학 그리고 계량 기하학으로 구분할 수 있다. *위상 기하학*은 셋 중에서 가장 기본적인 것이다. 그것은 단일한 법칙에 의존한다. 즉 부분의 *연결이* 서로 영향받지 않도록 하는 그러한 변형들만 허락되는 것이다. 퍼스가 말하듯이, "대상은 확장되고, 축소되고, 굽어지고, 꼬이며, 요컨대 그것이 어떤 곳에서든 부서지거나 혹은 용접될 수 있는 경우만을 제외하고 모든 법칙에서 자유롭게 움직일 수 있게 된다" (PM:122). 이런 이유로 위상 기하학은 가끔 고무판 기하학으로 불린다. 퍼스가 수학을 어떻게 정의하는지를 고려하면(섹션 2.2), 그가 심지어 이러한 법칙이 깨지는 것을 허용하는 것이 놀랍지 않을 것이다. 하지만 이는 "위반이 확실한 때에 그리고 정의된 움직임의 방법에 의해 분명히 일어나도록 되어 있는" (같은 책) 경우에 한해서이다. *사영 기하학(Projective geometry)*(또는 그래픽스 혹은 기하학적 광학으로 불린다)은 실제적으로 직선원근법 독트린의 확장이다. 즉 그것은 직선의 기하학이다. 이제 우리는 위상 기하학 내에서 어떤 중요한 방법을 가지고도 직선을 선택하거나 혹은 정의할 수 없다. 대신 직선은 외부적으로 강요된 제한의 결과물이다. 퍼스가 그 점을 간파하듯이, 직선의 개념은 광선의 *물리적* 개념에서 비롯되며, 이는 단일한 입자의 방해받지 않는 움직임으로서 기하학적으로 정의될 수 있다. 그러므로 직선의 정체성과 그것을 지배하는 법칙은 위상 기하학 자체와는 관련이 없다. 혹은 다른 식으로 말하자면, 사영 기하학은 그것에 특정한 제한을 부과하면서 위상 기하학을 가정한다고 말할 수 있다.

마지막으로 *계량 기하학*은 공간적인 양에 대한 과학이다. 이것에 관하여, 우리는 다시 새로운 개념을 도입해야한다. 이번에는 강체(剛體)에 대한 관념이다. 우리가 책상의 길이를 재기 위하여 일 인치 자를 택하게 되는 경우, 우리가 그것으로 다른 물체들을 표현할 수 있는 것은 이 물체의 (다중) 변위에 의해서이다. 다시 말하면, 이러한 강체에 가해진 제한들과 그것의 변위를 인도하는 법칙들은 위상 기하학과 사영 기하학과 관련이 없다. 그러므로 계량 기하학은 그 자신의 일련의 제한들을 그것에 부과하면서 사영 기하학을 가정한다. 과거의 기하학은 거의 계량 기하학에 한정되었다. 그래프로 다시 돌아와서, 그래프를 발전시킬 때 퍼스는 그것을 위상 기하학에 토대를 두고자 했으며, 따라서 그래프의 가장 기본적 체계는, 그것 자신의 조항 이외에, 위상 기하학에 의해서만 요구되는 것을 요구하는데, 우리가 보았듯이 위상 기하학이 요구하는 것은 거의 없다.

퍼스는 그래프의 세 체계를 발전시킨다. 즉 알파, 베타, 감마 그래프가 그것이다. *알파 그래프*는 셋 중에서 가장 기본적인 것이다. 그것은 명제적 계산의 기하학적 연출을 구성한다. 그것이 전체 명제들 간의 관계들만을 묘사하도록 되어 있어서, 알파 그래프는 "그리고", "혹은" 그리고 "__이 아닌" 등과 같이 문장의 연결사들만을 다룬다. *베타 그래프*는 서술어 논리를 담당한다. 그것은 문장의 연결사들을 다룰 뿐 아니라 명제의 내부적 구조도 다룬다. 즉 주어와 서술어 그리고 양화(quantification)가 그것이다. 그러므로 베타 그래프는 관계사 논리학을 표현할 수 있다. *감마 그래프*는 또한 추상성을 설명할 수 있다는 점에서 처음의 두 그래프와는 구별된다. 이러한 방법으로 우리는 그래프 자체를 그래프 분석에 의존시키며 "반성하거나 사고 자체로 돌아와서 사고를 사고의 대상으로 만들기 위하여" (R 450: 28) 그것을 사용한다. 그러한 이유로 퍼스는 감마 그래프를 두 번째 의도적 그래프라 부른다(CP 4.469). 더 나아가 퍼스는 감마 그래프를 양태성을 표현하기 위해서 사용하려고 생각했다.[18]

이러한 삼원체에서 베타 그래프는 알파 그래프를 가정하고 그 위에 구축되고, 감마 그래프는 베타 그래프를 가정하고 그 위에 구축된다. 셋 중에서 감마 그래프는 가장 덜 발전된 형태이다. 알파, 베타, 감마 그래프가 단지 필연적 추론 혹은 연역법을 다루지만, 퍼스는 그래프가 또한 귀납법과 가추법을 재현하는 데 사용될 수 있다고 생각한다(R 296: 8).

퍼스의 그래프 논리가 어떤 것인가에 대해 더 좋은 방안을 얻기 위하여 잠시 그래프를 살펴보자. 첫 번째 요소는 그래프가 그려진 종이다. 퍼스는 이를 *단언의 시트(the sheet of assertion)*라고 부른다. *단언(assertion)*은 어떤 사람이 어떤 것을 참이라고 할 때마다 만들어진다. 결과적으로 단언의 시트에 쓰인 어떤 단언도 참이라고 주장되는 것이다.[19] 편의상 우리는 단언을 대문자로 약호화한다. 단언의 시트 위의 모든 단언이 참이라고 주장되기에 우리는 그것을 단언의 시트로부터 제거하여 단언을 *부정*할 수 있게 된다. 우리는 이를 문자 그대로 잘라내면서 한다. 즉 문자 주위에 닫힌 선을 그려서 시각화할 수 있는 과정이다. 우리가 실질 함축—"만약 P이면, 그러면 Q이다"가 논리적으로 "(P이고 그리고 -Q가 아니다)가 아니다와 동일한 의미가 되는 곳"—을 고수한다면, 모든 공통 논리연산자들은 그래프로 쉽게 표현될 수 있다(그림 4.6). 이는 변수와 잘라내기만을 사용하여 충분하

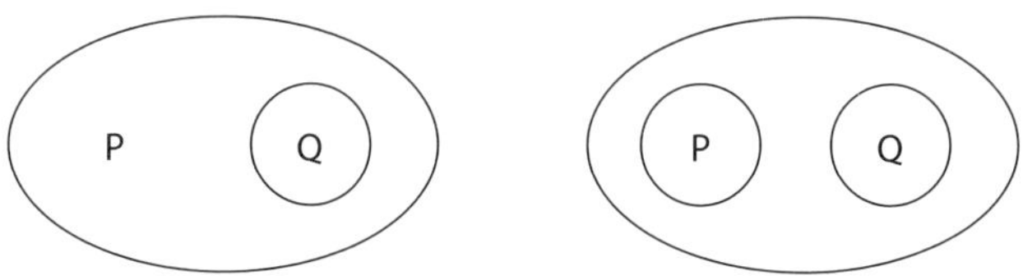


그림 4.6 실존적 그래프. 왼쪽 그림은 실질 함축을 재현하고, 오른쪽 그림은 이접을 재현한다. 둘은 결합하여 (만약 P이면 그러면 Q이다) 그리고 (P와 Q의 합집합)을 재현한다.

게 정지된 상태(종이, 컴퓨터, 상상)인 모든 매체에 기능적으로 완전한 명제적 논리를 세우도록 허용한다.

우리는 그래프가 논증의 분석을 재현하기를 원하기 때문에, 특정한 결론이 특정한 일련의 단언들(혹은 전제들)로부터 나오는지 그래프가 입증하는 방법을 발견해야 한다. 우리는, 단언을 한 종이 위에 결론을 다른 종이 위에 쓰면서 혹은 그리면서, 이것을 할 수 있다. 그렇게 한 다음에는, 진리를 보존하는 변형만을 허용하면서 그 첫 번째 그래프를 두 번째로 변형하도록 해야 한다. 이러한 과정은 2장에서 우리가 삼각형의 각들이 두 직각과 같다는 것을 입증하려고, 유클리드의 규칙을 기하학적 도형의 변형에 관련해 사용한 방법과 전혀 다르지 않다. 이제 이것은 단언과 혹은 결론이 얼마나 복잡한지와는 무관하게, 결론이 필연적으로 하나의 단언집합으로부터 도출되는지를 입증할 수 있는 변형법칙의 완전한 집합을 우리가 발전시킬 수 있는지에 관한 문제를 제기한다.[20]

1) 퍼스는 또한 그것을 그것의 심리적 측면에서의 세 범주와 연결한다. 즉 느낌, 반응, 그리고 사고가 그것이다(CP 8.256).

2) 퍼스는 CP 2.208에서 좋은 추론을 나쁜 추론과 구별하는 8개의 상이한 원천을 확인하고 계속되는 구절에서 그것 각각을 논의한다.

3) 심리학적 논리학은 또한 논리학자들로 하여금 심리학에 주요한 변화가 있을 때마다 그들의 이론을 다시 논의할 것을 요구한다.

4) 그렇지만 퍼스는 어떻게 사람들이 과거에 성공적으로 주장했는지를 연구하는 것으로부터, 그리고 저질러진 실수들로부터 우리가 많은 것들을 배울 수 있다는 것에 동의하면서, 과학적 추론에 관한 역사에 대하여 광범위하게 글을 쓰고 강의를 하였다.

5) CD:2011, 미학(2n1)의 항목; 퍼스는 미학의 항목을 집필하지 않았다.

6) CD:78; 책갈피삽입 추가본. 퍼스는 여자의 옷에 감탄하는 예를 제공한다.

7) 삽입 추가된 구절에서, 퍼스는 *연역법*에 대한 정의를 "알려진 원리로부터"를 "가정된 원리들의"로 대체하면서 수정하였다. 그는 동사 *연역하다*의 정의에 대해 동일한 수정을 하는 것을 분명하게 잊었고, 그러므로 이것은 꺽쇠괄호([ ])로 표현한다.

8) 퍼스의 수학적 귀납에 대한 정의는 CD: 3068을 참고하라.

9) 1911년 6월 22일, J. H. Kehler에게 보낸 편지.

10) 예를 들면, 윌리엄 플레밍(William Fleming)의 『철학의 어휘(*Vocabulary of Philosophy)*』(Philadelphia, 1860)에서 가추법은 어떤 점에서 퍼스와 전혀 다르지 않게 정의된다. 이는 시기적으로 『센츄리 백과사전』에 명백히 선행한다. 이러한 세 번째 모드는 아리스토텔레스, *Prior Analytics,* Bk. 2, 섹션 25에 의해 처음으로 제안되었다.

11) 예를 들면, 피터 립톤(Peter Lipton)의 "최고의 설명에 대한 추론"이 그러한데, 이는 W.H. 뉴튼-스미스(Newton-Smith)가 편집한 *A Companion to the Philosophy of Science* (Oxford, 2000): 184-93, 특

히 p. 184에서 수록됨.

12) 1910년 아마도 8월 말경, Paul Carus에게 보낸 편지(RL77:230f).

13) 1922년에 했던 강연 중에 언급되고, *Selected Works* (L. Borkowski 편집(Amsterdam, 1970), p. 111)에서 출판되었다.

14) W. V. O. Quine, "In the logical vestibule", *Times Library Supplement* 12 (1985), p. 767.

15) W. V. O. Quine, "퍼스의 논리학", in Kenneth L. Ketner 편집, *Peirce and Contemporary Thought* (New York, 1995), pp. 23-31: p.24을 보라.

16) 퍼스 이전에 레온하르트 오일러(Leonhard Euler)와 존 벤(John Venn)은 종의 논리를 다루기 위하여 원형 다이어그램을 사용했다.

17) 1908년 12월 5일, 필립 주르뎅(Philip Jourdain)에게 보낸 편지.

18) 1964년에, 제이 지먼(Jay Zeman)은, 감마 그래프의 법칙에 최소한의 수정을 가하면서 감마 그래프가 잘 알려진 양태성 논리학 S4와 S5와 동일 구조로 만들어질 수 있다는 것을 입증했다. 『퍼스의 그래프 논리학(*The Graphical Logic of C. S. Peirce*)』(박사학위 논문, 시카고 대학, 1964)을 보라. C. I. Lewis의 양태성 논리학(S1-S5)에 관해서는 C. I. Lewis와 C. H. 랭포드의 『기호 논리학(*Symbolic Logic*)』을 보라 (New York, 1932).

19) 이것이 퍼스가 그것을 *실존적* 그래프(existential graphs)라 부르는 이유이다. 즉 단언의 시트 위에 어떤 것을 새긴다는 것은 그것이 우주에 *존재하고(exists)*, 시트가 그것을 재현하고 있다는 것을 뜻한다. 동일한 이유로 그는 다른 곳에서 그것을 논리학의 *실증적* 시스템이라고 부른다(R488:2를 보라).

20) 이러한 법칙들에 대한 접근 가능한 설명이 돈 로버츠(Don Roberts)의 『찰스 S. 퍼스의 실존적 그래프(The Existential Graphs of Charles S. Peirce)』(The Hague, 1973) 3장과 케네스 L. 케트너(Kenneth L.

Ketner)의 『논리학 원론: 퍼스의 실존적 그래프 개론(*Elements of Logic: An Introduction to Peirce's Existential Graphs)*』(Lubbock, 1990) 3장에서 발견된다. 퍼스의 규칙들은 실용주의적이라는 점에 주목하라. 그것들은 그것이 "표현된 일반적 상황 아래서 어떤 것들을 하기 위한 허가들이다" (R 280:24).

# V 기호학 혹은 기호의 독트린

# 5

# 기호학 혹은 기호의 독트린

『인간지성론(*Essay Concerning Human Understanding*)』(1690)의 마지막 장에서, 존 로크는 다음과 같이 과학을 구분한다. 물리학, 이는 "내재적인 성격의 측면에서 사물들의 본성, 그리고 그것들의 관계, 그리고 그것들이 작동하는 방식"을 연구한다. *실용론(practics)*, 이는, "선하고 유용한 사물에 도달하기 위해 우리 자신의 능력과 행동을 올바르게 사용하는 기술"과 관련된다. 그리고 *기호학(semeiotics)* 이다.[1] 그는 마지막 용어를 "기호(sign)" 혹은 "신호(signal)" 라는 뜻의 그리스어인 semeion에서 가져온다. 로크에 따르면, 기호학—퍼스와 같이 그도 또한 기호의 독트린이라고 부르고, 퍼스와 같이 또한 논리학과 동일시한다—이 하는 일은 "기호의 본성을 숙고하는 것으로, 정신은 이를 사물의 이해를 위하여 혹은 그것의 지식을 다른 이들에게 전달하는 데 사용한다."[2] 로크가 이렇게 적었을 때, 여기서 사용된 용어는 의학에서 온 것이다. 예를 들어, 제임스 하트(James Hart)는 1625년 그의 저서, 『소변의 해부학(*Anatomy of Urine*)』에서 기호학을 기호를 가지고 그것의 질병의 특성, 원인 그리고 내용을 우리에게 가르쳐주는 기술이라고 부른다. 로크는 이 용어를 철학에 도입하는데, 그것의 지시대상은 크게 확장하지만 그것의 의미는 거의 유지한다. 본질에서, 로크는 질병의 증상들을 해석하기 위해 발전된 이 방법을 모든 지식에 적용하는 것을 제안하며, 그의 『인간지성론』 특히 4권은 이를 위한 시도이다. 웨이틀리의 『논리학』과 조지 부울이 로크사상의 영향을 받았다는 것은 명백하다. 웨이틀리의 책은 어린 퍼스(섹션 1.1)를 크게 매료시키고 부울의 수리 논리학은 초기의 퍼스 사유에 깊은 영향을 준다. 그의 책 『사고의 법칙(*Laws of Thought*)』의 2장에서 부울은 논리학에 대한 그의 접근을 분명히 하고 정당화하기 위하여 초보적인 기호의 독트린을 사용한다. 그러면서 그는 다음과 같이 적는다. "즉 기호의 법칙을 연구하는 중에, 우리는, 사실상, 드러난 추론의 법칙을 연구하고 있다."[3] 논리학과 기호학의 관계에 관하여 퍼스의 시각은 시간이 지나면서 변화한다. 처음에 그는 그 관계를 논리학의 부분에만 관련된 것으로 생각하고, 특히 사변적 문법에 관련된 것으로 보지만, 결국에는, 로크가 그러하듯이, 퍼스는 그것을 모든 논리학과 관련되는 것으로 받아들인다.

바로 앞 장에서 우리는 퍼스가 사변 문법, 비판, 사변 수사학으로 논리학을 구분한 것을 보았다. 이러한 구분을 염두에 두면서, 우리는 다음과 같이 기호학이라고 생각되는 논리학에 대한 간략한 요약을 제공할 수 있다. 즉 사변 문법은 "상이한 종류의 기호에 대한 본질적인 특성"을 연구하고, 비판은 "기호들이 대상과 맺는 관계에 대한 일반적 조건들"을 연구하는 것이며, 사변 수사학은 "기호들이 그것들의 목적들을 실현하는 것에 대한 일반적 조건들"을 연구한다.[4] 이에 앞에서 퍼스는 유사한 방식으로 "기호가 연구될 수 있는 세 가지 방법"을 구별한다. 즉 사변 문법은 "기호들이 모든 의미를 갖게 되는 일반적 조건들"을 연구하고, 비판은 "기호들의 진리에 관한 조건들"을 연구하고, 그리고 사변 수사학은 "기호들이 그것들의 의미를 다른 기호들에 전달하는 조건들"(R439:2)을 연구한다. 20세기에 찰스 모리스는 이러한 3요소의 구분을 의미론, 통사론, 화용론의 이름 아래 주류 철학에 도입한다.

물론 기호학이 논리학에 대한 퍼스의 새로운 접근을 체현하는 것이라면, 퍼스가 논리학이 규범과학이라고 간주한다는 가정 아래 기호학은—그것의 대상이 자아-통제에 의존하기 때문에—또한 규범과학이며, 그것이 기호 어휘의 발전(사변 문법), 그것의 대상과 관련된 기호 통제의 연구(비판), 혹은 그것의 해석(사변 수사학)에 관한 연구에 관심을 두는지와는 상관이 없다.

수 년 동안 퍼스는 기호학에 대한 다양한 서술을 제공한다. 그는 기호학을 "기호가 기호로서 그것의 기능을 실현하기 위하여 부합하여야 하는 필수적 조건들"(R 693:101)에 대한 연구, "단지 그것의 대상에 대한 관계만이 아니라 모든 방면에서 모든 종류의 기호에 대한 이론 일반"(R 1334:43) 그리고 "기호에 대한 일반 생리학"(R 641:2)[5)]으로 부른다.

퍼스는 기호학을 명백하게 미완성의 상태로 둔다. 1907년에 그가 적기를, 퍼스는 자신이 "기호학을 명확하게 하고 용이하게 하는 일에 있어서 개척자 혹은 오히려 변방의 개척자"라고 생각한다. 그러면서 "초심자에게 그 분야는 매우 방대하고, 들여야 할 노력은 매우 엄청나다"(EP 2:413)라고 덧붙인다. 과학에 대한 퍼스의 자연적 분류의 관점에서 보면, 기호학에 대한 연구는 특정 연구자 집단에 의해 이루어져야 한다. 퍼스의 견해로 이러한 임무는 자연스럽게 논리학자들(논리학이 전통적인 의미로, 즉 주로 비판에 한정되는 것으로 이해되면서)에게 주어진다. 많은 감정적인 반응을 유발하는 사소한 한 가지 문제는 그 단어에 대한 적절한 철자법이다. 퍼스에게서 우리는 네 가지의 변종을 발견한다. 즉 semeiotic, semeotic, semiotic 그리고 semeiotics가 그것이다. 흥미롭게도, 오늘날 가장 일반적으로 사용되는 변종인 semiotics는 퍼스에 의해서는 사용되지 않는다. 전적으로 자의적이지 않다는 이유들로 나는 semeiotics을 선택한다.

본 장에서는 퍼스 기호학의 간략한 개요를 제시하고 그것이, 계속되는 장에서의 주제들, 가령 퍼스의 실용주의, 그의 탐구이론, 그의 정신에 대한 철학, 그의 우주론과 어떻게 연결되는지에 관한 것을 이야기한다. 기호학에 대한 간략한 역사 다음에, 나는 퍼스의 기호에 대한 개념과 그것을 수반하는 대상과 해석체의 개념에 대해 논할 것이다. 그 다음으로 기호의 분류 혹은 아마도 더 좋은 표현으로 말하자면, 유형에 대한 분석으로 이 장을 마친다.

## 5.1 기호학의 두 학파

현대 기호학은 대체로 두 학파로 구분되며, 그 중 하나는 퍼스에서, 다른 하나는 스위스 언어학자 페르디낭 드 소쉬르에서 그 기원을 찾는다. 20세기에 지배적으로 된 후자는 처음에 기호론(Semiology)으로 불렸지만 선택의 결과로서 최근에 "기호학(Semiotics)"이라는 용어로 점차 대체되어 왔다. 퍼스와 소쉬르는 그들의 생각을 독자적으로 발전시키지만 소쉬르적 접근이 20세기에 지배적인 전통이었기에 간략하게 논의되어야 한다. 소쉬르는 그의 기호학을, 1916년 그의 사후에 발간된『일반언어학 강의』에서 발전시킨다.

언어학자로서, 소쉬르는 그의 기호학을 *언어* 기호의 일반적 이론으로 발전시킨다. 이는 퍼스가 발전시킨 것처럼 언어 기호가 기호의 한 부분이 되는 *기호*의 일반적 이론이 아니다. 그 결과로 기호에 대한 매우 다른 접근이 나타난다. 첫째, 기호학을 언어학의 부분으로 만듦으로써, 즉 소쉬르는 그것을 사회 심리학의 하위분야로 간주하며, 기호학을 심리학적 이론으로 만든다. 이와 대조적으로 퍼스는 현상학과 규범과학에 기반을 둔 비심리주의적 논리학의 토대 위에서 기호학을 발전시킨다. 둘째, 소쉬르는 음성언어를 모든 기호 과정들의 전범(패러다임)으로 만든다. 초점은 시각보다는 소리이다. 대신 퍼스는 다이어그래마틱한 사고를 지속적으로 강조하면서, 시각에 초점을 맞춘다. 셋째, 소쉬르는, 사고와 언어 사이의 이원론을 포함하여, 퍼스가 거부하는 많은 전통적 이원론들을 당연하게 받아들인다. 그것의 이원론적 성격으로 인해, 엄청나게 변형시키지 않고는 소쉬르적인 기호학을 퍼스식으로 독해하는 것은 불가능하다. 퍼스에게 진정한 삼원적 관계는 일련의 이원체로 축소될 수 없고(섹션 3.2), 퍼스는 기호 관계를 이러한 사실의 중요한 예로서 인식한다는 점을 환기하자.

음성언어에 중점을 두면서 소쉬르는 퍼스와는 전혀 다른 기호의 개념에 도달한다. 소쉬르에게 언어는 인간이 만든 것이다. 언어 기호는 양면을 갖는 실체로, 전통적으로 유지되어왔던 사물과 이름을 통합하는 것이 아니라 개념을 이른바 청각 이미지와 통합한다. 소쉬르는 전자를 기의(signified; *signifié*)라고 부르고 후자를 기표(signifier; *signifiant*)라고 부른다. 소쉬르는 음성언어에 중점을 두었기 때문에 그는 기의와 기표와의 관계를 완전히 자의적인 것으로 본다. 예컨대, "언니(sister)"라는 말의 청각 이미지에는 그것을 여자형제의 개념과 연결하는  것이 아무것도 없다. 이러한 자의성은 상이한 언어들이 상이한 청각 이미지들을 똑같은 개념에 연결한다는 사실에서 확인한다. 예를 들면, *헤르마나(hermana)*, *다다(dada)*, 그리고 *쇠르(soeur)*는 각각 스페인어, 스와힐리어, 프랑스어로 여자 형제 개념에 대한 청각 이미지이다. 이 같은 관찰을 기반으로, 소쉬르는 기호 관계의 이러한 자의성이 기호와 세미오시스의 과정을 정의하는 성격이 되어야 한다고 결론을 내린다. 간략하게 말하면, 그것의 이상적 형태에서 기호는 관습적이다. 이는 기호가 자의적이지 않는 한, 그것은 아무튼 순수하지 않음이 틀림없다는 것을 의미한다. 따라서 소쉬르에게 전형적인 기호 관계는 기표와 기의의 순수한 자의적 연결이고, 모든 비자의적 연결은 자의적이라고 입증되어야 하거나 기호학의 영역 외부에 머물러야 한다.

소쉬르의 기호 관계의 자의성에 대한 주장은 그가 자연기호—언어 외적인 어떤 것이 우리에게 어떤 것을 말하려고 하는 상황—에 대해 수용할 수 없도록 만든다. 예를 들면, 코스(Cos) [옮긴이 주: 그리스의 섬, 히포크라테스의 고향]의 외과 의사들에게 높은 온도, 물기가 있는 대변, 혹은 소변에 있는 결정체는 질병에 대한 *자연적인* 기호였지, *자의적인* 기호가 아니었다. 언어학자로서 소쉬르는 그러한 시스템을 다룰 필요가 없다고 주장할 수 있다. 하지만 그러한 자연적 기호 시스템이 기호적으로 다루어져야 한다면 그것은 모든 기호가 관습적이거나 혹은 자의적이라는 모델에 동화되어야 한다는 느낌을 갖게 된다. 예를 들자면, 이러한 견해가 루이 옐름슬레우의 『언어 이론 서설(*Prolegomena to a Theory of Language*)』에서 나온다. 예컨대, 그는 경험을 구분되지 않는 무정형의 연속체로 묘사하는데 거기서 우리는 구별할 수 있는 언어 행위를 통해서 "컷(cuts)"을 만든다. 이러한 컷들은 우리가 한 단어를 다른 단어와 구별하도록 허용하는, 음성적 차이점들에 의해 형성되는 시스템에서 더 코드화된다. 구분되지 않고 무정형인 경험이 언어의 구조에 기여할 수 없기 때문에, 의미는 청각 이미지의 유사성과 차이점에 의해 순전히 맥락적으로 발생한다. 퍼스와 옐름슬레우가 그들의 기호학을 발전시킬 때, 그들을 다른 방향으로 몰고 간 것은 주로 패니론(섹션 3.1)에 대한 그들의 상이한 견해라는 것을 주목하자.

그러면, 언어가 개념을 청각 이미지에 연결하는 전적으로 자의적인 기호의 시스템이라면, 우리는 그것의 안정성을 어떻게 설명할 수 있을까? 경험은 도움이 될 수 없다. 왜냐하면 옐름슬레우가 그렇게 간주하듯이, 설령 경험이 구분되지 않는 연속체가 아니라고 하더라도, 그것의 어떤 실마리도 언어의 형성이나 안정화에 아무런 역할도 할 수 없을 것이기 때문이며, 만약 그러한 역할이 수행되면 그 결과는 우리가 처음에 가져온 바로 그 전제, 즉 그것의 이상적 형태에서 언어는 완전히 자의적인 기호의 시스템이라는 점을 무효화하기 때문이다. 소쉬르의 답변은 또 다른 유명한 구별인 언어(*langue*)와 말(*parole*) 사이의 구별 측면에서 표현된다. 영어나 불어처럼 언어는 전체로서 언어의 시스템이고, 각 개인 화자의 언어 사용 혹은 말은 그것에 의존한다. 소쉬르에 의하면 언어는 궁극적으로 자의적인 선택의 결과물이지만 그것을 사용하는 공동체를 위해 고정되어 있다. 소쉬르가 주장하길, "어떤 개인도 만들어진 선택을 수정할 수 없으며 더 나아가 공동체 자체는 한 글자라도 통제할 수 없다. 공동체는 현재 사용되는 언어에 얽매여 있다."[6] 소쉬르에게 언어를 고정하는 것은 전통이며, 그 전통은 매우 강력하고 편안하여 어떤 개인이나 개인으로 구성된 단체들이 그것을 의도적으로 수정하려는 시도는 조금도 가능하지 않다. 따라서 언어는 고정되어 있지만 단순히 자의적 연결에 기반을 두기에 변화에 영향을 받는다. 소쉬르가 말하기를 "언어는 한 순간에서 다른 순간으로 기의와 기표간의 관계가 변화하는 힘에 대항하여 자신을 방어할 힘이 근본적으로 없다."[7] 전통은 시간이 지나면서 변하며 상대적으로 짧은 시기일지라도 외국에 의한 점령은 한 언어를 크게 변형시킬 수 있다.

간략하게 말해서, 소쉬르 기호학은 기호의 독트린이지만 그것은 단지 *언어* 기호의 독트린이다. 이러한 언어 기호들은 자의적이며 언어 외적인 어떤 것과도 독립적이고, 전통의 힘으로 그 자리를 유지하는 구조를 형성한다. 다른 사람들이 그 뒤에 소쉬르의 기호 독트린을 비언어적 기호 행동에 적용했지만, 그것의 주요한 가정들을 그대로 두었다. 대부분의 문제가 거기에 있다.

## 5.2 퍼스의 기호 정의

이차 문헌에서 퍼스의 초기와 후기 기호학에 대한 구별은 자주 주목받고, 둘 사이의 관계가 치열한 논쟁의 주제가 되어왔다. 이러한 상황이 발생하는 이유는 부분적으로, 퍼스가 그의 생애 초기와 후기에만 기호학에 대하여 명시적으로 적고 있기 때문이다. 이것이 두 기간 사이에 기호학이 부재하다는 것을 의미하는 것은 아니다. 퍼스는 논리학에 관하여 광범위한 분야에 걸쳐 글을 쓰는데, 이를테면 사변적 문법을 예민하게 고려하면서 그러한 작업을 한다. 보다 넓게 보아, 퍼스는 기호학적 시각을 가지고 여러 사물을 줄곧 지켜본다.

퍼스가 처음으로 그의 기호학을 제시하는 때는, 1867년 논문 「새로운 범주 목록에 관하여」(섹션 3.2)에서 그가 새로운 범주 목록을 도출할 때이다. 약 1년이 지난 후, 이것은 그의 『사변철학저널』 시리즈에서 핵심적 역할을 하게 된다. 그 시리즈에서 퍼스는 우리는 단지 기호로만 사고할 수 있고, 또한 그 과정에서 우리는 우리자신에게 기호로 나타난다.—사고-기호에 덧붙여진 기호가 아니라, 말 그대로 우리가 사고-기호이다. 즉 "인간이 사용하는 말 혹은 기호는 인간 그 자신*이다*" (W 2:241). 나는 후에 피스의 기호학적 정신(mind)의 철학으로 돌아오는데, 이것은 데카르트주의에 대한 그의 비판에서 두드러진 특징을 이룬다. 본 장에서는 주로 퍼스의 후기 기호학을 중점적으로 다룬다.

퍼스의 후기 기호학에 대한 올바른 이해는, 반복되어 나타나는 화제 전환과 서투르게 시작된 논의를 포함하는 엄청난 양의 글 때문만이 아니라, 그것들 중 다수가 여전히 출판되지 않았기 때문이기도 하다.

기호학은 기호의 독트린 혹은 기호의 이론이기 때문에, 던져야 할 명백한 질문은 "기호란 무엇인가"이다. 퍼스는 어떤 의미에서 자신을 "물고기"를 정의하려고 하는 동물학자로 비유하면서(R318: 52), "기호" 혹은 그가 *표상체(representamen)*라고 부르는 것에 대한 정의를 발전시키는 데 많은 시간과 노력을 쏟는다. 우리가 보았듯이 퍼스는 특정 집단의 흥미와 활동 면에서 과학의 갈래를 정의한다(섹션 1.4). 이 같은 전제 위에 물고기에 대한 동물학자의 정의는, 우리가 물고기라는 말로 역사적으로 어떤 것을 연상하게 되는지와는 상관없이, 어류학자들이 그것을 그들이 연구하는 일로서 생각하는 것을 잘 포착하는 그런 것이 되어야 한다. 기호의 정의도 동일하게 적용된다. 여기서도 우리는 기호학자들이 그것을 자신들이 연구하는 일로 생각하는 것을 잘 포착하는 정의를 발견해야 한다. 다음 장에서 우리는 퍼스의 실용주의를 논의하는데, 이는 우리의 핵심 개념들을 위한 이른바 실용주의적 정의로 불리는 것을 발전시킴으로써 우리의 생각을 명확하게 하는 방법이다. 이것은 퍼스가 또한 여기서 찾으려고 하는 그러한 정의이다. 이번 섹션에서 나는 퍼스가 내린 정의들 중 몇몇을 논의하고 개념적 요소들을 끄집어낸다.

세기 말 바로 전에 퍼스는 다음과 같은 자세한 기호의 정의를 제공한다. 즉 "기호는 어떤 이에게 어떤 측면이나 능력에서 어떤 것을 대신하는 어떤 것이다"(CP 2.228). 이러한 정의는 잘해봐야 매우 초보적인 것이다. "대신하다"라는 표현은 모호한 은유이며, 기호가 *어떤 이*에게 대신한다고 진술함으로써 퍼스는 자신이 논리학과 심리학을 혼동하고 있다는 비판을 잘 인식하고 있다. 하지만 그 정의는 퍼스가 기호를 삼원적으로 생각한다는 것을 드러내고 있다. 기호는 소쉬르의 기표, 기의와 같이 단지 둘이 아닌 세 개의 구성요소를 결부시킨다. 기호는 진정한 삼원체이다—이원체들의 결합으로 환원될 수 없는 것이다(섹션 3.2). 이것은 퍼스의 관계사 논리학(섹션 4.6)이 기호를 다루는 데 잘 준비되어 있다는 것을 의미한다.

1908년에 영국의 논리학자인 필립 주르데인(Philip Jourdain)에게 보내는 편지에서 퍼스는 다음과 같이 적으면서 더욱더 정확한 정의를 표현한다. 기호란,

> 한편으로는 대상에 의해 결정되고(혹은 명시되고) 다른 한편으로는 그것의 해석자의 정신을 결정하는 모든 것이며, 후자는 그럼으로써 그 기호를 결정하는 그 실재적 대상에 의해 중재적으로 혹은 간접적으로 결정된다(NEM 3:886).

퍼스는 이 편지와 그리고 다른 곳에서 해석자 정신의 이러한 결정을 *해석체(interpretant)*라고 명명한다. 동일한 시기에 웰비 여사에게 편지를 쓰면서 퍼스는 해석체를 기호가 한 인격에게 미치는 효과라고 기술하며, 바로 다음과 같이 부언한다. 즉 그가 언급하는 인격은 "까다로운 것을 유인하기 위한 하나의 미끼로 작용하는데, 왜냐하면 나는 내 자신이 생각하는 보다 넓은 개념을 이해하도록 만드는 것에 절망적이기 때문이다" (SS: 80f). 그리고 얼마 지나지 않아 그는 다음과 같이 적는다. 즉,

> 기호(Sign)는 인지 가능한 것으로, 한편으로 그것의 대상이라 불리는, *그 자신 이외의* 다른 것에 의해 결정되며(즉, 명시화되며, 규정되며(*bestimmt*)) [중략], 반면, 다른 한편으로, 그것은 어떤 실제적 혹은 잠재적 정신을 결정하여, 즉 그 기호에 의하여 결정되는 내가 해석체라고 부르는 정신의 결정으로, 그러한 해석하는 정

신은 그 안에서 그 대상에 의하여 중재적으로 결정된다. (EP 2: 493)

이러한 세 번째의 정의에서 퍼스는 기호를 인지 가능한 것—알려질 가능성이 있는 어떤 것—으로서 지칭한다. 따라서 기호는 우리의 감각에 의하여 직접적으로 지각될 필요는 없으며, 또한 실제적으로 인지될 필요도 없다. 설령, 그것을 해석할 어떤 누구도 전혀 존재하지 않았으며, 아마 전혀 존재하지 않을지라도 기호는 여전히 기호이다. 모든 정의가 요구하는 것은 *잠재적인* 해석체가 존재한다는 것이다. 다른 곳에서 퍼스는 기호를 보다 광범위하게 "*존재 모드와는 상관없이*, 대상과 해석체를 연결하는 모든 것"으로서 지칭한다(R 318:81; 강조 추가됨). 앞의 장들에서 진술된 것에 비추어 볼 때, 기호는 사유적 존재(*entia rationis*) 혹은 실재적 존재(*entia realis*)라고 말하고 싶어지지만 퍼스는 명시적으로 이렇게 말하지 않는다. 논리학과 기호학과의 관계와 논리학에서의 심리주의에 관한 퍼스의 빈번한 비판을 고려하여, 그가 언급하는 인격과 정신이라는 것이 검토되어야 하므로, 다음 섹션에서 이를 다룰 것이다.

앞에서, 논리학을 "형식 기호학"이라고 정의할 때, 퍼스는 또한 포함할 가치가 충분히 있는 보다 더 형식적인 정의를 제공한다. 즉,

기호는 *A*라는 어떤 것이며, 이는 그것에 의해 결정되거나 혹은 창조되는, 그것의 *해석체* 기호인 *B* 라는 어떤 것을, 그 속에서 자신이 C에게 나타나는 대응과 동일한, 그것의 *대상*인 C 라는 어떤 것과 동일한 종류의 대응(혹은 약하게 함축된 종류의 대응)에 도입한다. (NEM 4:54)

기호와 그것의 대상, 그것의 해석체를 기술할 때, 이러한 정의에서 퍼스가 선택하는 용어들은 "결정된(determined)" 그리고 "명시

된(specialized)"이라는 말이다. 『센츄리 백과사전』은 "결정하다(to determine)"를 경계 또는 제한을 세우는 것으로서 정의하며, 퍼스 자신이 그것의 하위항목의 하나를 작성한다. 즉 "*논리학*에서는, 추가적인 특성들을 첨가함으로써 설명하다 또는 제한하다"를 뜻한다(CD:1573). 같은 사전은 "명시하다(to specialize)"를 "특정한 종류의 발전, 행동 혹은 사용에 제한을 두다"로서 정의한다(CD: 5805). 그러므로 우리는 다음과 같이 말할 수 있다. 어떤 대상이, 가령 해변의 발자국과 같이, 매우 다양한 기호들(인간이 존재함, 모래사장의 단단함 등)을 낳게 할 수  있으며, 어떤 기호가 다양한 해석들(배우자의 부정, 조수의 운동)을 낳게 할 수 있지만, 각각의 대상은 그것의 기호가 될 수 있는 것을 제한하거나 혹은 결정하며, 각각의 기호는 유사하게 그것의 해석체가 될 수 있는 것을 제한한다. 퍼스의 설명은 기호로서 선택된 것과 그것이 해석되는 방식은 해석자의 의도와 관련된다는 점을 더 깊이 있게 제시한다. 바로 떠오르는 질문은 기호가 완전히 결정될 수 있는지에 대한 것이다. 퍼스는 그럴 수 있다는 것을 부정한다(CP 4.583).

퍼스가 정의하듯이 모든 것이 기호가 될 수 있다. 예시들로는 풍향계, 구름의 모양, 한 단어, 문장, 기번(Gibbon)의 『로마제국쇠망사』, 꿈, 개인이 가진 모든 사유의 역사, 인간 사유의 총체적 다양성, 심지어 우주 자체가 된다. 기호는 매우 단순할 수도, 매우 복잡할 수도 있다. 사실상, 우리는 퍼스의 기호학으로부터 다음과 같은 정리를 도출할 수 있다. 즉 "어떤 방식이든 상관없이 그 어떤 기호들이 연결되어 있다면, 그 결과로 초래된 시스템은 하나의 기호를 구성한다"(R1476: 38).

기호에 대한 것을 말하였으므로 다음 두 섹션은 해석체와 대상을 기술하는 데 할애한다.

## 5.3 해석체

바로 앞의 섹션에서 우리는 퍼스가 기호를 대상과 관련되고 그가 해석체라고 부르는 것과 관련되기도 한 어떤 것으로서 인지한다는 것을 보았다. 거칠게 말하자면, 해석체는 기호가 생산하는 효과이다. 이것의 배후에 있는 친숙한 개념은 해석의 개념이다—우리가 어떤 이의 미소를 용기를 주는, 비꼬는, 유혹하는, 냉소적인, 거들먹거리는 것으로 해석할 때처럼 말이다. 퍼스는 해석자보다는 *해석체(interpretant)*에 관해 말하는 데, 이는 그가 해석이라는 개념에서 어떤 특별한 것을 기호로서 수행하게 만드는 필수적인 것을 추출하려고 하기 때문이다. 좀 더 자세히 말하면, 심리주의에 대한 자신의 비판에 부합되게, 그는 정신이 무엇이고 그것이 어떻게 기능하는지에 관한 모든 심리학적 가정들이 배제된 기호학을 유지하고자 한다. 2장에서 우리는 사영기하학이 광선에 관한 우리의 관념에 기초하는 제한을 둠으로써 위상기하학과 구별되는 것을 알았다. 이 같은 제한으로 인해 순수하게 위상기하학적 관점에서 그것을 구별하기 위한 토대가 없을지라도 우리는 직선에 초점을 맞출 수 있다. 더 나아가 우리가 사영 기하학을 실행하고자 할 때—삼각형의 세 개의 각의 합이 두 직각과 같은지를 결정하려고 할 때 우리가 한 것처럼—우리는 광선 또는 시간을 관통하는 입자들의 경로를 전혀 주목하지 않는다. 그것들을 *사유적 존재*로 만들면서, 우리는 기쁘게 선 주위를 맴돌고 그것들이 필요한 곳으로 확장하며 평면을 구성하기 위해 그것들을 사용한다. 퍼스는 해석체에도 유사한 일을 하려고 한다. 예를 들면, 그의 1902년 카네기 지원서(Carnegie application) [옮긴이 주: 1902년 카네기에 지원한 제안서인 "Memoirs on Minute Logic"을 말함]에서 퍼스는 다음과 같이 설명한다. "논리학자가 정신의 작용에 대해 이야기하려고 하면 [중략] 그는 심리학자들의 연구 대상과는 매우 다른 어떤 뜻으로 '정신'을 말해야한다."(NEM 4:20) 동일한 지원서의 다른 초고에서 그는 더 나아가, 우리 "의식의 특이한 느낌"을 기호에 대한 우리의 정의에 끌어들일 이유가 전적으로 존재하지 않는다고 설명하는데, 그 이유는 그것이 "추론의 논리성과는 무관"(NEM 4:54)하기 때문이다. 이것이 의식이나 성찰이 전혀 역할을 하지 않음을 의미하는 것은 아니다. 예를 들면, 퍼스는 또한 그가 다음과 같은 것을 입증하려고 한다는 점을 진술한다. 즉 "논증이 자아-의식적 기호가 되어야 한다는 것은, 그것의 의도된 해석체를 명확하게 기의화하는 기호라는 논증의 정의로부터 온다." 그는 "이러한 자아-의식을 심리학이나 인간 자아의식의 특이한 특성에 의존함이 없이 형식적으로 정의" (RL 75:217)할 것이라고 덧붙인다. 다른 경우에 관하여 그는 "유사 정신(quasi-mind)"이라는 표현을 사용한다(EP 2:389).

나중에 퍼스의 정신과 자아에 대한 개념을 다시 다루겠지만(섹션 9.4) 예비적으로 몇몇을 언급하는 것은 퍼스가 해석체를 어떻게 생각하고 있는지를 보다 잘 이해하도록 도와줄 것이다. 1860년대에 퍼스는 기호적 개념의 정신을 발전시킨다. 『사변철학저널』에 실린 세 편의 논문에서 퍼스는 우리가 기호로만 생각할 수 있고, 그리고 내성을 거부하면서, 그 과정에서 우리는 우리 자신에게 또한 기호—우리가 생각하는 기호들에 *부가된* 기호가 아니라, 말 그대로 우리는 우리가 생각하는 기호이다—로 나타난다고 주장한다. 퍼스가 진술하듯이, "인간이 사용하는 말 또는 기호는 인간 그 자신*이다*" (W 2:241). 퍼스는 우리가 우리 자신을 의식과 동일화하려는 경향이 있다는 것을 부정하지 않지만 그는 다음과 같이 덧붙인다. 즉 "단순한 감각에 불과한 이러한 의식은 인간 기호의 *물질적 자질*의 일부분일 뿐이다"(W 2:240). 퍼스는 의식이 또한 우리 생각의 통일성을 설명하는 데 사용된다는 것을 받아들인다. "하지만 이러한 통일성은 단지 일관성 혹은 그것에 대한 인식일 뿐이다." 이는 "그것이 기호인 이상, 모든 기호"에도 참이 된다(W2: 240f). 퍼스가 관찰하기를, 인간의 정신을 기호로 생각하는 데 또 하나의 장애가 되는 것은 우리 자신을 우리의 의지로 동일시하는 경향이다. 이는 우리의 사고를 수반하는 동물적 기관을 통제하는 우리의 능력을 의미한다. 하지만 그 자체만으로 이 같은 통제력은 순전히 폭력적인 것이다. 즉 그것은 맹목적이다. 우리의 자아 정체성을 구성하는 것은 이러한 맹목적인 힘이 아니라 우리가 행동하고 사고하는 것에서 습득하는 *일관성(consistency)*이다.

해석자에 대한 이 같은 해석을 고려하여, 우리는 해석체가 그 자체로 기호라고 말할 수 있고, 또는 동일하게 말하자면, 기호의 효과는 항상 다른 기호라고 말할 수 있다. 이것은 지속적인 세미오시스의 원리로, 초기 퍼스에서 중요한 역할을 담당한다. 즉 "기호는 그것이 그 자신을 다른 기호로 번역하지 않는다면 기호가 아니며", 이 과정은 기타 다른 기호로, *무한정* 계속된다(CP 5.594).

시간이 흐르면서 퍼스는 모든 해석체가 또 다른 기호가 되어야 할 필요는 없고 어떤 해석체들은 궁극적인 것이라고 깨닫게 된다. 수영법을 향상시키는 올림픽 수영선수를 예로 들어보자. 근육의 긴장 혹은 물의 저항력에 대한 모든 경험이 그 수영법을 완전하게 하기 위해 사용되는 기호이다. 결국에 그 수영선수가 그러한 근육의 긴장과 물이 그의 움직임에 저항하는 특정한 방법을 더는 의식하지 않을 정도로 수영법이 습관으로 내재되었을 때, 기호 과정은 그 자체가 더 이상 기호가 아닌 *궁극적 해석체(ultimate interpretant)*로 종료된다. 그러한 궁극적 해석체는 다시 기호의 *대상*이 될 수 있는데, 이는 경쟁자, 코치 또는 수영복 디자이너가 그 수영법을 연구할 때 일어난다. 하지만 그것은 또 다른 일이다.

해석체를 논의할 때, 퍼스는 두 개의 3중 구분을 도출한다. 하나는 기호와 해석체 사이의 *관계*에 대한 것이고, 다른 하나는 그것으로서 형성되는 해석체의 상이한 유형에 관한 것이다.

첫 번째 구분에서—기호와 해석체의 관계에 관한—퍼스는 직접적 해석체, 역동적 해석체, 최종적 해석체 사이를 구별한다. *직접적 해석체(immediate interpretant)*는 "기호가 기호로 존재해야 한다면 필연적으로 만들어지는 것이며, 그것은 의식에 대해 어렴풋하게 일어날 수 있는 확정이다"(R 339: 287r). 퍼스는 또한 직접적 해석체를 "그것의 분석되지 않은 초기상태의 온전함에서 직접적으로 관련성을 갖고 일어날 수 있는 효과"라고 부른다(R 339:288r). 그것은 "명시적으로 혹은 함축적으로 기호 자체에서 재현되는"(R339:276r)것이며, "그것이 해석자를 가지기 이전에 각 기호(Sign)가 그것의 특유한 해석가능성을 가지고 있어야 한다는 사실에 함축된" 해석체이다(SS:111). 모든 가능성으로 인해, 직접적 해석체는 다양한 방법으로 실현될 수 있다. 실현되는 해석체, 즉 해석의 특정한 행위에서 구체적으로 형성되는 모든 해석체를 퍼스는 *역동적 해석체(dynamic interpretant)*라 부른다. 설령, 그것이 단순한 최초의 직감, 혹은 어림짐작, 혹은 희망 사항의 결과물일지라도 그렇다. 모든 실제적 해석이 포함된다. 그러므로 이러한 역동적 해석체는 "그가 기호를 생각하는 특정한 단계의 특정한 경우에 특정한 해석자에게 만들어진 실제적 결과"로서 정의될 수 있다(R339: 288r). 퍼스는 *최종적 해석체(final interpretant)*(퍼스는 또한 이를 규범적 혹은 진정한 해석체로 부른다)를 "기호가 완전한 효과를 내도록 해야 할 상황에 놓인 모든 정신에 대해, 기호가 생산하는 효과"라고 정의한다(SS:111). 혹은 그가 또한 그렇게 말하듯이, "기호가 충분히 사유될 경우에 모든 해석자가 확실하게 도달하게 될 해석적 결과인 그것"이다(같은 책). 다음 장에서 우리는 과학적 탐구에 이것이 어떻게 작동되는가를 보게 될 것인데, 이는 퍼스가 가장 중요하게 생각한 것으로 보인다. 그리고 8장에서 이것이 어떻게 퍼스의 진리 개념에 관련되는지를 보게 될 것이다. 최소한 특정 지점에서 퍼스는 최종적 해석체를 이상적인 것으로 단정한다. 그 이유는 그것이 "기호로부터 결론을 내릴 수 있는 모든 가능한 정신이 아무리 통찰력이 있다 하더라도, 기호는 그것을 넘어서 존재하는데, 이는 대상에 관하여 모든 기호에서 도출될 수 있는 판명한 결론들이 끝없이 이어지기 때문이며, 기호가 대상에 관하여 충분하게 통찰력 있는 정신에 드러내는 모든 것을 포용하기 때문이다"(R339:276r). 퍼스가 하듯, 이들 해석체들의 구분을 요약하자면 "직접적 해석체는 가능성에 그 특징이 있는 추상화이다. 역동적 해석체는 단일한 실제적 사건이다. 최종적 해석체는 실제적 해석체가 도달하려는 해석체이다"(SS:111). 그의 논리학 노트에서 퍼스는 그것들을 또한 표명된(expressed), 발생적(affected), 재현적(representative) 해석체라 부른다(R339:263r). 더 나아가 퍼스는 직접적, 역동적, 최종적 해석체는 "모든 기호가 가지고 있는 것이라"고 설명한다(R339:287r).

최종적 해석체는 앞서 논의된 궁극적 해석체와 혼동되어서는 안 된다. 분명히 모든 궁극적 해석체—앞에서 정의되듯이—가 *최종적(final)* 해석체가 되는 기준을 충족하는 것은 아니고, 그것이 단지 최종적이라고 해서 최종적 해석체가 또한 궁극적이라고 추측할 이유는 없다. 참인 명제는 최종적 해석체가 될 수 있지만 그것은 여전히 기호이고, 따라서 궁극적 해석체가 되지는 않는다. 퍼스는 또한 *의도된 해석체(intended interpretant)*와 같은 것은 일부러 제외한다. "의도가 기호에서 드러나는 한 그것은 직접적 해석체에 속하고, 그것이 드러나지 않아 *다른(another)* 기호의 해석체가 될 수도 있지만 의도가 결코 우리가 말하고 있는 *그(that)* 기호의 해석체는 아니기"(R339:276r) 때문이다.

퍼스의 3중 구분은 그것이 여전히 어떤 것을 오해할 수도 있지 않을까라는 문제를 제기한다. 이러한 질문에 몇 가지의 답변이 있을 수 있다. 즉 오해는 여전히 해석이고, 모든 역동적 해석체는, 그것이 최종적 해석체와 다른 이상, 그만큼 오해될 수 있으며, 직접적 해석체는 그것이 그 대상의 기호가 아니라 또 다른 하나의 대상의 기호가 되면서, 그 자신을 한 대상의 기호로 암시할 수 있다.

두 번째 3중 구분에서—결과로 구성되는 해석체의 상이한 유형에 따른 구분—퍼스는 감정적, 활력적, 논리적 해석체 사이를 구별한다. *감정적 해석체(emotional interpretant)*는 기호에 의해 발생되는 감정이다. 어떤 경우에 이것은 기호가 생산하는 유일하게 유의미한 효과이다(CP 5.475). 로맨틱 영화의 제작자들은 이러한 느낌을 다루는데 매우 능숙하다. 음악과 심상을 기술적으로 잘 결합하면서, 그들은 심지어 관람자가 각본이나 극중 인물을 좋아하지 않는다고 해도 감정적 효과를 만들어 낼 수 있다. *활력적 해석체(energetic interpretant)*는 행동이다. 이것은 물리적인 것일 수도 있고, 주의력을 발동시키는 것과 같이 정신적인 것일 수도 있다. 하지만 항상 개별적인 행동이다. 마지막으로 *논리적 해석체(logical interpretant)*는 "사고나 다른 일반적 기호, 혹은 형성되거나 수정된 습관"이다(CP 5.486). 이러한 두 번째 구분은 퍼스가 기호의 유의미한 효과가 항상 지적이어야 한다는 것을 부정한다는 점을 보여준다.

지금 구별한 이 세 해석체는 "활력적 해석체가 감정적 해석체의 효과라는 의미에서, 논리적 해석체가 활력적 해석체의 효과가 되는" 관계로 연관되어 있다(CP 5.486). 예를 들면, 어린아이가 갑자기 길을 건너는 것을 본 운전자는 깜짝 놀라는 감정을 경험하고, 차를 정지하는 행동의 결과로 이어질 것이며, 이 모든 것은 주택가를 운전할 때는 조심해야 한다는 깨달음을 결과적으로 낳을 것이다. 물론 모든 느낌이 행동으로 이어지는 것은 아니고 모든 행동이 사고나 습관을 발생시키는 것도 아니다.

두 개의 해석체 3중 구분법은 경쟁하는 것도 서로 환원될 수 있는 것도 아니지만, 그것들은 결합될 수 있다. 예를 들어 역동적 해석체는 감정적, 활력적, 혹은 논리적인 수 있다.

해석체를 기호의 본질적 구성요소로 만듦으로써, 퍼스는 의미가 기호 발화자 의도로 작용되는 것을 피한다. 이러한 식으로, 그는—병의 증상이나 폭풍을 가리키는 구름과 같이—발화자가 없는 기호에 의미가 없을 것이라는 문제를 교묘하게 피해간다(CP 8.185). 물론 그러한 자연적 기호가 신에 의해 "발화된"것이라고 주장할 수는 있지만 퍼스는 이러한 선택을 거부한다(같은 책).

## 5.4 대상

우리가 보았듯이 기호는 우선 해석체와 연관되고 나서 대상과 연관된다. 퍼스에게 후자는 "어떤 의미에서든 정신에 떠오르는 모든 것"이다(RL 482). 바로 앞의 섹션에서 우리는 기호와 그것의 해석체의 관계를 검토하였고, 아울러 발생하는 해석체의 다양한 유형들을 살펴보았다. 이번 섹션에서는 기호와 그 대상의 관계를 검토한다. 대상에 관하여, 퍼스는 기호를 야기하는 대상과 기호 내에서 드러나는 대상을 나누는 매우 전통적인 구별을 도출한다. 퍼스는 이들을 각각 역동적 대상과 직접적 대상으로 부른다. 이와 유사한 구별은 모든 재현과는 독립적으로 존재할 때의 대상과 그것이 재현될 때의 대상 사이를 구별하는 스토아학파까지 거슬러 올라간다.[8)]

퍼스는 *직접적 대상(immediate object)*을 "기호에 제시된 대상"(EP

2:498), “기호에서 인지되는 대상”(EP 2:492) 혹은 “기호가 재현하는 대상”(CP 8.343)이라고 기술한다. 이는 직접적 대상이 그것의 존재를 “기호 안에서 그것의 재현”에 의존한다는 것을 의미한다(CP 4.536).

*역동적 대상(dynamic object)*은 기호 안에서 재현된 것을 가리키는 것이 아니라 이 재현이 생겨나게 하는 것을 가리킨다. 그것은 “기호의 외부에 존재하는 대상”이다(SS 83). 혹은 “아주 효율적이지만 직접적으로 제시되는 것은 아닌 대상”(CP 8.343), 혹은 퍼스가 그렇게 말하듯이 “어떻게 해서든지 그것의 재현에 대한 기호가 결정되도록 하는 실재”(CP 4.536)이다. 직접적 대상과는 대조적으로 역동적 대상은 그것의 존재를 어떤 기호에서도 그것이 어떻게 재현되는가에 의존하지 않는다. 퍼스가 웰비 여사에게 설명하기를, 역동적 대상은, 지각이 밝혀내는 것 이상을 포괄하면서, 지각 속의 정신에 강제적으로 주어진다. 그러므로 역동적 대상이 반드시 정신의 외부에 있을 것이라고 가정해서는 안 된다고, 퍼스는 웰비 여사에게 충고한다.

“저기 저 지평선에 오아시스가 있다”라고 내가 가리키며 말할 때처럼, 역동적 대상은 지표적인 구성요소를 가진다. 이 같은 지표적 구성요소는 기호에 대상이 어떻게 나타나는지에 대한 부분이 아니다. 다른 식으로 말하자면 직접적 대상—그것이 기호에 나타날 때의 대상—은 지평선에 오아시스가 정말 있는지 그것이 단지 신기루인지 혹은 그것이 <아라비아의 로렌스> 영화의 버려진 세트인지를 나에게 입증해 보일 수 없다. 오히려 그 기호는 그것의 *존재 이유(raison d'être)*로서 역동적 대상을 가리키거나 암시할 뿐이다. 역동적 대상이 무엇을 의미하는 지를 확증하려면, 우리는 기호에 나타나 있는 것을 넘어서야 하며 퍼스가 *맥락적 경험(collateral experience)* [옮긴이 주: 역동적 대상을 해석하는 과정에서 도상(기억)과 지표(행동)기호 해석의 부수적 경험이 동반된다는 점을 나타내기 위하여 맥락적 경험으로 옮겼다.] 이라고 부르는 것을 습득해야 한다(SS 83). 그러한 맥락적 경험은 우리가 동일한 역동적 대상을 가리키는 방식으로, 다양한 다른 기호들을 해석할 때 얻어진다. 예를 들어 지도를 보거나 지평선 가까이 여행하는 것은 지평선에 오아시스가 있다는 나의 믿음을 확정하거나 부인할 수 있는 맥락적 경험을 제공할 것이다. 역동적 대상에 대한 우리의 지식을 증가시키는 것은 기본적으로 맥락적 경험의 습득으로 가능하다. *원칙적으로* 우리에게 접근 불가능한 이러한 역동적 대상의 양상들이 있을 수 있다는 점에 대하여 모순에 빠지지 않고는 말할 수 없다고 주장하며, 퍼스는 한층 더 중요한 단계로 나아간다.

이 같은 강력한 주장에 대한 퍼스의 옹호는 내밀하게 그의 실용주의와 연결되어 있기 때문에 나는 이것에 대한 논의를 7장으로 미루겠다. 이것의 결론은, 퍼스가 보기에, 모든 기호의 역동적 대상에 대한 완전한 지식을 위해 우리에게 필요한 맥락적 경험을 수집하는데 방해가 되는 것은 실천적인 고려사항—시간, 돈, 혹은 흥미의 결여와 같은—뿐이다. 이러한 점으로 퍼스는 "무제한적이고 최종적인 연구가 그것을 입증할 수 있도록 하는 그런 관계에서의 대상"으로 역동적 대상을 특징짓는다(EP 2:495). 퍼스는 종종 "그것이 재현되는 것에 의해 수정되지 않는 그러한 대상"이라는 점에서 역동적 대상을 *실재적 대상(real object)*으로 부른다(R793: 14). 하지만 다른 곳에서는, 허구적 대상도 실재적 효과를 생산한다는 이유에서 오해의 소지가 있는 이러한 용법을 거부한다(R339:279r).

직접적 대상과 역동적 대상과의 구별을 이전의 섹션에서 해석체의 논의와 연관시킨다면, 우리는 직접적 대상이 기호의 직접적 해석체와 상응하고, 역동적 대상은 기호의 최종적 해석체와 상응한다고 말할 수 있다.

퍼스의 진리이론에 대한 논의를 8장으로 미루지만, 몇몇의 언급은 여기서 할 수 있을 것이다. 놀랄만한 일이 아닌 것이, 퍼스는 진리를 기호가 *그것의* 대상과 부합하는 것으로 보며, 그는 정말로 그것의 대상을 말하는 것이라고 반복하여 강조한다. 하지만 여기서 중요한 것은 기호가 그것의 대상을 *닮는다는 것*이 아니라 대상이 기호를 *강제한다*는 것이다.

## 5.5 세 가지 물음

기호, 대상, 해석체의 삼원적 관계는 기호와 관련하여 질문되어야 하는 다음 세 개의 물음을 함축한다. 다시 말해, 1) 별개로 보았을 때 기호는 어떤 것인가? 2) 대상은 어떻게 기호를 결정하는가? 3) 기호는 어떻게 (역동적) 해석체를 결정하는가?

첫 번째 물음에 대한 대답으로 퍼스는 톤(tone), 토큰(token), 타입(type)을 구별하면서 3중 분류를 제공한다. *토큰은* "기호의 구실을 하는, 존재하는 사물 혹은 실제적, 역사적 사건이다"(R339:276r). *타입은* "지속적으로 반복될 수 있으며, 반복되는 것 모두가 동일한 기호인 일반적 형태"이다(같은 책). 영어에서 사용되는 이른바 "the"라는 단어의 여러 예들은 모두 동일한 타입의 토큰들이다. 톤은 불명확하고 유의미한 특질이다. 강조하기 위해 "the"에 이탤릭표시를 하면 그것의 톤이 변한다. 톤은 타입처럼 반복되지 않는다. 각각의 톤은 유일하고, 기껏해야 유사성만을 가진다. 퍼스가 선호하는 예는 언어적인 것이지만 구별 자체는 그렇지 않다. 예를 들어, 구성의 측면에서 교향곡은 타입이고, 그것의 실제 연주는 토큰이고 그것의 미적 효과는 톤이다. 톤 대신에, 퍼스는 또한 곡조(tune)와 톤의 혼합인 "톤처럼 단순하거나, 곡조처럼 복잡한지와 무관하게 의미있는 느낌의 자질"을 뜻하는, *튜온(tuone)*에 대하여 언급하기도 한다(R339:276r). 이러한 구별은 2장에서 논의된 수학자들의 다이어그램 사용에 적용될 수도 있다. 수학자들이 관조하는 구체적 형상으로서의 다이어그램—특정한 톤을 가진 토큰으로 고려되는 경우—은 "의미 없는 일시적 특성"은 배제하면서 타입으로 읽힌다(NEM 4:317). 퍼스의 톤-토큰-타입의 구별은 주류 철학에서 타입-토큰의 구별로 빈약해진 형태로 남아있다.

톤-토큰-타입의 구별로 퍼스는 3가지 기호의 유형을 구분하게 된다. 자질기호, 개별기호, 법칙기호가 그것이다. *자질기호(qualisign)*는 톤이나 자질이 기호가 된 것이다(EP 2:291). 자질기호는 시간을 넘어서 동일성을 가지지 않는다. 익었는지 보기 위해서 아보카도를 두 번 쥐어보는 경험을 예로 들어보자. 우리가 같은 자질기호를 다루고 있다고 말하는 것은 동일성의 문제가 아니라, 퍼스가 주장하듯이, 유사성의 문제이며 그러한 두 번의 경험이 그들이 다른 자질기호로 생각하도록 할 만큼 다를 필요는 없다(SS: 32f). *개별기호(sinsign)*는 토큰으로, 실제적인 실존적 사물이나 사건이 기호가 될 것이다(EP 2:291). *법칙기호(legisign)*는 타입이 기호가 된 것이다. 타입의 각각의 단일한 예는 토큰이고, 또는 퍼스가 그것을 그렇게 부르듯이, *복제(replica)*이다.

대상이 어떻게 기호를 결정하는가라는 두 번째 물음에 대한 답변에서, 퍼스는 연결의 세 가지 유형을 구별한다. 즉 닮음, 인과성, 관습이 그것이다. 대상에 관한 한, 우리는 먼저 기호의 *직접적* 대상과 *역동적* 대상을 구별해야 한다. 기호가 그것의 직접적 대상과의 관계에 관하여, 퍼스는 자질의 기호, 실존의 기호, 그리고 법의 기호를 구별한다(SS:33). 기호가 역동적 대상과 맺는 관계에 관하여는 퍼스는 도상, 지표, 상징을 구별한다. *도상*은 그것의 대상을 유사성이나 유비로 보여주며, 혹은 더 일반적으로 기호는 그것의 대상을 특정한 환기의 힘을 통해 공유한다. 하나의 예는 "작곡가가 의도한 것을 재현하는 것으로 간주되는 음악에 의하여 흥분된 정서"이다(SS:33). *지표*는 질병의 증상과 같이 대상을 그것과 현실적인 관계에 놓음으로써 보여준다(같은 책). 마지막으로 *상징*은 기호로, 예를 들어, 습관이나 관습, 혹은 관념의 연상으로 "그렇게 해석될 것이라는 의미에서만 그것의 역동적 대상에 의하여 결정된다"(같은 책). 미국 국기가 상징의 좋은 예가 되는데, 그것의 유의미성이 그것에 연합되어 있는 해석체의 관념에 의해 전적으로 결정되기 때문이다. 이러한 세 유형의 기호들은 상호 배타적이지 않다. 이오지마(Iwo Jima)에서 미국 국기를 올리는 여섯 명의 군인들이 있는 유명한 사진은 그것의 형태가 그 사진을 형성시켰던 것과 관련되기 때문에 도상이고, 그것의 역동적 대상과 실존적 관계에 있기 때문에 지표이며, 2차 세계대전에서 일본에 대한 승리와 거기에 따른 희생의 기호가 되었기에 상징이다. 도상, 지표, 상징은 우리가 추론할 때마다 모두 작동한다. 즉 도상은 "담화의 주제에 대한 유사성과 혹은 유비를 보여준다." 지표는 "그것을 기술하지 않고 의도된 특정 대상에 대하여 주의를 집중하게 한다"(대명사와 고유명사와 같이). 상징은 "이름과 기의화된 특질 사이에 있는 관념을 연상시키거나 또는 습관적으로 연결하는 방법을 통해, 그것의 대상을 기의화한다"(CP 3.369).

마지막으로 세 번째 물음—기호는 어떻게 역동적 해석체를 결정하는가—에 답할 때, 퍼스는 기호가 해석체에게 영향을 주거나 나타날 수 있는 세 가지 방식을 구별한다. 즉 그것은 그저 *관조*를 위한 대상으로 자신을 나타내거나, "강요 행위에 의해 해석체에게 *촉구되는*" 어떤 것으로서 나타나거나, 혹은 "그것의 해석체에 *의존하는* 어떤 것으로서 나타나거나, 그것의 합리성이 인식될 어떤 것으로"(SS: 34f)서 나타날 수 있다. 다른 식으로 말하자면, 기호의 해석체는 기호를 가능성의 기호로, 실제적 존재의 기호로, 혹은 이성의 기호로 재현한다.

퍼스는 여기서 이러한 3가지 유형의 기호를 이렇게 구별한다. 즉 레마*(rheme)*, 다이센트(dicent), 그리고 논증(argument)[9]이다. 이는 퍼스가 기존의 논리학에서의 구별인 항(term), 명제(proposition), 논증(argument)을 확장하면서 기호학적으로 번역한 것이다. 레마*(rheme)*는 "참도 아니고 거짓도 아닌 모든 기호"(SS:34)이며, 예를 들어 "인간의 유한한 생명"(CP 4.538)과 같은 것이다. 다이센트는 "단언될 수 있는 *능력이 있는*" 기호로, 여기서 단언은 "그 단언된 명제가 참이 아니라면, 자신이 거짓말쟁이로 처벌되는 사실의 표출"로 이해된다(SS:34). 결론적으로 다이센트는 "그것이 그것의 대상과 실제적 관계(Real Relation)에 *있는 것처럼*(혹은 그것이 주장된다면, 그렇게 되도록) 그것의 기의화된 해석체에 재현된" 기호이다(같은 책). 퍼스는 후에 이러한 두 번째 유형에 "그것을 해석하는 사람에게 일종의 강압적인 효과를 갖도록 의도된 모든 문법적인 문장"인, 단언, 질문, 명령을 포함시킨다(CP 4.538). 퍼스는 마지막으로 논증을 "그 해석체의 기호(결론)가 아니라... 마치 거기에서 전제들이 당연시 여겨지는 그것이 지시하는 우주의 상태의 기호*인 것처럼*, 그것의 기의화된 해석체에 재현된 기호"로 정의한다(SS:34 강조는 첨가됨). 또한, 그가 후에 말하듯이, 그것은 "마치 해석자 속에서의 그러한 변화를 유도하려는 것처럼, 사고들 혹은 기호들의 변화 과정을 재현하면서, 해석자가 자신의 자아-통제에 의거하여 행동하는 경향이 있는 형식을 갖는" 기호이다(CP 4.538). 앞서 퍼스는 논증을 "기호로서의 그것의 성격에서, 그것의 대상을 재현하는 것으로 이해되는" 기호로서 정의하는데, 이는 논증에서 사고 그 자체가 사고의 대상이 될 수 있다는 것을 함축한다(EP 2: 292).

## 5.6 기호의 분류

지금까지 우리는 기호를 그것의 대상과 그것의 해석체와의 관계에서 살펴보았다. 이러한 과정에서 우리는 두 유형의 대상과 세 유형의 해석체를 구별해야 함을 알았다. 또한, 바로 앞의 섹션에서는 우리는 세 가지 방법으로 기호가 재현한다는 것을 검토하였고, 다양한 방법으로 기호는 그것의 대상과 해석체(비록 역동적 해석체로 제한하여 살펴보았지만)와 관련될 수 있다는 것을 검토하였다. 우리는 표 5.1로 이전의 섹션에서 나온 결과를 요약할 수 있다.

<표 5.1> 기호 삼분법

| | 1 | 2 | 3 |
|---|---|---|---|
| 1. 기호의 유형 | 단순한 자질,<br>*자질기호* | 실제적 존재,<br>*개별기호* | 유형이나<br>일반적 법칙,<br>*법칙기호* |
| 2. 기호가 그것의 (역동적) 대상과 맺는 관계의 유형 | 어떤 특성 그 자체<br>*도상* | 그것의 대상과<br>갖는 어떤<br>존재론적 관계<br>*지표* | 해석체와 갖는<br>어떤 관계<br>*상징* |
| 3. 기호의 해석체가 기호를 기호로 재현하는 유형 | 가능성 | 실제성 | 이성 |
| | *레마* | *다이센트* | *논증* |

예를 들면, 개가 짖는 것은 예상되지 않은 방문객에 대한 레마적 지표적 개별기호이며, 다윈의 『종의 기원』은 진화 원리에 대한 논증적 지표적 법칙기호이며, 무서움에 대한 막연한 공포는 레마적 도상적 자질기호이다.

퍼스에게 모든 결합이 가능한 것은 아니다. 자질기호는 그것이 자기 자신 외에는 가리킬 수 없기 때문에 오로지 도상적인 것만 가능하며, 단지 기호의 어떤 자질을 보여준다. 도상은 오로지 가능성만을 전달한다. 그래서 그것은 레마만이 될 수 있다. 개별기호는(여기서는 전체로서 특정한 대상이 기호이다) 그것의 대상에 단지 도상과 지표로서만 연결될 수 있다. 도상으로서 그것은 레마만이 될 수 있으며, 지표로서 그것은 레마와 더불어 다이센트 또한 될 수 있다. 마지막으로 법칙기호는 도상, 지표, 상징이 될 수 있다. 도상으로서 그것은 다시 레마만이 될 수 있다. 지표로서 그것은 다시 레마 혹은 다이센트만이 될 수 있다. 마지막으로 상징으로서 그것은 레마, 다이센트, 논증이 될 수 있다. 이것은 그것의 대상을 상징으로 결정하는 법칙기호만이 논증으로 해석될 수 있다는 것을 의미한다. 간략하게 말하자면, 처음에 기호의 자질로부터 시작함으로써, 그런 다음에 기호들이 어떻게 그것들의 대상들에 의하여 확정되는지를 참작하고, 그리고 어떻게 그 결과가 해석체를 확정할 수 있는지를 고려함으로써, 퍼스는 10가지 유형의 기호를 구별하게 된다(표 5.2).

퍼스의 세 개의 삼분법의 결과인 10중의 분류는 단지 시작일 뿐이다. 그는 또한 6개의 삼분법에 기초하여 28종류의 기호 표와 10개 정도 되는 삼분법에 기초한 66개의 기호 표를 고안한다(EP 2:481). 10개의 삼분법이 자그마치 59,049개의 방법으로 결합될 수 있다는 점에서, 66개 종류의 기호로의 환원은 괄목할 만하다(같은 책).

여기서 퍼스가 시도하는 것은, 기호학을 위해—따라서 논리학을 위해—멘델레예프의 주기율표와 같은 것을 수립하려는 것이다. 그는 회귀적인 또는 주기적인 속성을 보여주는 원소표를 제공함으로써, 연구주제에 구조를 제공한다. 멘델레프의 주기표와 마찬가지로, 퍼스의 유형학은 질문을 던지기 위한 구조화된 방법을 우리에게 제공한다. 그것은 우리가 어떤 질문이 관련되어 있는가(그리고 어떤 질문이 관련되어 있지 않은지)를 알게 할 뿐만 아니라, 우리의 탐구를 완성하는 것에 관해 어떤 측정 방법을 제공한다.

표 5.2 퍼스의 기호 10중 분류 (CP 2.254-63)

| 기호의 현상학적 자질 | 어떻게 그 기호가 그것의 대상에 의해 확정될 수 있었는가 | 어떻게 그 결과가 해석체를 확정할 수 있는가 | (퍼스의) 사례 |
|---|---|---|---|
| 1. 자질기호 | 도상으로서 | 레마로서 | "붉다"라는 느낌 |
| 2. 개별기호 | 도상으로서 | 레마로서 | 개별적 다이어그램 |
| 3. | 지표로서 | 레마로서 | 갑작스런 외침 |
| 4. | | 다이센트로서 | 풍향계 |
| 5. 법칙기호 | 도상으로서 | 레마로서 | 그것의 사실적 개별성을 제외한 다이어그램 |
| 6. | 지표로서 | 레마로서 | 지시 대명사 |
| 7. | | 다이센트로서 | 길거리 외침(톤과 주제로 확인되는 개체) |
| 8. | 상징으로서 | 레마로서 | 일반명사 |
| 9. | | 다이센트로서 | 명제(관습적 의미에서) |
| 10. | | 논증으로서 | 삼단논법 |

1) 『인간지성론』(Oxford, 1975), IV, xxiii. 4.

2) Op. cit.

3) 『사고의 법칙에 관한 탐구 (*An Investigation of the Laws of Thought*)』(London, 1854).

4) 1904년, 7월 25일 찰스 A. 스트롱(Charles A. Strong)에게 보낸 편지.

5) 개인적인 복사본에는 자기가 작업한 것이라고 표시하였지만, 퍼스는 『센츄리 백과사전』에서 기호학 항목을 집필하지 않았다. 이와 정확히 동일한 정의가 『임페리얼 사전(*Imperial Dictionary*)』에 나타난다. 센츄리 컴퍼니(Century Company)가 그 책의 저작권을 구입했고 『센츄리 백과사전』의 기초를 삼았다. 『센츄리 백과사전』에는 *기호론(semeiology)*에 대한 항목은 있다. 즉 "기호에 대한 논리적 이론으로, 기호가 완전히 기능하게 되는 조건, 기호의 주요한 종류 등이 포함된다." 퍼스가 이름을 적지는 않았지만, 『임페리얼 사전』에는 존재하지 않는 이 항목은 그가 집필하였다고 추정된다.

6) Robert Innis, *Semiotics: An Introductory Anthology* (Bloomington, 1985), p.40.

7) Op. cit, 43.

8) 예를 들어, 벤슨 메이츠(Benson Mates), *Stoic Logic* (Berkeley, 1953), 2장을 보라.

9) 레마(rheme)에 상응하는 퍼스의 용어들로는 레마적 기호(rhematic sign), 세마(seme)가 있고, 다이센트(dicent)에 대해 퍼스는 또한 디시사인(dicisign)과 페마(pheme)를 사용하며, 논증에 대해서는 그는 또한 딜롬(delome)을 사용한다.

# VI 과학 철학

# 6

# 과학 철학

철학적 배경, 논리학에 대한 관심 그리고 실천하는 과학자로서의 폭넓은 경험으로 인해 퍼스는 오늘날 우리가 과학 철학이라 부르는 것에 대하여 저술할 준비가 잘 되어있었다. 과학적 탐구라고 말할 때 그가 염두에 둔 것은 실증적 사실의 탐구인데, 이 때 실증적 사실은 그것의 가장 기본적 층위에서 고려되며, 심지어 모든 형이상학적 요구조건에 선행한다. 퍼스의 과학 구분에 따라, 우리는 현상학, 앞서 논의했던 규범과학(사변 수사학의 일부로서, 과학 철학은 여전히 규범과학의 영역에 속한다), 그리고 수학에만 의존한다. 더 나아가서, 퍼스가 과학에 대해 말할 때 그는 현재 그 용어가, 특히 앵글로색슨 사회에서, 지칭하고 있는 것보다 훨씬 넓은 어떤 것에 대하여 생각하고 있다는 것을 기억하자. 그는 사실을 규명하려는 목적을 가지고 종사하는 모든 실증적 탐구를 포함하고자 한다. 퍼스의 과학은 입자물리학과 분자생물학뿐만 아니라 역사, 문화 인류학, 강력계 형사의 수사도 포함한다.

퍼스에게 탐구는 우리 자신이 실제로 처한 상황에서 항상 시작하며, 그 때 따라오는 모든 의심과 믿음을 포함한다. 퍼스는 우리가 지식의 탑을 쌓을 수 있는 명백한 토대와 같은 것을 이 같은 상황으로부터 추출할 수 있음을 거부한다. 그것이 *사유하는 자아(ego cogito)*, 명료하고 뚜렷한 관념[옮긴이 주: 더 잘 알려진 표현은 명석·판명함이다], 단순한 관념 등으로 가장하여 오든지, 혹은 감각 자료로 가장하여 오든지 간에, 의심할 여지없는 지식의 기반에 대한 추구는 근대 철학에서 확립된 특징이다. 『제1철학에 관한 성찰(*Meditations Concerning First Philosophy*)』에서 데카르트는 감정에 방해받지 않은 채 그의 모든 믿음이 정말로 의심의 여지가 없는 것인지를 규명하려고 노력하면서, 벽난로 옆에 잠옷을 입고 앉아있는 자신을 마음속에 그려본다. 이 과정에서 데카르트는 의심하는 그 행동이 그 자신이 사고하는 실체임을 함축한다는 것을 발견한다. 이로써 데카르트는 우리가 생각할 때마다 정신을 가진다는 것을 절대적으로 확신할 수 있다고 결론을 내리며, 이러한 명백한 토대 위에 그의 지식을 다시 세운다. 데카르트의 방법론은 보편적 의심의 방법론으로 불려왔다. 퍼스는 그것이 진정한 의심에 의해서가 아니라 공상적인 의심에 의해 만들어졌다는 이유로 이러한 방법을 거부한다. 즉 "진정한 의심은 의심으로부터 시작하는 것에 대하여 말하지 않는다. 실용주의자는 의심이 어렵게 획득돼야 하는 기술이라는 것을 알고 있다. 그리고 그의 진정한 의심은 모든 데카르트식의 그것보다 훨씬 더 진지한 것이 될 것이다"(R845:10). 퍼스는 이것을 그의 *비판적 상식론(Critical Common Sensism)*의 독트린으로 지칭한다. 즉 "인간이 사실로서 의심하지 않는 명제들이 존재한다. 그리고 의심받지 않은 것에 대해서는, 비판하기 위해 헛된 시도를 기껏해야 할 수 있을 뿐이다. 의심과 믿음에 대한 시험은 행위(conduct)이다. 어떤 정상적인 사람도 불이 그의 손가락을 데이게 하리라는 것을 의심하지는 않는다. 왜냐하면 만약 의심한다면 그는 자신의 의심을 만족시키기 위해 불길 속에 손가락을 넣을 것이기 때문이다"(R318: 271). 요약하면, 퍼스는 데카르트의 의심의 방법을 전적으로 반대한다. 우리는 보편적 의심에서 시작하지 않아야 하며 어떤 믿음이 모든 의심으로부터 자유로운지를 찾지 않아야 한다. 반대로, 상반되는 증거에 직면했을 때 해당하는 믿음을 기꺼이 포기할 수만 있다면, 우리는 가지고 있는 모든 믿음을 받아들여야 한다. 이러한 입장을 두고 퍼스는 *오류가능주의(fallibilism)* 그리고 *반-절대확실성주의(anti-cock-sure-ism)*이라고 칭했다.

전반적으로, 퍼스의 방법은 데카르트보다 다윈에 더 가깝다. 인간의 탐구는 동물이 그들의 환경을 탐사하는 방식과 연장선상에 있고, 상대적으로 안정된 믿음의 체계에 지속적으로 이끌려가는 항상(恒常)적 모델에 의해 허용된다.

## 6.1 탐구의 유일한 목적은 믿음을 고정시키는 것이다.

「믿음의 고정(The fixation of belief)」과 「관념을 명확하게 하는 법(How to make our ideas clear)」은 퍼스의 잘 알려진 두 논문이다. 이것은 『월간대중과학』 저널에 "논리 과학의 이해"라는 대제목 아래 퍼스가 기고한 여섯 논문 중의 첫 두 편이다. 첫 번째 논문에서 퍼스는 탐구에 대한 그의 이론을 발표하고, 두 번째에서 후에 실용주의로 알려지는 의미에 대한 이론을 발표한다. 이 논문들은 퍼스의 존스 홉킨스 대학 강의에 핵심적으로 쓰이고 그의 생애동안 계속해서 중요한 역할을 한다. 본 장에서는 주로 첫 번째 논문을 다루고, 다음 장에서는 두 번째 논문에 초점을 둔다.

언급하였듯이, 퍼스에게 탐구는 우리가 불러오는 모든 감정, 의심,

두려움, 편견, 친밀감, 믿음, 욕망 등과 함께, 우리가 처해있는 주어진 상황으로부터 항상 시작한다. 따라서 퍼스는 근대 철학의 주요 가정 중의 하나인, 인식론적 불가지론의 가정을 거부한다. 이러한 불가지론의 사례는 『성찰』에서 데카르트의 주장, 즉 그가 "감정에 의해 방해를 받지 않으면서" 탐구하고 있다는 태도에서 나타나며, 그리고 경험주의자들이 이른바 관찰의 중립적 기술과 분류 너머로 과감히 나아가려는 모든 것을 인정하기를 제지했다는 것에 나타난다. 퍼스의 시각에서 보면 그러한 가정은 비현실적이다.

우리가 실제로 가지고 있는 믿음과 의심으로만 출발할 수 있다고 설정하고 나서, 퍼스는 믿음의 상태와 의심의 상태 사이에 경험적 차이점이 존재한다는 익숙한 관찰을 계속한다. 첫 번째는 평화롭고 만족스러운 상태이고, 두 번째는 불편함과 불만족이 특징이다. 실제로, 이러한 불만족은 우리를 불편하게 만들어서, 한번 의심이 생기면 우리는 그것이 새로운 믿음이든 혹은 이전에 우리가 가졌던 믿음으로 돌아가는 것이든, 믿음의 상태로 돌아가려고 최선의 노력을 한다. 이 과정에서, 그것이 의심으로 인한 불편함에서 우리를 자유롭게 하고 믿음의 상태로 다시 돌아가게 하는 한 모든 것이 가능하다. 더군다나 우리가 추구하는 것이 믿음의 상태를 다시 얻는 것이기에, 우리의 탐색은 더 이상의 의심이 없는 바로 그 순간에 끝이 나게 된다. 이 점에서, 퍼스는 믿음의 형성이 탐구의 *유일한 목적*이라고 결론짓는다. 이때 탐구가 과학적인지 아닌지는 상관이 없다.

믿음이 (다시) 얻어질 수 있는 다양한 방법들을 언급하기 전에, 퍼스가 *믿음(belief)*이라고 부르는 것이 무엇을 의미하는지에 관하여 말해야 한다. 1902년 카네기 지원서에서 퍼스는 아마도 최선의 설명을 하고 있다. 거기에서 그는 믿음을 다음과 같이 표현한다. 즉 "진리라고 결정하거나 재현이 옳다고 동의하는 모든 종류의 것"이다(NEM

4:39). 그렇지만 퍼스가 생각하는 것은 의식의 상태가 아닌 "믿는 자의 성격에 확립된 습관이며, 그 결과로 그는, 기회가 생긴다면, 특정한 방식으로 행동하게 된다"(같은 책). 그렇지만 퍼스는 즉각적으로 모든 습관이 믿음은 아니며 "믿는 사람이 의도적으로 그것에 만족하는"(같은 책) 습관만이 믿음이라고 자격요건을 부여한다. 이것은 믿는 사람이 어느 정도 그 습관을 인지하고 있으며 그것과 갈등을 일으키지 않는다는 것을 함축한다. 더욱이 반복을 통하여 습관이 서서히 붙으면서, 사람들은 "단시 상황을 상상하고, 그린 상황에서 우리의 경험이 어떠할지 그리고 우리가 어떻게 행동할지를 상상함으로써" 믿음을 얻는다. "그리고 이 같은 단순한 상상이, 상상된 경우가 현실화되었을 때 우리가 실제로 그렇게 행동한다는 그런 습관을 즉시 확립한다"(NEM 4:39f). 간략하게 말하면, 퍼스에게 믿음은, 완전히 가상적인 방법으로 행동하는 것을 포함하여 자기 자신의 것으로 승인하는 의도적 행동에서 나온 습관이다(CP 5.538). 혹은, 그가 다른 곳에서 말하듯이 "믿음은 행동의 기초로서의 명제를 의도적으로 수용하는 데에 있다"(CP 8.337) 이 같은 후자의 표현은 또한 믿음이 정도의 차이(새로운 발견은 믿음을 강하게 하거나 약하게 할 수 있다)로 존재한다는 경향이 있는 한편, 그것에 대한 절대성도 또한 존재한다는 것을 이끌어 낸다. 당신은 신이 존재한다, 낙태가 비도덕적이다, 지구는 움직이지 않는다, 등등을 믿거나 혹은 믿지 않는다. 이 같은 절대성은 믿음에 대한 의도적인 동의로 시작되며, 이는 믿는 사람의 도덕적 의무와 다르지 않다. 이러한 점과 그리고 4장에서 논의된 논리학의 규범적 개념에 따라서, 퍼스는 *추론(reasoning)*을, "합리적이고, 의도적이며, 자아-통제적인 것으로, 다른 믿음에 의해 한 믿음을 고정하는 것"으로서 기술한다(CP 5.440).

## 6.2 믿음을 고정시키는 네 가지 방법

퍼스는 「믿음의 고정」에서 믿음 혹은 의견을 고정시키는 네 가지 방법을 구별한다. 즉 고집의 방법, 권위의 방법, 선험적 방법, 과학의 방법이 그것이다. *고집의 방법(the method of tenacity)*은 성격상 완전히 방어적이다. 사람들은 자신이 이미 가지고 있는 믿음을, 그것에 고집스럽게 매달리고, 그것에 반하는 모든 증거들을 즉석에서 떨쳐버림으로써 고정한다. 하지만 대립되는 믿음 혹은 완강한 사실에 직면할 때, 이 방법은 그 문제를 해결할 지침을 제공하지 않는다. 결론적으로 퍼스는 의심이 불가피하게 영향을 미치기 시작한다고 주장한다. 특히 우리 생각과는 매우 다른 생각들과 빈번하게 직면하는 오늘날과 같은 다양한 사회에서, 이 방법이 안정적 믿음을 주기는 거의 힘들다. 그럼에도 불구하고 비키 프로스트(Vicki Frost)가 그런 것처럼, 과감한 노력은 여전히 존재한다. 복음주의적 기독교인 비키 프로스트는 그녀의 딸이 다니는 초등학교를 고소했는데, 그 이유는 다른 사람들의 생각을 존중하는 것을 그녀에게 가르치는 과정에서 그들이 "진실한 한 가지 길"[1]에서 그녀를 벗어나게 했다는 것이다. 하지만 대부분의 경우는 그렇게 의도적이지 않다. 부정적 태도를 고수하는 것, 포퍼가 비난했던 마르크스주의자들의 행동처럼[2] 자신의 믿음을 반증불가능한 것으로 만드는 것, 모호한 일반화와 선부른 의견으로 채워진 변화무쌍한 늪에 믿음을 띄워두는 것 또한 이러한 방법의 예이다.

두 번째 방법은 *권위의 방법(the method of authority)*이다. 여기서 사회는 교회, 국가, 혹은 다른 형태로, 정보를 조작하거나 수용된 믿음 구조를 옹호하는 믿음은 보상하고 그것을 파괴하려는 믿음은 침묵하게 하면서, 특정한 믿음을 강화한다. 권위의 방법은 첫 번째 것보다 훨씬 영향력 있고 안정적이며, 퍼스가 지적하듯이, 오래된 역사와 인상적인 실적을 가지고 있는 방법이다. 그렇지만 모든 주제에 대해 의견을 규제할 수 있는 기관은 없기 때문에 이 방법 또한 의심을 유발하게 되어 있다. 유명한 예로는 교회에 다니는 청년 갈릴레오에게 물리학에 대한 관심을 일깨운 피사성당의 흔들거리는 램프가 있다. 그 관심은 지구가 우주의 움직이지 않는 중심이라고 권위적으로 고정된 믿음을 없애는 데 공헌했다. 두 번째 방법에서, 믿는 사람은 자신의 믿음이 권위에 근거한다는 것을 알아차릴 필요는 없다. 좋은 프로파간다는 정부가 사람들이 믿기 원하는 것을 그들이 자유롭게 믿도록 만드는 것이고, 좋은 광고는 제작자가 상품에 대해 말한 것 때문에 사람들이 자유롭게 상품을 선택하도록 만드는 것이다.

믿음을 고정하는 세 번째 방법은 사고의 지지에 의해서만 작동된다. 퍼스는 이를 *선험적 방법(the a priori method)*이라고 부른다. 이러한 방법으로 우리는 이성에 부합해 보이는 것에만 집중함으로써 믿음을 정착시키려 한다. 무거운 물체가 가벼운 것보다 더 빠르게 떨어진다는 오랫동안 유지된 믿음은, 그것이 단지 "일리 있어 보이기" 때문에 믿어진 것의 좋은 예가 된다. 이 같은 세 번째 방법의 몇몇 주요한 신봉자는, 우리의 믿음이 명증한 관념에 기초한다고 말하는 르네 데카르트, 우리의 믿음이 감각과 순수 직관에 기초한다고 말하는 칸트, 퍼스가 말하듯이 "단순히 그의 배를 생각의 흐름에 내맡기고 그 자신을 그 흐름이 인도하는 곳으로 움직이도록 하는"(CP 5.382n) 헤겔이 있다. 더 일반적으로 말해, 세 번째 방법은 이성과 감정 사이를 엄격하게 분리하는 사람과, 그래서 이성을 감정의 유해한 영향력으로부터 벗어나게 하는 것이 우리의 주된 임무라고 생각하는 사람들에게 특히 주목받는다. 그러한 사유는, 감정에 의해 방해받지 않을 때, 이성이 그 자신의 법칙, 즉 논리학의 법칙에 따라 전적으로 드러난다는 것이다.

믿음을 고정하는 처음의 두 가지 방법에서는 믿음을 고정시키는 메커니즘이 고정된 믿음의 외부에 전적으로 있었던 것과 대조적으로 —원칙적으로 힘이 충분히 강하다면 어떤 믿음도 고집이나 권위에 의해 고정될 수 있다—여기서는 믿음의 *내용*이 고정의 과정을 이끈다. 결론적으로 처음의 두 방법—이는 탐구의 방법이 되기 어렵다—과는 대조적으로, 선험적 방법은 다음에 논의될 과학적 방법과 마찬가지로, 적절한 탐구 방법이다. 흥미롭게도, 이러한 세 번째 방법은, 피상적인 방식이지만, 논리학이 궁극적으로 미학에서 비롯된다는, 앞에서 논의되었던 견해 위에서 구축된다(섹션 4.1).

이러한 세 번째 방법의 문제점으로, 퍼스는 우리가 이성에 부합한다고 발견한 것이 그다지 안정적이지 않다고 주장한다. 퍼스는 "오늘 가장 견고하게 보이는 의견들이 내일은 시대에 뒤처진 것이 된다"고 적는다. 이렇듯이 한 세대에서 가장 견고한 믿음은 다음 세대에 믿을 수 없는 것이 되어, 뒷세대들은 사람들이 금세 순진하게 그것들을 믿었다는 것을 전적으로 이해하지 못한다(CP 5.382n). 그러므로 처음의 두 방법처럼, 선험적 방법이 지속적인 믿음을 구성할 가능성은 희박하다. 차라리 제한된 수의 대안들 사이에서 왔다 갔다 지속적으로 흔들리게 될 취향에 관한 추를 기대하는 편이 나을 것이라고 퍼스는 적는다(W3: 253).

요약하면, 이러한 세 가지 방법 모두 견고한 믿음을 불러올 가능성은 희박하다. 하지만 그것들의 실패는 어떤 형태의 믿음을 찾아야 하는지를 시사한다. 지금까지 논의된 방법들에서, 무엇을 믿어야 하는지와 아닌지를 결정하는 것은 개인으로서나 집단의 구성원들로서의 탐구자이다. 이 점으로 인해, 퍼스는 너 또는 나 또는 특정 집단이 생각할 수 있는 것과는 독립적인 어떤 것에 의하여 우리의 믿음이 고정되어야 한다는 결론에 이른다. 퍼스는 이를 *과학의 방법(the method of* *science)*이라 칭한다.

퍼스가 네 번째 방법을 강조하는 이유는 부분적으로 과학자로서의 그 자신의 경험에 연유한다. 경험을 통해, 그는 엄연한 사실에 직면함으로써 자명하다고 알려진 많은 이론들이 거짓으로 증명됨을 통절히 인식했다. 한 줄기의 빛이 상이한 전도체로 들어갈 때 그것은 2:1의 비율로 구부러진다는, 13세기 초, 로버트 그로스테스트(Robert Grosseteste)의 주장을 예로 들어보자. 이러한 현상은 맑은 연못에 곧은 나무막대를 부분적으로 잠기게 할 때도 관찰될 수 있다. 그로스테스트가 그러한 결론에 이른 것은, 그것이 가장 타당한 것으로 보였기 때문이다. 반사의 법칙은 이미 1:1 이라는 가장 단순한 비율을 택하고 있었고, 2:1의 비율은 그 다음으로 단순한 것이었다. 1621년에 빌레브로르트 스넬(Willebrord Snell)이라는 네덜란드 천문학자는 그로스테스트가 잘못 생각하고 있다는 점을 입증했다. 광범위한 관찰 후에 스넬은 그 비율이 빛이 얼마나 빠르게 각각의 전도체를 여행하는지와 빛이 다른 전도체와 부딪힐 때의 각도에 따라 다양하다는 것을 알아냈다. 이것은 그로스테스트가 그것을 *선험적으로* 취했던 것과 상당히 다르다.

앞의 세 번째 방법과는 대조적으로, 과학의 방법은 퍼스에게 이 같은 독립적인 실재가 우리의 사고에 어떻게 연관되는지에 대해 설명을 하도록 요구한다. 이것은 쉬운 일이 아니다. 실제로, 철학자들은 이것에 그다지 성공적이지 않았고, 칸트는 그것을 스캔들이라고 명명했다.[3] 나는 이러한 관계를 8장에서 퍼스의 개념인 진리와 실재의 관계를 논할 때 더 언급할 것이다. 지금으로서는, 과학의 방법에 관한 한 우리의 믿음과 부합해야 하는 외부적 실재라는 개념이 단지 *규제적 가설(regulative hypothesis)*일 뿐이며, 퍼스가 이러한 가설이 왜 정당화되어야 하는지에 대해 네 가지 이유를 제시했다고 말하는 것으로 충분하다. 첫째, 탐구는 가설을 *증명*할 수 없지만 또한 탐구가 틀렸음을 입증할 수도 없으므로, “가설이 기반을 두는 방법과 개념은 항상 조화롭게 남아있다”(W3: 254). 다른 말로 하면, 과학적 방법을 적용하는 것은 결코 그 가설에 대한 의심을 유발하지 않는다. 둘째, 의심의 한 요소인 불만족은 이미 “명제가 부합해야 하는 어떤 *하나(one)*의 요구조건이 존재한다는 막연한 인정을 포함하고 있다”(같은 책). 다른 말로 하면, 자신이 갖는 의심을 진지하게 생각하는 모든 사람들은 가설을 공유하기 때문에 우리가 그 가설을 의심하도록 유발하는 사회적 충동은 없다는 것이다. 셋째, 과학의 방법은 널리 사용되며, 우리가 그것을 어떻게 적용해야 할지 모를 때 단지 그것의 사용을 중단할 뿐이다(같은 책). 넷째, 과학의 방법은 대단히 성공적이어서 그 방법을 적용하는 우리의 경험은 그 가설에 대한 의심을 또한 유발하지 않는다(같은 책). 이러한 네 가지 이유는 완고한 회의주의자들을 달래지는 못할 듯하지만, 애당초 그 의도는 없었다. 퍼스에 따르면 회의주의자의 의심은 순수한 것이 아니다. 그것은 비현실적인 요구에 의해 발생하는 가장된 의심에 불과한데, 또 그러한 요구는 결과적으로 그릇된, 많은 경우 형이상학적으로 영향을 받은 선입관에 의해 일어난 것이다.

퍼스가 설명하는 과학의 방법은 거칠게 말하면 다음과 같다. 탐구자 집단이 그들의 생각과는 독립적으로 존재하는 어떤 것을 연구할 때, 탐구가 충분히 오래 지속된다고 가정하면, 이러한 독립성이 결국에 그들의 각자의 믿음이 서로에 이끌려, 공유된 믿음 안에 정착될 것임을 보장한다. 이런 식으로 과학의 방법은 경험의 영향과 다른 사람들의 믿음 *둘 다*를 고려하는 것을 추구한다. 이러한 방법은 많은 영역에서 믿음을 고정하는 데 매우 성공적이라는 것을 입증했다. 태양계에 대한 현재 우리의 믿음, 질병의 원인들에 대한 믿음, 혹은 현수교나

고층빌딩을 건축할 때 고려되어야 하는 응력과 변형률에 대한 믿음들이 그 예다. 사실, 오늘날 대다수의 사람들은 대체적으로 과학적인 세계관을 받아들인다고 할 수 있다. 즉 이는 과학의 방법이 사람들의 생각이 어떻게 고정되는지에 큰 영향을 미친다는 것을 의미한다. 비록 다른 사람의 견해가 과학에 의해 지지된다고 믿을 때 우리가 무턱대고 그것을 신뢰함으로써 간접적으로 과학의 방법에 참여한다 하여도, 이는 사실이다.

과학에 대한 퍼스의 관점은 실천적 과학자로서의 그의 경험에 뿌리를 두고 있다. 그는 생애의 많은 부분을 측지학자로 일했다. 그가 입자물리학 대신 지구 과학에서 활동했었다는 것은 의미심장하다. 과학 철학자들이 종종 입자물리학을 과학의 패러다임으로 간주한다고 해도, 가설을 필요로 하는 까다로운 사실을 제공하는, 저 바깥의 세계가 존재한다는 생각은 지구과학에 더 확연히 나타난다. 애리조나의 베링거 분화구(Arizona's Barringer Crater)의 경우를 생각해 보자. 처음에는 이것이 화산폭발의 근원지라고 추정되었다. 그러한 믿음은 매우 쉽게 형성되었는데, 이는 분화구의 모양 때문만이 아니라 그것이 샌프란시스코 화산지역과 근접해 있었기 때문이다. 더군다나 비록 가설이지만 꽤 설득력 있는 증거가 운석이 분화구를 만들 수 없었음을 시사했다. 1903년에 다니엘 베링거는 주위의 평원이 거대한 산화철 운석 파편들로 덮여있다는 것에 근거하여 그 같은 의견에 이의를 제기하였다. 그는 더 나아가 거대한 운석 덩어리들이 분화구 표층 아래 묻혀있을 것이라고 추정하고, 그 다음 27년간을 그것을 찾는 데 시간을 보냈다. 베링거는 운석을 전혀 찾지 못했는데, 이 사실은 널리 받아들여지는 가설 즉 충격력에 의해 대부분의 운석이 증발된다는 가설에 의해 설명된다. 1960년에 유진 슈메이커(Eugene Shoemaker)는 스티쇼바이트(stishovite)가 실재함을 발견한 후 베링거의 충격 가설(impact hypothesis)을 확증한다. 이산화규소의 희귀한 형태인 스티쇼바이트는, 석영을 함유한 바위가 갑작스런 이상고압에 의해 심한 충격을 받은 곳에서 발견되는데, 그것의 실재는 화산활동으로 설명할 수 없다. 충격 가설은 또한 가장자리 바로 밖에 있는 층들이 그것이 보통 발견되는 방식과는 반대로 왜 무더기처럼 쌓여 있게 되는지에 대한 이유를 설명할 수 있다. 이러한 간결한 설명은 화산 가설을 옹호했던 그로브 칼 길버트(Grove Karl Gilbert), 다니엘 베링거, 유진 슈메이커, 세 사람 모두 동일한 대상을 연구했다는 데에는 큰 의미가 있고, 이 대상이 그 과학자들이 생각했던 바와는 독립적으로 존재하고, 만약 이 대상에 대한 우리의 탐구가 충분히 지속되면 그것의 엄연한 실재는 우리의 의견을 마침내 융합되게 하리라는 것을 입증한다.

그렇다면, 과학적 방법이 다른 세 방법보다 확실히 더 우월한가? 믿음을 고정시키는 것이 진정으로 중요한 것이라면, 과학자는 고집의 방법을 잘 적용하는 사람들에게 무엇이라고 말할 것인가? 이는 과학적 방법의 적용이 단순히 믿음을 고정시킨다기보다 새로운 의심이 발생시킬 때 특별히 적절한 질문이 된다.

과학자들은 거기에 대한 응답으로 다음과 같이 말하는 것 같다. 즉 어떤 것이 참이라고 믿는 것은 믿음이 안정적임—가장 작은 압력 아래서도 그것은 무너지지 않는다는 것—을 믿는다는 것을 수반하고, 우리는 믿음을 고정시키는 다양한 방법들을 발생하는 믿음의 안정성의 측면에서 구별할 수 있다. 과학적 방법에서 이와 연관된 이점은, 우리의 믿음이 최종적인 것이 아니라고 느끼더라도, 우리는 믿음 중 일부가 흔들리고 의심이 표출되는 순간 그것을 다루기 위해 작동되는 신뢰할만한 절차를 가지고 있다는 사실에서 위안을 찾을 수 있다는 것이다.

의심은 우리가 그것을 완화시킬 수 있는 일반적 느낌을 가지고 있을 때 훨씬 더 제어할 수 있게 되며, 특히 그것이 직접적이거나 필수적인 관심이 아닌 문제들에 관련된 것일 때 그렇다. 퍼스가 발견의 과학을 이론적 과학으로만 한정한 것을 상기하자. 요컨대 좋은 논증은, 왜 그 방법이 선호되어야 하는지에 관해 과학의 방법을 충실히 따르는 논증들로부터 제공될 수 있는데, 심지어 자신의 믿음을 과학적 방법이 아닌 다른 세 가지 믿음을 통해 성공적으로 고정시킨 사람들과 대립하게 될 때에도 그렇다.

하지만 퍼스는 한층 더 나아가 다음과 같이 주장하고 싶어 한다. 과학적 방법을 사용함으로써 우리는 우리의 믿음을 영구적으로 고정시킬 수 있으며, 그뿐만 아니라 그렇게 함으로써 우리는 사물들이 정말로 어떻게 존재하는지를 발견한다는 것이다. 이러한 강한 주장에 대한 퍼스의 변호는 그의 실용주의에 기초하며, 이는 다음 두 장의 주제이다. 퍼스의 실용주의에 따르면, 모든 용어의 의미는 그것이 가지는 개념에 제한되어 있으며, 인지되지 않는 어떤 것을 부르는 것은 전적으로 의미 없이 어떤 것—단지 울리는 소리(flatus vocis) [옮긴이 주: 중세의 프랑스 스콜라 철학자인 로스켈리누스(Roscellinus)가 보편개념을 "울리는 소리(flatus vocis)"로 비유함)—을 발화하는 것이다. 이로써 퍼스는 "실재"로 의미되는 모든 것은 "어느 정도 인지될 수 있는 것이어야 하고, 그러므로 그것은 인지의 특성을 갖는다"(W 2:238)고 결론짓는다. 나는 이 주제에 대하여 섹션 7.3 에서 다시 다루겠다. 다른 말로 하면 외부 세계의 문제에 대한 퍼스의 응답은, 존재하는 것은 인지될 수 있어야 한다는 관념론의 형식을 포함해야 한다는 것이다. 퍼스에게 이것은 *객관적* 관념론이고, 퍼스는 그것을 탐구자 *공동체*의 중심이 되는 사회적 인식론의 기반으로 삼는다. 탐구의 과정에서 각각 탐구자들의 (주관적) 특이성은 걸러지고, 탐구가 오래 지속된다는 가정 하에 결국 그것은 객관적인 진리로 바뀐다. 퍼스를 이렇게 할 수 있게 한 것은 진리에 대한 그의 실용주의 개념이다. 재정적 지원이 부족하든, 인간 종족이 제거되었든, 혹은 온 우주의 종말이 오든, 어떤 외부적 이유로 탐구가 갑자기 중단됨이 없다는 가정 하에, 거기에서는 어떤 문제에 관한 진리도 탐구자 공동체에 의해 결국에 도달하게 될 의견이다. 퍼스의 실용주의 진리 개념은 8장에서 논의될 것이다.

## 6.3 과학의 경계

바로 앞의 섹션에서 우리는 과학의 방법과 다른 세 방법 사이의 중요한 차이점은 과학적 방법에서 믿음이 궁극적으로 우리의 통제 아래 있지 않은 어떤 것에 의해 고정된다는 것임을 알았다. 베링거 화산구의 예는 엄연한 사실—혹은 퍼스가 그것을 표현하듯이 그것의 2차성—의 완강한 대립이 과학적 탐구 안에서 어떻게 나타나는지를 보여준다. 우리는 또한 퍼스에게 있어 모든 탐구의 출발점이 그 당시에 갖게 되는 믿음들이라는 것을 알았다. 일단 들어가고 난 후 거기에서부터 속행할 수 있는 아르키메데스 점[옮긴이 주: 고대 그리스의 과학철학자 아르키메데스에서 유래하는, 연구대상에서 관찰자를 제거하는 이상적인 관점으로, 관찰자가 탐구 주제를 객관적으로 지각할 수 있는 가설적 지점을 가리킴]이나 혹은 명백한 토대는 존재하지 않는다. 그 대신 우리는, 개중 대다수가 믿음을 고정시키는 다른 세 가지 방법의 산물인 편견과 경향성 모두를 가지고, 과학적이거나 그렇지 않은 탐구에 임한다. 이러한 이유에서 퍼스는 과학이 내재적으로 사회적인 일이라고 주장한다. 동료 연구자들과의 상호작용은 개인 연구자가 탐구에 가져오는 다양한 특이성을 걸러내는 데 매우 중요하며, 그것은 우리가, 퍼스가 말하듯이, "독단적인 사람과 사유의 개인적인 특성을 제거하도록"(R 969:3f) 허용한다. 셸리(Shelley)의 프랑켄슈타인이나 스티븐슨(Stevenson)의 지킬 박사와 같이 소설가들이 좋아하는 고독한 천재는 퍼스가 볼 때 전혀 과학자가 아니다. 사실상, 과학자의 관찰조차도 중요하지 않다. 즉 "한 사람의 경험은 그것이 홀로 존재하는 한 아무것도 아니다. 다른 사람이 볼 수 없는 것을 그가 본다면 우리는 그것을 환각이라 부른다"(CP 5. 402n).

앞의 세 방법과는 대조적으로 오류는 과학에서 중요한 역할을 한다. 이는 정확히, 우리가 생각하는 것과 무관하게 존재하는 바깥 세계가 있고 우리는 어떻게든 그 세계와 직접적으로 연결되어 있다는 강력한 증거를 받음으로써 우리가 틀렸을 때 그러하다. 따라서 오류는 피해야 하기보다는 권장되어야 한다는 점이 중요하게 생각된다. 이 점은 또한, 과학이 공동체적 기획이고 다른 배경과 경향, 능력의 사람들과 관련되어야 하며, 그래서 가장 다양한 관점이 탐사되어야 한다는 생각을 이야기하는 것이다. 지금 여기서 관여하고 있는 요소는 퍼스의 자아와 정신의 개념인데, 이는 확실하게 반 데카르트적이다. 퍼스는 사적 자아를 절묘하거나 신성한 어떤 것의 측면이 아닌 오류와 무지의 측면에서 정의한다. 우리의 사적 자아를 유일무이하게 만드는 것은 우리가 다른 사람들과 다르다는 것인데, 이는 우리가 상이한 사물들에 대해 잘못 알고 있고 상이한 사물들에 대해 무지하기 때문이다. 그러므로 퍼스에게 과학적 탐구—오류나 무지를 완화시키는 것의 추구—는 본질적으로 자아-소멸의 과정이다. 나는 퍼스의 정신과 자아의 개념에 대해 섹션 9.4에서 다시 다룰 것이다.

엄연한 사실에 직면하여 개별성들을 조화시킨다는 생각은 이러한 조화를 과학적으로 만들기 위한 어떤 특별한 방법이 있는지에 관한 물음을 불러온다. 우리의 차이점들을 조화롭게 하는 비과학적인 방법들, 예컨대, 앞에서 언급된 권위의 방법 혹은 투표를 하는 것 등은 분명히 존재한다. 어떤 사람들은 다음과 같이 주장해 왔다. 즉 과학을 비과학으로부터 경계 짓는 것은 정확히, 과학이 "과학적 방법"을 사용하고 비과학은 그렇지 않다는 점이며, 그 후의 과제는 이 방법을 명확하게 하는 것이라고 말이다. 퍼스는, 마치 모든 사람에게 맞아야 하는 하나의 신발이 있는 것처럼 단 한 개의 과학적 방법이 있다는 것을 인정하지 않는다. 그 대신, 그는 "모든 과학은 그 자신의 방법을 인간의 자연적 이성으로부터 발전시켜야 한다"고 주장한다(EP 2:78). 더욱이, 퍼스는 과학적 방법이 선험적이라는 생각을 거부하는데, 이는 과학적 방법이 그것의 적용에 선행해 그것의 적용과는 독립적으로 발전될 수 있기 때문이다. 과학에 사용되는 방법은 그 자체로 과학적 탐구의 성과물들이다. 사실, 과학적 방법은 퍼스에게 과학의 실제적 실천의 결과물이므로, 그는 과학에서 주요한 각각의 진보를 논리학에서 모범으로 간주할 뿐만 아니라 합리화가 정신 내부에서 일어나는 어떤 것이라는 생각을 거부한다. 섹션 4.2에서 이미 기술한 바와 같이, 퍼스는 증류기와 증류병을 사고의 도구로 만들고, 그럼으로써 "말과 상상력이 아니라 실제 사물을 조작하며 열린 눈으로 수행되어야 하는 어떤 것으로서 새로운 추론의 개념"(W 3: 243f)을 창시한 공을 프랑스 화학자 앙투안 라부아지에(Antoine Lavoisier)에게 돌린다. 행동과의 연결은 매우 중요하다. 1894년 논리학 책, 『추론하는 법(*How to Reason*)』을 위해 쓴 "의식의 작용은 무엇인가"라는 제목의 장에서, 퍼스는 "지능은 지적으로 느끼는 것이 아니라, 사람의 행위가 결과에 집중되도록 하는 행위 속에서 구성된다"(R406:2)고 강력히 충고한다. 과학은 사색 속의 연습이 아니며, 실천되어야 한다—그리고 이것은 이론과학에서도 마찬가지이다. 그리고 우리가 2장에서도 보았듯이 이는 다이어그램을 구성하고 그 위에 실험을 하며 그 결과를 관찰하는 일을 하는 순수 수학자들에도 마찬가지이다. 추론이 실험을 수반한다는 생각은 또한, 과학적 추론을 포함하는 논리학이 규범적 기획이라는 관념을 상기시킨다. 실험은 우리가 의도적으로 승인하는 *자발적* 행동을 수반하며, 퍼스가 올바르게 관찰하듯이, "자발적 행동의 승인은 도덕적 승인이다"(R312:28).

위의 언급된 것에 따르면서, 퍼스는 밧줄 추론과 쇠사슬 추론 사이의 구별을 도출한다. 데카르트는 그의 책, 『정신 지도의 규칙(*Regulae ad directionem ingenii*)』에서 과학적 논증에 대해 비유하기를, 우리의 결론을 명백한 토대에 연결하는 긴 삼단논법적 쇠사슬이라 하였다. 그러한 토대의 개념이 갖고 있는 문제점은 차치하더라도, 퍼스는 이 같은 비유가 잘못 이해된 것이라고 생각한다. 과학적 논증은 오히려 밧줄과 같다. 그것은 탄탄한 밧줄을 만들기 위해 함께 엮일 수 있는 수많은 가닥—분리되면 그 각각이 약할지라도—을 닮았다(W2:213). 과학적 추론이 쇠사슬과 비유될 때는, 단 하나의 실수가 전체 쇠사슬을 끊어지게 한다. 이 점은 또한, 논증의 각 단계에서 우리는 가장 강한 고리를 구축하려는 가닥을 택하여야 하며 그 연결에 영향을 주게 될 어떤 것도 무시해야 함을 암시한다. 하나의 유일한 연결이 무너지는 그 순간 쓸모가 없게 되는(최소한 그 특정한 연결이 다시 복구될 때까지) 데카르트의 쇠사슬과는 반대로, 하나 또는 심지어 여러 개의 섬유가 부러진다고 할지라도(심지어 그것이 결코 대체되지 않을 때라도), 특히 새로운 섬유가 지속적으로 채워지는 때에, 밧줄은 온전히 손상되지 않고 남아있다. 이러한 과정을 밟음으로써 퍼스는 통찰, 접근법, 방법론 그리고 지식의 발전에 공헌하는 그 밖의 유사한 것들에 대해 최대한의 복수성을 허용하는, 스콜라 신학자들의 다채로운 논증에 의지한다.

결론적으로, 우리는 탐구가 시작되기 전에 확인될 수 있고 계속하여 적용될 수 있는 단 하나의 과학적 방법이 존재하는 것을 퍼스가 부정한다고 말할 수 있다. 대신, 과학의 실천이 다양한 방법의 발전을 가져오고, 그 방법들이 적용될 때 얼마나 잘 작동하는지가 그것들의 지속적인 사용을 결정한다.

이제 무엇이 과학을 구성하고 무엇이 아닌지를 결정하기 위해 사용될 수 있는 방법이 없다면, 퍼스는 어떻게 과학과 비과학의 경계를 정하는가? 퍼스의 대답은 이렇다. 즉 과학을 다른 인지적 기획들로부터 구별하는 것은 사용된 *방법*이 아니라 방법이 수행되는 *태도*이다. 답이 어떤 것이어야 한다고 믿는 모든 성향에서 벗어나, 배우고자 하는 진정한 욕구로 탐구가 수행될 때, 탐구는 과학적이다. 이는 지식을 위한 지식의 추구이며, 다른 어떤 이유가 아니다. 설령, 그것이 암의 치료법을 발견하기 위한 것이든, 온실 가스를 줄이기 위한 것이든, 혹은 자신의 명성이나 경력을 끌어올리기 위한 것이든 말이다. 하지만 퍼스는 발견의 과학에 대해서만 말하고 있다고 덧붙일 필요가 있다. 실천적 과학의 경우에는 상황이 다르다. 그것의 목적은 그게 무엇이 되었든 사물이 실제로 어떻게 존재하는지를 발견하는 것이 아니라, 온실 가스의 감소와 암 치료법의 개발을 포함하는 특정하게 주어진 목표물을 달성시키는 것이다. 퍼스에 따르면, 탐구에서 우리가 과학적 태도에 의해 영향을 받을 때, 탐구는 우리가 필요로 하는 방법들을 발전시키거나 적절히 활용하도록 만들 것이다. 다른 말로 하면, 그것의 방법 면에서 과학을 정의하는 것은 앞과 뒤가 바뀐 격이다.

퍼스는 그가 추론의 첫째 법칙으로 부른 것에 대한 그의 입장을 다음과 같이 요약한다. 즉 "배우기 위해서 배우기를 원하여야 하며, 그렇게 원하면서 당신이 이미 생각하는 쪽으로 기울어지는 것에 만족하지 말아야 한다"(RLT: 178). 여기에 더해, 그는 중요한 결과로서 다음과 같이 명령한다. 즉 "탐구의 길을 막지 마라"(같은 책)가 그것이다. 이 길이 막힐 수 있는 여러 가지 방식들이 존재한다. 예를 들면, 어떤 믿음들이 자명하다고 고집하면서 알 수 없는 것에 관해 미리 언급한 참고자료들, 모든 과학이 자연과학에 따라 만들어질 것을 요구하면서 토대를 추궁하는 매우 과격한 요구, 그리고 확실성과 정확성에 대한 지나친 강조가 그것이다. 이 같은 추론의 첫째 법칙은 사변 수사학의 명령이다. 퍼스는 사변 수사학의 다른 명령들을 또한 구별한다. 가장 두드러지는 것으로는, 다음 장에서 논의될 실용주의 격률, 연구의 경제성에 관한 그의 이론, 그리고 시네키즘, 즉 가능할 때마다 우리는 사물이 연결되어 있다고 추정해야 한다는 견해가 있다.

하지만 4장에서 우리가 보았지만, 퍼스는 과학적 탐구를 위한 일반적 방법론을 구별하는데, 이것은 그가 입론의 세 가지 기본적 모드(가추법, 연역법, 그리고 귀납법; 섹션 4.5)에서 추출한 것이다. 이 점은 이것이 과학적 방법으로서 취해질 수 있는지, 따라서 우리에게 경계의 원칙을 제공하는지에 관한 문제를 야기한다. 정리하자면, 우리가 놀라운 현상을 만났을 때, 우리는 그것을 설명할 수 있는 가설을 찾음으로써 시작해야 한다. 퍼스는 우리가 그것을 통해 그러한 가설에 도달하는 과정을 *가추법(abduction)*이라고 부른다. 연구의 경제성이라는 규제적 원칙을 사용하면서, 우리가 가설을 받아들이기를 결정했을 때, 그 가설로부터 나올 수 있는 모든 것을 추출하기 위해 우리의 다른 믿음들과 함께 *연역법(deduction)*을 사용한다—특히, 우리는 어떤 관찰이나 실험 결과들이 그 가설이 참이라는 사실로부터 나오는지를 확인하도록 해야 한다. 마지막으로 우리는 *귀납법(induction)*을 사용하여 가설을 시험한다. 퍼스에게 이러한 전략은 찾아야 하는 가설의 유형에 특정한 제약을 가한다. 퍼스는 카시우스 카이저(Cassius J. Keyser)에게 보내는 편지에서 다음과 같이 설명한다.

> 가설이 과학에서 유용하기 위해서는, 가설의 성격이 명확하여 현상의 주요한 특징이 가설이 참임에 따른 *필연적 결과들* 혹은 최소한 거의 피할 수 없는 결과들이

> 어야 한다. 그래서 그 가설이 거짓일 경우, 가설은 스스로를 논박하기 위한 충분한 실마리를 제공해야 한다.[4)]

간략히 서술된 이 같은 접근은 칼 포퍼의 추측과 논박의 방법과 다르지 않으며, 가설이 반증가능하여야 한다는 요구까지도 포함한다. 그럼에도 최소한 한 가지 중요한 차이점이 존재하는데, 퍼스는 또한 가설이 입증되도록 허용한다는 것이다. 이는 그의 오류가능주의와 탐구의 이상적 목적에 대한 자신의 이론 때문에 그가 취하는 입장이다(섹션 8.2). 위의 언급에 우리가 덧붙일 수 있는 것은, 즉 앞에서 논의된 더욱더 분명한 목적을 가진 방법들과 같이, 이 같은 일반적 방법은 외부적(혹은 선험적)으로 그 방법에 강제된 어떤 것이 아니라 과학적 탐구의(실험적)결과물로 또한 취해져야 한다는 것이다. 모든 과학적 탐구가 이러한 패턴을 따라야 한다는 생각에 퍼스가 구속될 필요가 없다는 사실과는 별개로, 심지어 이러한 방법을 따르는 탐구조차도, 과학적인 태도로 즉 배움에 대한 순수하고 무조건적인 욕구를 가지고 수행될 때에만 과학으로서 자격을 얻는 것으로 보인다. 그러면 혹자는 이렇게 반론할 수 있을 것이다. 연구자가 의식적으로 가추, 연역, 귀납의 방법을 따른다면, 다른 모든 동기들이 배움의 욕구와 무관할 것이므로, 연구자는, 자동적으로, 배움에 대한 이 같은 욕구를 잘 보여주게 될 것이다. 하지만 이것이 그런지는 명확하지 않다. 허튼 소리하는 사람은, 예컨대, 그 방법으로 산출되는 어떤 것에도 관심을 두지 않은 채 명시된 방법을 진정성이 없이 기계적으로 수행할 수 있다. 그러므로 설사 모든 과학적 탐구가 그리고 *오직* 과학적 탐구만이 이러한 방법을 따르는 것이 사실일지라도, 그것은 여전히 앞과 뒤가 바뀐 것이다. 왜냐하면, 앞서 개괄된 이 방법이 과학적인지 아닌지를 결정하는 것은 정확히 배움에 대한 무조건적인 욕구에 헌신하는 것이며 그 반대가 아니기 때문이다. 그러므로 과학을 비과학으로부터 구별하는 것은 여전히 탐구에 참여하는 태도에 있는 것이며 사용된 방법(들)에 있지 않다.

과학적 탐구에 대한 퍼스의 개념은, 콜리지(Coleridge)가 과학을 체계화된 지식으로 정의한 것을 거부하도록 만드는데, 이는 그 당시 일반적 정의였다. "체계화된 지식" 대신에, 퍼스는 과학을 "진지하게 진리의 발견을 목적으로 하며, 인간이 성취하였고 발표하였던 지식을 고려하여 의도적으로 연구의 방법을 선별하는 연구의 한 갈래"로 정의한다(R18:02). 이를 통해 그는 다음과 같이 결론을 내린다. 즉,

> 과학은 우리에게 삶의 한 양식을 의미하며 과학의 유일하게 살아있는 목적은 진정한 진리를 발견하는 것이다. 과학은 신중한 방법을 따라 이러한 목적을 추구하는데, 이 방법은 다른 이들에 의해 이미 규명되어 이용할 수 있게 된 과학적 결과에 대한 빈틈없는 지식 위에 세워지는 것이다. 또한 과학은, 설령 당장의 연구자 자신이 아니더라도 궁극적으로는 후대에 나타나서 현재의 결과를 활용할 연구자들에 의해, 진리가 발견될 것이라는 희망을 가지고 협력을 도모한다. 인간의 지식이 얼마나 불완전한지, 오류와 편견이 얼마나 섞여 있는지는 문제가 아니다. 상술한 정신(spirit)을 가지고 그가 탐구에 참여하는 그 순간부터 그가 종사하는 것은 과학이며, 이러한 방식으로 과학이라는 말이 여기서 사용될 것이다. (CP 7.54)

그러므로 과학은, 생명 없는 일련의 수립된 사실이 아니라 살아있는 과정으로, 진행과정 중에 얻게 된 지식의 부분들의 측면에서가 아닌 "헌신적이고, 신중한 평생의 지식 추구"(R1126:8)라는 측면에서 정의되어야한다. 이러한 이유로 "재현의 진리를 위한 일반적 조건을 발견하는 것으로는 충분하지 않다. 과학적 재현의 발전을 위한 법칙을 더 심화하여 연구하는 것이 필요하다"(R787:10).

1) 호킨스 카운티 공립학교에 대한 모저트의 소송, 미연방 순회항소법정, 제6차.

2) 칼 포퍼(Karl Popper), 『추측과 논박(*Conjectures and Refutations)*』 (London, 1972), pp.34-9.

3) 『순수이성비판』, B:xl.

4) 1907년, 10월 1일, Cassius J. Keyser에게 보내는 편지.

# VII 실용주의

# 7

# 실용주의

실용주의는 1870년대 초, 매사추세츠 케임브리지에서 철학을 논하기 위해 모였던, 주로 젊은 사람들로 구성된 소모임에서 유래되었다고 전해진다. 그들은 역설적이며 반항적인 태도로 자신들을—그들이 구식이라고 생각한 학문에 경의를 표하며—형이상학 클럽(The Metaphysical Club)이라고 불렀다. 그 모임에 대한 기록은 남아있지 않지만 편지나 출판물로 나온 자료에 의하면, 그들이 그 당시에 철학이 실천되었던 방법을 거부했다는 것은 명백하다. 그렇게 그들은 하버드에서 일어나고 있었던 광범위한 변화의 한 부분이었다(섹션 1.1). 퍼스 이외에도 윌리엄 제임스, 존 피스크(John Fiske), 촌시 라이트(Chauncey Wright), 그리고 변호사인 올리버 웬델 홈즈 주니어(Oliver Wendell Holmes, Jr.)와 니콜라스 존 그린(Nicholas St. John Green)이 그 모임에 속해 있었다. "행동을 위해 준비된 것으로서의 믿음"이라는 알렉산더 베인(Alexander Bain, 1818~1903)의 믿음에 대한 정의가 중요한 토론거리였다. 후일 퍼스가 적기를, 그러한 정의가 인정되자마자 실용주의는 거의 즉각적으로 자연적인 결과물로서 따라오는 것이다. 바로 앞 장에서 논의된 퍼스의 탐구 이론은, 명확하게 베인의 정의를 염두에 두고 구상된다. 하지만 사람들이 퍼스를 실용주의의 아버지로 칭할 때, 그들은 퍼스가 「관념을 명확하게 하는 법」이란 두 번째 논문에서 발표한 격률을 생각한다. 그 논문에서 퍼스는 논리학자들에 의해 이제껏 제안되었던 것보다 더 나은 방법의 명확하게 사고하는 법을 제공하는 일에 힘을 기울였다. 그 격률이 강조된 것은 윌리엄 제임스 때문인데, 그는 "철학적 개념과 실용적 결과들"[1]이란 제목의 1898년 버클리 협회 강연에서 그것에 주의를 환기했다. 하지만 그 이유는 또한 그것의 기반적인 성질 때문이다. 격률은 철학적이든 과학적이든 모든 지적인 개념에 개입하며, 그 결과로서 사고의 전체 구조가 중대한 방식으로 변화하도록 한다.

주로 윌리엄 제임스 덕분으로, 실용주의는 19세기 말에 급격히 주목받는다. 그것의 주요 지지자들 가운데, 페르디난드 실러(Ferdinand Schiller), 존 듀이(John Dewey), 조지 허버트 미드(George Herbert Mead), 루이스(C. I. Lewis)가 있다. 이탈리아에서는 조반니 파피니(Giovanni Papini), 주세페 프레졸리니(Giuseppe Prezzolini), 조반니 바일라티(Giovanni Vailati), 그리고 마리오 칼데로니(Mario Calderoni)를 중심으로, 짧은 기간이었지만 특히 강력한 실용주의자 그룹이 부상한다.[2] 퍼스는 자신이 의도하지 않게 촉발시킨 시류에 참여하려고 하였지만, 다른 실용주의자들에 대해 아주 비판적이었던 그의 견해는 주류가 되지 못했다. 대학에 소속되지 않은 점, 상대적으로 고립되어 산 점, 주류 관점에서 출판하지 않은 것 등 모든 것이 그에게 불리하게 돌아갔다.

실용주의는 철학 공동체에 잘 수용되지 않았다. 제임스는 자신의 관점을, 안락의자 철학자들의 공허한 정신적 음모에 불과한 것이라고 그가 생각한 것들과 대조하면서, 그는 진리를 우리 관념의 현물가[실용성]와 동일시하는 것으로 잘 알려져 있다. 이것이 강력하지만 위험한 은유임은 곧 판명된다. 이 비유는 다른 사람들로 하여금 실용주의를 투박한 미국식 자본주의에 대한 얄팍한 옹호라고 아무렇게나 일축해 버리게끔 하였고, 그런 일이 정확하게 일어났다. 하지만 퍼스와 제임스는 실용주의가 새로운 어떤 것이라거나 심지어 특별히 미국적이라는 것을 명시적으로 부정한다. 그들은 오히려 그것을 철학자들이 고대로부터 지금까지 실천해 오고 있는 방법의 의식적이고 체계적인 수용으로서 이해한다. 퍼스는 심지어 철학적 관념의 새로움이야말로 그것의 허위성에 대한 가장 확실한 기호의 하나라고 과감하게 선언한다. 실용주의의 고귀한 내력을 입증하기 위하여, 그는 예수가 한 말인 "그들의 열매로 그들을 알지니"를 자신의 실용주의 격률의 초기 버전으로 읽으면서 실용주의자 사이에 예수까지 포함한다. 제임스가 자신의 책 『실용주의(*Pragmatism*)』의 부제목을 『오래된 사유방식을 위한 새로운 이름』이라고 부를 때, 그는 동일한 입장을 강조하려고 한다.

제임스의 전기 작가 랠프 바턴 페리(Ralph Barton Perry)에 따르면, "실용주의라고 알려진 근대의 운동은 넓게는 퍼스에 대한 제임스의 오해의 결과이다."[3)] 하지만 우리가 두 사람의 초기 연구를 자세히 살펴보고, 수년 동안 어떻게 제임스가 지속적으로 퍼스에게 영향을 주는지 고려할 때, 이러한 관점은 유지될 수가 없다. 오히려 퍼스가 그의 유명한 격률을 출판할 시기에, 행위와 실용성에 대한 제임스의 강조는 이미 확고하게 수립되어 있는 것처럼 보인다. 다른 말로 하면, 페리가 쓴 내용과는 대조적으로, 제임스는 퍼스의 실용주의를 잘못 해석하지 않지만, 그들의 입장은 다른 두 가닥의 실용주의를 재현하며, 각각은 1870년 초기의 형이상학 클럽 내에서 있었던 토론에서 기원을 가진다. 제임스가 퍼스를 실용주의의 창시자로 칭하면서, 실용주의를 명시적으로 그의 사상의 중심축으로 삼는 19세기 말에는, 상황이 좀 더 복잡해진다. 제임스의 유명론적 퍼스 해석은 빠르게 인기를 얻는다. 이것과는 거리를 두면서, 퍼스는 자신의 독트린을 *프래그마티시즘(pragmaticism)* [옮긴이 주: 이 표현은 'ic'가 삽입된 형태의 '실용적(pragmatic)'인 의미로 'ism'의 실용주의(pragmatism)보다 더 엄격하게 정의된다]이라고 명명하는데, 그는 이 말이 너무 추해서 어떤 사람도 이를 훔쳐가지 않을 것이라고 생각했다(CP 5.414). 본 장은 바로 이 관점에 대해 다룬다.

## 7.1 「관념을 명확하게 하는 법」

퍼스가 주장하듯이, 철학에 종사하는 사람은 누구나 "철학에 대한 많은 혼란스러운 관념들"(R953: 10)을 도입하고 마는데, 이 점은 또한 다른 지적인 노력에서도 마찬가지이다. 이것 때문에, "우리가 대처하는 각각의 문제를 위해 우리의 관념들을 명확하게 만드는 진지하고 예비적인 과제가 존재해야 한다"(같은 책). 퍼스의 1878년 논문 「관념을 명확하게 하는 법」은 이를 위한 방법을 발전시키는 지속적인 시도이다. 관념이란 무엇인가에 대한 퍼스의 생각은, 『센츄리 백과사전』에서 그가 정의한 "사유의 직접적인 대상, 즉 느낄 때 느끼는 것, 혹은 상상할 때 상상하는 것, 혹은 생각할 때 생각하는 것, 요컨대, 이해되어 직접 인지적인 의식에 나타나는 모든 것"에 가깝다(CD: 2973). 섹션 3.1에서 논의된 패니론(phaneron)이라는 퍼스의 개념을 환기해 보자. 퍼스가 관념을 명확하게 한다고 말할 때, 그는 사실 최적으로 어떤 인지적 목적을 수행하도록 패니론으로부터 어떤 것을 추출하는 과정에 대하여 이야기하는 것이다. 이러한 인지적 목적이 무엇인지 혹은 무엇이 되어야 하는지 그리고 그곳에 어떻게 도달하는지에 대하여 우리에게 알려주는 것이 세 번째이자 가장 높은 단계의 규범과학으로서의 논리학이다. 우리가 보게 되겠지만 그러한 목적은 본질적으로 어떤 미래의 탐구도 흔들어 놓을 수 없는 의견에 도달하는 것이다.

「관념을 명확하게 하는 법」에서 퍼스는 명확성의 정도를 세 단계로 구별한다. 하나의 관념은 그것이 "어떤 이에게 나타날 때마다 인식되고, 그래서 다른 어떤 것도 그것으로 잘못 인식되는 일이 없게 될" 때(W3: 258), 첫 번째 단계에 도달한다. 이 같은 첫 번째 단계는 시세를 알고 있는 전당포 주인이 가진 금에 대한 관념을 예로 들 수 있겠다. 금에 대한 그의 관념은 그가 그것을 보는 순간 그 대상이 금으로 만들어진 것이라고 인식하도록 허용하고, 그가 "금"이라는 단어가 포함된 문장을 해석하도록 한다. 이러한 첫 번째 단계의 명확성을 위해 필요한 모든 것은 금으로 만들어진 대상에 익숙해지는 것이다. 명확성의 첫 번째 단계가 주로 감각적인 명확성이라고 할지라도(R 254:6), 그것이 협소하게 경험적일 필요는 없다. 사람들은 유니콘, 전자, 혹은 삼위일체에 대한 명확한 관념을 이러한 개념들이 우리의 언어와 문화에 어떻게 나타나는지에 대해 익숙해짐으로써 얻을 수 있다. 예를 들어, *유니콘*의 지시를, 이와는 대립되는 것, 말하자면 켄타우로스(centaurs), 말, 혹은 엘라스모테리움(elasmotheriums)[옮긴이 주: 유니콘과 닮은 것으로 전해지는 전설상의 동물]이 아닌, 유니콘의 *지시*를 확인할 수 있을 때에, 그리고 유니콘의 지시로서 다른 사람들에게 일반적으로 해석되는 유니콘에 대한 지시를 만들어 낼 수 있을 때 유니콘에 대한 명확한 관념을 가진다.

하지만 단순하게 하나의 관념에 익숙하다는 것은, 퍼스의 견해로는, 과학과 철학에서 으레 요구되는 정확성과 논리적 안정성을 위해서 충분하지 않다. 명확성의 두 번째 단계는 그러한 정확성과 안정성을 위한 자리를 마련하고자 모색한다. 관념은 단지 명확할 뿐만 아니라 명확하지 않은 어떤 것도 포함하지 않을 때 두 번째 단계에 이른다. 우리는 이러한 두 번째 단계를, 우리가 "관념에 대한 추상적인 분석을 그것의 궁극적인 요소나 혹은 우리가 달성할 수 있는 만큼 완전한 분석"에 제공하는 때에 얻는다(CP 6.481). 원자 번호 79인 화학적 요소로서 금의 정의는 이러한 예이다. 여기서 추상적 정의는 우리가 그 개념을 이해하도록 이끈다. 말하자면, 전당포 주인이 무엇이 금이라고 생각하고 말하는지와 상관없이 원자번호 79를 갖는 것은 모두 금이어야 한다. 사실, 첫 번째 단계의 명확성에서 금으로 확인되는 어떤 것은 정의에 맞지 않을 수도 있으며, 한편 어떤 것은 첫 번째 단계에서 금으로 확인되지 않더라도 그러한 정의에 부합한다. 분석 철학자들은 보통 그들이 사용하는 개념을 위해 명확성의 두 번째 단계를 얻으려고 한다.

하지만 추상적 정의에 관련된 문제점은 그것이 경험과 단절된다는 것이다. 명확성에 대한 세 번째 단계로, 퍼스는 두 번째 단계에서 얻은 정확성을 유지한 채로 경험 세계로 돌아옴으로써 경험을 위한 자리를 마련고자 모색한다. 퍼스의 이러한 세 번째 단계는 이제 실용주의 격률이라고 부르는 것에 훌륭하게 표현된다. 즉,

> 실제적인 목적과 관련된다고 여겨질 수도 있는, 우리가 생각하는 개념의 대상이 갖는 어떤 효과를 생각해 보라. 그러면, 이러한 효과에 대한 우리의 개념이 그 대상에 대한 우리의 개념 전체이다. (W3: 266)

격률이 개념을 무의미하다고 증명하지 않는다면, 명확성의 두 번째 단계의 관념에 대한 실용주의 격률의 적용은 퍼스가 *실용주의적 정의*라고 부르는 것이 된다. 그는 이것을 "합리적 행동에 영향을 줄 수 있는 특징에 의한 정의"로 규정한다(CD 11:348). 1903년 로웰 강의록에

서, 퍼스는 리튬에 대한 실용주의적 정의를 하나의 예로 보여 준다:

> 화학책에서 *리튬*의 정의를 찾아본다면, 원자량이 거의 7에 가까운 원소라고 알려준다. 하지만 책의 저자가 보다 합리적인 정신을 갖고 있다면 그는 다음과 같이 알려줄 것이다, 즉 만약 당신이 유리 같고 반투명한 회색이거나 흰색이고, 매우 딱딱하며 잘 부서지고 용해되지 않는 광물 중에서, 불휘 화염에 진홍빛을 띠게 하는 광물을 찾고 있다면, 석회나 독중석(毒重石) 쥐약으로 분쇄되고 융해된 상태의 이 광물은 염산에 부분적으로 용해될 수 있다. 그리고 이 용액이 증발되고 잔여물이 황산을 통해 추출되어 적절히 정제된다면, 이것은 일반적 방법에 따라 고체 상태의 염화물로 변환될 수 있으며, 그런 다음 용해될 수 있고, 6개의 강력한 전해조(電解槽)에 의해 전기 분해될 수 있다. 그리고 그것은 휘발유에 뜨는 분홍빛을 띠는 은색 금속 덩어리를 산출할 것이다. 이 덩어리를 구성하는 원료가 바로 리튬의 표본이다. (CP 2.330).

이 같은 정의는, "그 말의 대상에 관한 지각적 지식을 얻기 위하여 당신이 해야 할 것을 규정함으로써"(같은 책), 이것이 리튬이 의미하는 것이며 그 이상은 없다는 이해와 함께, 당신에게 리튬이 무엇인지를 알려준다.

리튬의 정의는 실용주의적 정의가 나중에 일어나는 다양한 정의의 변화에 좌우된다는 것을 보여준다. 시간이 지나면서 우리는 리튬에 대해 더 많이 알게 될 것이고 그 점은 우리가 우리의 개념을 확장하거나 개선토록 할 것이다. 이런 방법으로 우리의 용어가 의미하는 것은, 6장에서 논의된 탐구의 방법과 같이, 탐구의 *결과물*이지, 탐구에 독립적이고 선행하여 결정되는 어떤 것은 아니라는 것이다. 이것은 더 나아가, 탐구가 우리가 최종적 의견으로 수렴되게 하는 하나의 과정으로 간주될 수 *있다면,* 그 의견을 표현하는 데 사용된 용어들의 의미도 그와 유사하게 용어들의 최종적인 실용주의적 정의를 반영하기 위해 수렴될 것이라는 것을 나타낸다. 또한 그것을 기호학적으로 표현하면(섹션 5.4), 일련의 역동적 해석체들은 결국에 최종적 해석체, 혹은 "상황이 기호를 완전히 효과적이 되도록 만드는 모든 정신에, 기호가 생산하게 될 효과"(SS:111)가 된다.

하지만 퍼스는 "개별적인 것들의 단순한 혼합"은 단지 가장 초보적인 종류의 개념이라는 점을 조심스럽게 지적한다(CP 7.467). 오히려, "개념은 *다이어그램*이나 *도상*이 우리에게 미치는 살아있는 영향력이다. 그 경우 다이어그램이나 도상의 일부는 사고 속에서 동일한 수의 느낌이나 관념과 연결되어 있다"(같은 책). 퍼스는 다른 곳에서 이렇게 적는다. 개념이 *유의미*하다고 말하는 것은 그것이 "살아있는 정신을 창조하는 자질을 갖는다"라고 말하는 것이다" (R 339: 443).

퍼스는 더 높은 명확성의 단계를 추가하는 생각에 대하여 고려해보지만—대부분 그 자신의 격률에 대한 매우 제한적인 독해에 의해 영향을 받아—결국에 그는 명확성을 세 단계로 세분하기로 한다. 예를 들면, 그의 삶의 막바지에, 『히버트 저널(*The Hibbert Journal*)』에 게재된 그의 논문 「신의 실재에 대한 간과된 논증」에서 퍼스는 그의 입장을 다음과 같이 요약한다.

> 그 의미를 완전하게 얻기 위해서는 처음부터, 그것의 예시들에 대한 광범위한 지식을 통해, 가장되어 나타나는 개념을 인식하는 것을 배우는 것이 필요하다. 하지만 결국에 이것이 그것에 대한 어떤 진정한 이해를 내포하는 것은 아니다. 그러므로 더 나아가 우리가 그것의 추상적인 논리적 분석을 그것의 궁극적인 요소로, 혹은 우리가 달성할 수 있는 만큼 완전한 분석으로 만드는 것이 필요하다. 하지만 그렇다고 하더라도, 우리는 여전히 그것에 대해 어떤 살아있는 이해를 하지 못할 수도 있다. 그리고 그것의 성질에 관한 우리의 지식을 완전하게 하는 유일한 방법

은 (가능한 모든 주제에 대해 그리고 가능한 모든 상황 아래서) 개념이 참이라는 믿음이 합리적으로 발전시키게 될, 어떤 일반적인 행동습관을 발견하고 인식하는 것이다. (EP 2: 447f)

이 구절은 명확성의 세 단계 사이의 관계와 각각의 기능을 제시한다.

여전히 남는 한 가지 질문은 왜 이러한 결과들이 *실용적(practical)*이 되어야 하는가이다. 우리가 살펴 본 바에 의하면 퍼스는 실용과학이 아닌 이론과학에 대해 분명히 말하고 있다. 그렇다면 왜, 가령 경험주의자들과 같은 경험이나 감각 인상이 아닌, 실용적 결과인가? 이 문제를 다루기 위해서 우리는 논리학에 대한 논의로 되돌아가야 한다. 4장에서 나는 퍼스가 논리학을, 윤리학과 미학에 기반을 둔 규범과학으로 생각한다는 점을 설명했다. 논리학은, "재현행위"가 매우 광범위하게 이뤄지는 곳에서, 어떤 것을 재현하는 것을 목표로 하는 우리의 의도적 사고를 그 점에 한해 연구한다. 그리고 좋은 추론의 습관을 발전시키려는 목적으로 자아-통제에 의존하는 사고를 그 점에 한해 연구한다. 이러한 맥락에서 실용적 결과들에 대한 퍼스의 강조는 자연적으로 나타나며, 그것은 우리가 할 수 있고, 할 것이고, 혹은 해야만 하는 것에 대한 함의를 갖는 그러한 결과들에 집중하도록 만든다. 또한 과학에 대한 이러한 접근은 과학 자체 내에서 일어나고 있었던 변화와 들어맞는다. 심지어 이론과학들도 자연에 나타나는 것을 이해하는 것에 자신을 전적으로 제한하기 때문에 더 이상 순수하게 관조적이지 않다. 대신, 과학자들은 현상을 제시하는 것을 점점 목표로 하고 있다. 고전적인 예는 로버트 보일(Robert Boyle)의 공기 펌프이다. 그것의 목적은 자연에서 결코 관찰될 수 없었던 현상—그것의 가능성은 많은 이들에 의하여 거부되었다—즉 진공을 만들어내는 것이었다.

퍼스는 더 나아가 격률의 적용 가능성을 *지적인* 개념으로 분명하게 제한하는데, 퍼스가 진술하듯 이 개념은 일반적이다. 이 점은 우리가 또한 일반적이 되는 정신적 요소를 찾아야 한다는 점을 의미한다. 퍼스는 그러한 요소들 중에서 두 가지, 욕망과 습관을 발견하고 후자를 선택한다. 결과적으로 관념이 지적으로 유의미하려면, 그것은 최소한 행동에 일반적인 영향을 미치는 결과로 나온다고 생각되는 것이어야 한다. 즉 그것은 습관의 창조, 변화 혹은 강화이다.[4] 그러므로 퍼스는 경험이나 감각 인상이 그것 자체로 의미를 생성할 수 있다는 것을 거부한다. 필요한 것은 습관의 발전(혹은 강화)이다. 퍼스가 하우즈 노리스(Howes Norris)에게 다음과 같이 썼다. "일반적인 것에 부여할 수 있는 진정한 의미의 종류는 오직, 어떤 원칙에 따라 행동하고자 하는 일반적 의지의 개념이다"(NEM 3: 946). 결과적으로 "일반적 용어의 진정한 중요성은 오직 그것이 내포하는 일반적 행동에 있다"(같은 책).

그러므로 퍼스는 그가 염두에 둔 실용적 귀결이, 만약 행동을 억지로 수행되는 것이라고 생각한다면 그런 행동의 면에서 해석되어서는 안 된다고 조심스럽게 진술한다. 세기의 전환 직후에 그가 적듯이, "여전히 나는 어떤 것의 의미도 그것이 야기하게 될 것에 있다고 주장하지만, 행동이 최종 목적이라는 것은 더 이상 인정할 수 없다. 반대로 궁극적인 목적이 없는 행동은 단지 발작이다"(R873: 36). 목표가 되어야 하는 것은 2차성의 단계에서만 작동하는 단순한 맹아적 힘의 행사가 아니라, 3차성의 단계에서 작동하는 합리성의 발전을 심화하는 것이다.

그러므로 퍼스의 실용주의 개념은 매우 강하게 습관의 개념에 의존한다. 퍼스가 편집자 폴 카루스(Paul Carus)에게 설명하듯이, 우리가 "특정한 개념이 그것의 실현을 수행하려고 하는 *행동 습관*에 대한 명확한 개념[5])을 가질 때," 우리는 실용주의적 명확성에 도달해 있다. 일반적으로 습관이나 행동하려는 성향은 의식적일 필요가 없으며, 또는 의식적으로 형성될 필요도 없다. 더욱이 우리는 그것이 어떻게 시간을 따라 변화하는지 실제로 통제하지 않으며, 우리의 나쁜 습관이 고통스럽게 우리에게 보여주듯이 우리는 단순히 의지적 행동에 통해 그것을 제거할 수도 없다. 더 나아가 우리가 가진 많은 습관들은 사회적이다—그것은 우리 자신의 산물이라기보다 더 우리 환경의 산물이다. 예를 들면, 정직은 개인의 사적인 소유가 아니라 사회적 압력에 대해 개인적 열망이 작동하는 적응이다. 우리는 심지어 우리가 습관을 형성한다기보다 습관이 우리를 형성한다고까지 말할 수 있다. 사실, 섹션 4.2에서 논의되었던 *로지카 우텐스*도 또한 이러한 방법으로 형성된다. 동시에 우리는 의도적으로 습관을 형성하거나 만들게 되는데, 논리학이라는 규범과학—로지카 도센스—이 우리에게 지침을 제공하려고 목표하는 것은 바로 이를 위해서이다.

그러면 우리가 사용하는 말의 의미에 대한 문제와 관련하여, 우리의 입장은 어떤 것인가? 많은 우리의 습관들과 마찬가지로, 말들 또한 단지 부분적으로만 우리의 통제 아래 있는 사회적 습관들이다. 퍼스는 "말의 의미는 실제로, 믿을 수 있는 명제 내의 적절한 위치에서, 말 자체가 만들어질 때처럼 한 사람의 행동을 그대로 따르게 하는 방식에 있다"(R 464:26)라고 적는다. 또한, 그가 켈러(Kehler)에게 말하듯이, "*믿는다는 것, 즉 진정으로* 순수한 믿음은 사람들이 맞서고 있는 습관에, 그리고 사람들이 일상적으로 인식하는(항상은 아니더라도) 습관에 있다. 또 이 같은 습관은 특정한 상황 아래서 사람들은 단호한 방식으로 행동할 것이고 그렇게 하는 것에 만족할 것이라는 일반적인 사실에 근거한다"(NEM 3:191). 이것과 마찬가지로, 퍼스는 실용주의를 "*생각할 수 있는 실용적 결과들*(가령, 합리적 행동을 위한 결과들)이 *모든 개념의 지적인 의미를 완전하게 규명하는* 독트린"[6] 으로서 정의한다.

## 7.2 실용주의를 증명하기

퍼스는 실용주의가 증명되어야 한다고 요구함으로써 동료 실용주의자들보다 한층 더 나아간다. 왜냐하면, 실용주의가 많은 어려운 사안들을 해결하는 데 능력이 있다는 것을 입증했다고는 하지만, 단순한 규칙이 종종 "과학이 더욱 발전하는 과정에서 대단히 복잡해야 했다"는 것은 과학자와 철학자 양측 모두에게 잘 알려진 사실이기(EP 2:139) 때문이다. 다르게 표현하면, 경험의 법칙으로 보건대, 어떤 개념으로부터 생각할 수 있는 실용적 결과에 대한 우리의 개념작용이 그 개념의 의미라고 말하는 것은 의문의 여지가 없다. 그러나 어떤 개념도 그러한 결과와 동떨어진 어떤 의미를 갖지 못한다고 말할 수 있는가? 법칙에 약간의 변화를 요구하는 변칙적인 경우가 정말로 존재하지 않는가? 격률에 관한 순수한 의심이 제기될 수 있으며, 심지어 그 격률이 우리의 가장 기본적인 개념까지도 (재)정의함으로써 우리가 탐구하게 될 모든 것에 깊이 영향을 주기 때문에, 퍼스는 증명을 요구하는 것만이 적절하다고 생각한다.

퍼스가 증명이라고 말할 때, 그는 각 명제가 그것을 선행하는 명제들로부터 필연적으로 따라오는 예전의 합리주의적 의미에서의 논증을 생각하는 것이 아니다. 오히려 그는 밧줄 추론의 한 예로서 증명을 머릿속에 그린다(섹션 6.3).

> 이것은, 마치 토목기사가 다리나 배, 집을 세우기 전에 모든 재료의 상이한 특성에 대해 생각하고 시험되지 않은 철, 석재, 시멘트는 사용하지 않으면서, 정밀하게

> 검토된 방식으로 그것들을 함께 투입하는 것과 같다. 즉 실용주의의 독트린을 구성함에 있어, 모든 분해할 수 없는 개념들의 특성과 그 개념들이 혼합될 수 있는 방식은 검토되었다. 이제 제안된 독트린의 목적이 분석된 후에, 독트린은 그 목적을 달성할 수 있도록 적절한 개념들로부터 구축되었다. 이러한 방법으로 그것이 참임은 증명되었다. 그것의 진리성에 대해 부가적으로 확인해야 할 것들이 있다. 하지만 그것을 엄밀하게 증명하는 다른 독립적인 방법은 존재하지 않는 것으로 보인다. (CP 5.5)

이 같은 모든 증명은 현상학(phaneroscopy)에서 출발해야 하고, 그런 다음 규범과학들을 거쳐야 한다. 실용주의의 진리로 우리를 확신시키는 것 이외에도 그러한 증명은 "어떻게 주제의 상이한 특성들이 [중략] 서로 관련되어 있는지, 그리고 어떻게 그것을 연구하는 전체 기획이 함께 연결되어 있는지"(NEM 2: 65)를 입증하는 추가적인 이점을 가진다.

5장에서 우리는 퍼스가 기호학을 논리학 전체 혹은 사변 문법에만 관련되는 것으로 간주한다는 것을 알았다. 실용주의의 기반을 세우는 목적에 관한 한, 보다 소박한 견해인 사변 문법이 우리가 필요로 하는 전부이다. 왜냐하면, 실용주의는 퍼스의 기호에 대한 정의를 직접 따르며, 이러한 정의는 사변 문법의 범위 내에 들기 때문이다. 5장에서 우리는 퍼스가 기호를 대상에 의해 결정되고 해석체(해석자)를 결정하는 어떤 것으로 정의하며, 그럼으로써 해석체(해석자)를, 기호를 결정하는 그 대상에 의해 간접적[중재적]으로 결정되는 어떤 것으로 정의했다(NEM 3: 886)는 것을 알았다. 이로써, 퍼스가 주장하기를, 우리는 "모든 기호의 의미는 그것의 올바른 *효과*"(R339:348r)라고 결론을 내릴 수 있다. 나는 또한 실용주의 격률이 지적인 개념에만 한정된다는 것을 언급했다. 그러므로 우리는 퍼스의 기호 구분에서 어디에 지적인 개념들을 분류해야 할지를 설정해야 한다. 지적인 개념들은 본래 일반적이기에, 그것은 도상이나 지표일 수 없다. 이 점은 상징이 우리의 유일한 선택이 되게 한다. 이제, 퍼스는 상징을 "이름과 의미된 성격 사이의 관념의 연상이나 습관적 연결에 의하여"(CP 1.369) 그것의 대상을 의미하는 기호로 정의한다. 상징에 대한 아래의 정의는 실용주의와의 연결고리를 더욱 명확하게 한다.

> 상징이 된다는 것은 특정 조건이 충족된다면 어떤 것이 진정으로 경험*되어질 것*이라는 실제적 사실에 있다. 즉, 상징은 그것을 해석하는 사람의 사고와 행동에 영향을 미칠 것이다. 모든 단어는 상징이다. 모든 문장은 상징이다. 모든 책은 상징이다. 관습에 의존하는 모든 표상체[혹은 기호]는 상징이다. (CP 4.447)

퍼스가 초기에는 상징에 의하여 수립된 모든 연결을 관습에만 한정하지만, 후에는 "자연적 성향"(CP 4.531)을 포함한다. 실용주의는 이렇게 상징의 특정 유형이 갖는 의미의 독트린으로 이해될 수 있다. 또는, 우리가 보다 정확한 것을 원하여 퍼스의 기호의 10중 분류를 따른다면(섹션 5.7), 실용주의는 지적인 개념으로서 동원되는 레마적 지표적 법칙기호들의 의미를 확정하려고 한다. 퍼스는 더 나아가 다음과 같이 적는다. 즉 "모든 말, 글 혹은 다른 기호의 *의미*는 사고의 목적을 위한 보다 편리한 기호로의 번역이다"(NEM 2:251)—우리가 보았듯이, 최종적 해석체에서 이상적으로 종료되는 과정이다. 이러한 방식으로 퍼스는 실용주의를 형이상학이나 심리학의 어떤 법칙이 아닌 "기호의 본질적 성격에 대한 논리적이고 비심리적인 연구"(NEM2:520f)에 토대를 둔다. 그가 예전의 학생에게 말했듯이, "실용주의는 기호의 형식적 법칙에 대한 나의 연구의 결과물이고, 그 연구는 다른 어떤 과학도 아닌 수학과 일상 경험의 익숙한 사실에 의해 인도된 것이다."[7] 위에 기술된 모든 사항은, 모든 사고는 기호로 존재하며 그래서 기호가 아닌 어떤 개념도 존재할 수 없다는, 5장에서 암시된 퍼스의 생각에 의해 더욱 강화된다.

우리가 섹션 4.3에서 보았듯이, 퍼스는 모든 논증을 세 가지 기본적 형태(연역, 귀납, 가추)로 환원하며, 이어서 그것들 모두를 하나의 매우 일반적인 탐구 방법에 적합하게 한다(섹션 6.3). 이제, 퍼스가 그렇다고 주장하듯이, 실용주의가 논리의 격률이라면, 물어야 할 질문은 이런 것이다. 즉 이러한 세 갈래 구분에서 그리고 이 같은 일반적 방법에서, 실용주의는 어디에서 또는 어떻게 특성을 나타내는가? 1903년 하버드 강의에서 퍼스는 실용주의를 가추법의 논리라고 명시적으로 확인한다(EP 2: 234f). 가추법이 가설 구성의 과정이라는 점을 기억하자(섹션 4.5). 우리가 보았듯이, 퍼스는 좋은 가설을 찾는 우리의 능력을 부분적으로 옳은 추측을 하는 우리의 본능 덕분이라고 생각하지만, 가추법의 *논리*는 정의에 의해 우리의 의도적인 통제 내에 들어가야 하는데, 이 점은 가추법이 실용주의 격률처럼 규범적 원리들에 종속될 수 있다는 것을 의미한다. 위의 기술된 것을 기초로 우리는 실용주의 격률이 그것의 생각할 수 있는 실용적 결과의 측면에서 가설을 평가한다고 말할 수 있다. 실용주의 격률은 가설의 실용적 결과의 측면에서 가설이 의미하는 바를 확정하고, 아무런 실용적 결과도 갖고 있지 않은 가설들을 드러내고, 그리고 가설들의 생각할 수 있는 실용적 결과들에 차이가 없기 때문에 어떤 가설이 어떤 것과 정확하게 동일함—그것들이 다르게 표현된다 할지라도—을 보여준다. 이러한 방법으로 퍼스는 가설은 시험될 수 있어야 한다(카르납이 주장하였듯이)거나 반증가능하여야 한다(포퍼가 주장하였듯이)는 요건보다, 더 넓은 그리고 연구의 경제성에 대한 고려까지도 포함하는 가설의 허용 법칙을 제공한다. 이제, 우리는 탐구의 길을 결코 가로막지 말아야 한다(섹션 6.3)는 퍼스의 격언을 여기에 추가한다면, 이것의 귀결은 절대적으로 필수적인 것 이외에 가추법에 어떠한 제한도 두지 말아야 한다는 것이다. 이 점은 퍼스로 하여금 다음과 같은 결론에 이르도록 한다. 즉 "어쩌면 실용적인 고려만을 찾게 될 격률은, 허용되지 않는 것으로서의 모든 가설들을 배제하기 위해서라면 어떤 추가적인 것도 필요하지 않을 것이고" 따라서 "실용주의 격률은, 그것이 참이라면, 가추법 논리 전체를 완전하게 *포함한다*"(EP 2:234f). 그 다음 퍼스는 실용주의가 귀납이나 연역에 영향을 줄 수 없으며, 따라서 실용주의의 유일한 논리적 중요성은 그것이 가추법의 논리를 포함한다는 것이라고 설명한다.

퍼스의 실용주의 격률은, 20세기 전반에 논리경험주의자들에 의해 제안된 검증원리와 종종 비교된다. 예를 들면, "경험주의의 두 도그마(Two Dogmas of Empiricism)"에서 콰인은 다음과 같이 적는다. "퍼스 이후의 문헌에서 현저해졌던 의미의 검증 이론은, 진술의 의미가 진술을 경험적으로 확증하거나 혹은 약화시키는 방법이다"[8] 이러한 검증원리 배후에 있는 목표는, 우리가 주장하는 모든 진술이 동어반복된 것이라거나 혹은 그 자체가 동어반복 논리의 체계를 사용하는 단순한 관찰 진술로 환원될 수 있다는 것을 요구함으로써, 심오하게 들리지만 의미 없는 진술들을 제거하는 것이다. 바로 앞에서 언급된 요구조건은 경험적이지 않은 도출의 규칙이 의미 있는 것으로 수용될 수도 있다는 것을 보장한다. 이러한 원리를 적용하여, 논리경험주의자들은 모든 종교적, 형이상학적, 미학적, 윤리적 진술들이 의미 없다고 선언하였다. 아울러 논리경험주의자들은 그들 자신이 많은 과학적 진술과 그리고 많은 과거에 대한 진술들을 거부할 수밖에 없다고 생각했다.

실용주의 격률과 검증원리 사이에 어떤 유사점들이 있다고 할지라도 그것들은 차이점에 의해 충분히 무색해졌다. 4장에서 우리는 퍼스의 논리 개념이 논리경험주의자들의 그것보다 훨씬 넓고, 논리경험주의자들이 생각한 것과 같은 분석적-종합적 구별을 퍼스가 거부한다는 점이 퍼스의 글에서 많이 암시된다는 것을 알았다. 본 장에서, 더욱이 우리는 실용적 효과가 *특정한* 행동이나 *특정한* 관찰에 있고 후자가 검증원리의 모든 것이자 궁극적인 것이라고 그의 격률을 받아들이는 모든 독해를 퍼스가 또한 거부한다는 것을 알았다. 실용주의 격률은 또한 비트겐슈타인의 것으로 알려진 유명한 구절인 "의미는 사용이다"와 혼동되어서는 안 된다. 주로 맥락에서 벗어나 인용되곤 하는 이 구절은 비트겐슈타인의 다음과 같은 주장에서 온다. "우리가 '의미'라는 단어를 동원하는 *많은* 경우에—전부는 아니더라도—이는 다음과 같이 정의된다. 언어에서 말의 의미는 그것의 사용이다."[9] 이것의 배후에 있는 생각은 많은 말의 의미가 특정한 언어 공동체 내에서 그것의 실제적 사용에 관한 경험적 연구를 통해 수립될 수 있다는 것이다. 이는 퍼스가 염두에 두고 있는 것과 매우 다르다.

## 7.3 실용주의 격률의 몇 가지 적용

격률이 어떻게 작동되는지를 기술하기 위해, 나는 다음 장에서 다룰 진리와 실재의 개념에 대한 좀 더 자세한 분석으로 가기 전에 몇 개의 예들을 논의할 것이다. 성찬식 중 일어난다고 추정되는 사건은 포도주와 빵이 그리스도의 피와 몸으로 변한다는 성변화(聖變化, transubstantiation)이다. 가톨릭 교리에 의하면, 빵과 포도주는 문자 그대로 그리스도의 몸과 피로 변하며 그것들은 물리적 성격의 어떤 변경도 없이 그렇게 된다. 즉 성변화 후 그 빵은 여전히 이전과 같이 동일한 질감을 가지며 포도주는 여전히 일반 포도주와 같은 맛을 가진다.

명확하고 분명한 성변화의 관념을 얻는 것은 어려운 일이 아니다. 특히 아리스토텔레스의 실체-속성의 구별을 인정하면 그렇다. 아리스토텔레스에게 실체는 마치 이 사람 혹은 저 말처럼 우리가 가리킬 수 있는 개별적 대상이다. 문법에서 이러한 실체는 문장에서 주어의 역할을 맡는다. 속성은 실체에 대해 서술되는 자질이다. 예를 들면, 우리는 하얀색의 자질을 "이 말은 하얗다"라고 말하면서 말(馬)에게 부여할 수 있다. 실체-속성의 구별이 우리에게 변형의 개념을 형성하도록 허용한다는 것은 쉽게 당연시 될 것이다. 예를 들어 애벌레에서 나비로의 변형에서, 실체(즉 개별적 대상)는 그것의 자질이 변화하더라도 정확히 동일한 것으로 남는다.

같은 방식으로, 우리는 성변화의 개념을 형성할 수 있다. 여기서는 정확히 반대의 경우가 일어난다. 이번에는 자질이나 속성이 정확히 동일하게 남아있으면서 변하는 것은 실체이다. 이것은 성변화 이후에 자질에는 어떤 변화가 있지 않아도 우리는 다른 주체[주어]를 가진다는 것을 의미한다. 성변화의 관념은, 성찬식 후에 그것이 여전히 보기에도 느끼기에도 맛에도 일반적인 빵과 포도주 같아도, 신자가 말 그대로 그리스도의 몸과 피—즉 그리스도의 실체—를 먹고 마신다고 말하도록 허용한다.

퍼스의 세 단계의 명확성을 떠올리면, 여기서 우리는 성변화에 관하여 명확성의 두 번째 단계에 도달하였다고 말할 수 있다. 하지만 두 번째 단계이기 때문에, 우리는 추상적 정의만을 가진다. 퍼스가 하듯이, 계속하여 우리가 거기에 실용주의 격률을 적용하면, 전체의 개념은 의미 없는 것으로 재빠르게 드러난다(W 3:265f). 우리가 보았듯이, 실용주의 격률에서 모든 개념의 의미는 그것의 생각할 수 있는 실용적인 효과에 다름 아니다. 이제, *정의상* 성변화에 대한 우리의 개념이 그 같은 어떤 실용적인 효과를 갖지 못하는데, 이는 우리가 모든 실체에 대한 우리의 지식을 그것의 자질로부터 얻으며 성변화의 관념 자체는 자질에 전혀 변화가 없다는 것을 가정하기 때문이다. 성변화가 일어나든 그렇지 않든 그것은 생각할 수 있는 실용적인 차이를 만들지 않기 때문에, 퍼스가 주장하기를 성변화의 개념은 전적으로 의미가 없다.

실용주의 격률은, 위와 유사하게 회의주의자의 통 속의 뇌 가설 [옮긴이 주: 생각 실험에 사용되는 구성요소 중 하나로, 일반적인 회의론과 데카르트의 회의론을 설명하는 데에 주로 쓰이는 이론이다.]이 무의미하다고 드러낸다. 데카르트의 사악한 악마 논증에 대한 현대적 변이인 이 가설에서, 당신은 당신이 알지 못한 채 통 속의 뇌일지 모른다. 그러므로 당신이 마라톤을 달린다고 생각하는 동안, 당신이 보는 길, 나무, 경쟁자도, 당신이 느끼는 근육통도 실재하는 것이 아니다. 대신, 이것은 컴퓨터에 의해 만들어진 모든 복잡한 환각의 일부분으로, 어떤 연구실의 어두운 용기에 조용히 떠다니는 당신의 뇌에 이런 모든 것을 직접 공급한다. 논증을 위해, 결점 없는 컴퓨터라는 약간 기이한 개념—속임수를 완전하게 만드는 데 필요한 가정—을 받아들이면서, 실용주의 격률로부터 명확해지는 것은 두 가지 선택 중에서 생각할 수 있는 실용적 차이가 없으므로 당신이 통 속의 뇌인지 아닌지의 문제는 완전히 의미 없다는 점이다. 그러므로 당신이 통 속의 뇌일수도 있다는 것과 당신이 지각하는 모든 것은 실재가 아니라는 회의주의자의 생각은 성변화의 관념만큼 공허하다.

더 나아가 실용주의는, 칸트가 그것을 가리키듯이, 완전히 인지불가능한 물자체, 혹은 허버트 스펜서의 "불가지적"인 것에 대한 언급이 완전히 의미없다는 것을 드러낸다. 우리는 명확성의 두 번째 단계에서 정의를 공식화할 수 있다. 하지만, 우리가 그것을 어떻게 공식화하든, 그 정의는 실용적 결과의 측면에서 자신의 개념을 만들어낼 그 가능성을 직접적으로 부정한다는 것은 참이다. 그러므로 실용주의 격률의 적용은 이러한 정의가 공허하다는 것을 입증한다. 이제, 혹자는 불가지적 원인을 상정하는 것은 우리의 인지로 하여금 여전히 설명적인 가치를 갖게 하며, 이것이 실용적인 차이를 구축하는 데 충분하다고 말하면서 반론할 수 있을 것이다. 퍼스는 다음과 같은 근거로 이를 일축해 버린다. 그런 식의 설명은, 어떤 것을 설명할 수 없는 것이라고 "설명"하면서 설명 자체를 직접 무효화할 것인데. 이는 설명조차도 아니다. 그러한 설명은 단지 우리에게 보는 것을 멈추기를 촉구하고 그래서 다름 아닌 탐구의 길을 막아버리는 역할을 한다. 불가지적 원인 개념에 대한 퍼스의 실용주의적 분석의 결과는, 우리가 섹션 6.2에서 보았듯이, 퍼스가 객관적 관념론의 형식을 포용하는 것이다. 간단히 말해, 논리학의 규범적 원리를 무엇이 우리의 감각 인상을 유발하는지에 관한 매우 일반적인 경험적 문제에 적용하는 것은 우리를 객관적 관념론자의 형이상학으로 이끈다. 나는 이를 8장에서 다시 다룰 것이다.

우리가 즉각적으로 갖게 될 염려는, 이전에 언급된 검증원리와 유사하게, 격률은 너무 많은 것들을 의미 없는 것으로 기각한다는 것이다. 수학자인 퍼스의 관점에서 보면, 통약불가능한 것들은 위의 경우에 포함될 확률이 높다. 지름에 대한 원주의 비율을 우리는 정확하게 표현할 수 없다고 일컬어진다. 그러한 표현을 확보하기 위해, 수학자들은 단순히 새로운 양을 표현하는 부호 p를 도입했고, 그래서 원주는 p*d*(이 때 *d*는 원의 지름이다)와 동일하다. 이러한 p는 정수와 통약불가능하다고 한다. 다시 말해, 우리는 p의 값에 정수를 가지고 근사치를 낼 수 있지만—2010년에 알렉산더 이(Alexander Yee)와 콘도 시게루(Kondo Shigeru)는 5조 자리에 달하는 근사치를 계산했다—우리는 그것을 정확하게 진술할 수 없다.

하지만 *실용적으로*, p가 통약가능하다고 혹은 통약불가능하다고 부르는 것 사이에 차이점은 없는 것처럼 보인다(CP 5.32). 예를 들면, 정수만을 사용하여 수소 원자 크기만한 원을 그리기 위해 우리는 단지 p의 처음 39번째 자릿수까지만 알면 된다.[10] 이는 그 차이가 의미 없다는 것을 뜻하는가? 퍼스는 의미 없다는 것을 부정하는데, 바로 생각할 수 있는 실용적 결론들에 주의를 집중시킴으로써 그렇게 한다. 즉 그것은 지름의 정확한 표현을 원주의 유리분수로 찾는 것은 쓸모가 없다는 실용적인 조언을 제공한다(CP 5.539). 그것은 우리가 다음과 같이 말하도록 허용한다. p는, 계속되는 계산에서 드러날 수 있는, 어떤 지정할 수 있고 유한한(그리고 통약가능한) 양에 의해 정수로 된 그것에 대한 모든 표현과 다르다(CP 5.204). 그것은 우리가 그것의 중심에 직선인 반지름들로 연결된 꼭짓점들을 갖는 정다각형과 원을 개념적으로 구별하도록 허용한다—꼭짓점의 수가 유한하다고 가정하자(CP 5.203). 요약하면, 차이는 뚜렷하고 확인할 수 있는 실용적 결론들을 갖는다.

퍼스의 가장 논쟁적인 예시는 단단함의 예인데, 이는 그 예시가 윌리엄 제임스와 다른 이들(그 당시 퍼스 자신을 포함하여)이 유명론적으로 격률의 독해를 하도록 야기하기 때문이다. 알맞은 실용주의적 방식으로, 퍼스는 실체가 "다른 많은 실체들에 의해 흠집이 나지 않을" 때 그 실체를 단단하다고 부르며, 그리고 그는 "이러한 성질의 전체 개념"(W3:226)이 바로 그 점에 존재한다고 덧붙인다—또 거기에 그 이상의 것은 없다. 거기까지는 좋다. 하지만 퍼스는 다음과 같이 단언함으로써 계속한다. "그것들이 시험되지 않는 한 단단한 것과 부드러운 것 사이에 차이점은 절대적으로 존재하지 않는다"(같은 책). 그러므로 엄격히 말해, 영원히 시험되지 않은 다이아몬드는 부드럽다고 말하는 것이 틀린 게 아닐 수 있다. 퍼스의 "단단함"과의 악전고투는 그가 유명론에서 실재론으로 진화하는 중요한 순간이 된다. 「관념을 명확하게 하는 법」에서 강한 실재론적 경향이 있고, 실용주의 격률의 실재론적 독해가 자연적으로 나타나지만, 가능성에 불과한 것들이 실제적 일 수 있다는 부정을 비롯해 퍼스는 여전히 어느 정도 유명론적 입장에 연결되어 있다. 나중에 퍼스는 "단단함"(EP 2:356f의 예를 보라)에 대한 그의 초기 격률 적용을 명시적으로 재고찰하지만, 이는 이미 가해진 손상을 되돌리기에는 매우 미미한 일이었다.

실용주의가 가끔 형이상학적 독트린의 일종이라고 기술되지만—단지 제한적인 의미에서 기본적 세계관을 제공한다고 할지라도—퍼스에게 실용주의는 논리학이라는 규범과학에서, 혹은 보다 정확하게 사변 수사학에서 규제적 원칙으로만 남아있다는 것을 기억하는 것이 좋다. 하지만 이는, 의미 획득을 위해 당신이 사용하려는 모든 지적인 개념에 대해 어떤 기준이 충족되어야 하는지를, 실용주의가 당신에게 알려준다는 것을 뜻한다. 그리고 이것이 또한 우리의 가장 기본적인 개념들에도 적용되기에, 실용주의의 원리는 이런 의미에서 실용주의적 세계관으로 이어진다. 그럼에도 원리의 적용은 선택사항이 아니라는 것을 깨닫는 것이 중요하다. 그래서 이른바 대안적 견해라 불리는 모든 것은 그것의 가장 기본적 단계에서 효력을 잃은 것이 되어야 한다. 퍼스가 찰스 오거스트 스트롱(Charles August Strong)에게 적듯이, "나는 실용주의에 기초하지 않은 모든 형이상학을 어떤 의미도 부여되지 않은 말의 형식에 불과한 것으로서 간주한다."[11] 다음 장에서 우리는 실용주의의 적용이 우리가 "진리"와 "실재"로 의미할 수 있는 것을 어떻게 변화하게 하는지 검토한다.

1) John J. McDermott 편집, *The Writings of William James* (Chicago, 1967), p.348.을 보라.

2) 예를 들면, Cornelis de Waal의 *On Pragmatism* (Belmont, 2005)을 보라.

3) Ralph B. Perry, *The Thought and Character of William James* (Boston, 1935), 2:409.

4) 1908년, 윌리엄 제임스에게 보내는, 날짜표기가 없는 편지.

5) 1910년 7월 19일 Paul Carus에게 보내는 편지; 강조는 추가됨.

6) 1907년, 2월 25일, F.W. Frankland에게 보내는 편지.

7) 1904년 10월 28일, Christine Ladd Franklin에게 보내는 편지.

8) V. W. O. Quine, *From a Logical Point of View* 2nd edn. (Cambridge, Mass., 1980), P. 37.

9) 루트비히 비트겐슈타인, 『철학적 탐구(*Philosophical Investigations*)』, 2nd edn. (Oxford, 1958), 섹션 43.

10) Robert M. Young, *Excursions in Calculus* (Washington DC, 1992), p.417.

11) 1904년, 7월 25일, C. A. Strong 에게 보내는 편지.

# VIII 진리와 실재

# 8

# 진리와 실재

본 장에서 우리는 실용주의 격률을 두 개념, 즉 진리와 실재에 적용한다. 그 결과 나오는 것은 진리에 대한 실용주의적 이론과 퍼스가 극단적인 스콜라적 실재론이라 부르는 입장이다. 이 둘은 근본적인 철학적 개념에 격률을 적용하는 것이 초래할 광범위한 영향을 예시한다. 또한 이 두 개념에 격률을 적용하는 것은 형이상학의 영역으로 우리를 이끈다. 퍼스가 형이상학으로 의미하는 바를 잘 이해하기 위해서, 우리는 그가 자신의 과학 분류에서 그것을 어디에 위치시키는가를 알아야한다. 퍼스에게 형이상학은 세 번째이자 가장 높은 단계의 철학의 갈래이다. 우리가 보았듯이 철학은 일상생활에서 가장 기본적인 사실에 대한 연구이다. 더 정확히 말하면, 논리학 다음에 오는 학문으로, 형이상학은 논리학의 첫 번째 적용에 관심을 둔다. 경험에 의하여 시험될 수 있는 것을 우리가 선험적으로 결정하려고 해서는 안된다는 점을 염두에 두면서(섹션 5.2), 그것이 탐구의 길을 여는 것이 아니라 오히려 가로막을 수 있기에 퍼스는 형이상학을 어떤 특정한 경험들과는 독립적으로 수립될 수 있는 것에 대한 연구로 한정한다. 간략하게 하자면, 형이상학은, 우주가 "설명될 수 있으며 그 설명의 기능은, 모든 다른 논리적 설명과 같이, 관찰된 다양성을 통일시키는 것이다"(CP 1.487)라는 가정으로부터 나아가, 논리학의 규제적인 법칙을 우주에 적용하는 데 있다. 퍼스에게, 철학은 "공통 경험으로부터 추리될 수 있는 만큼만의 진리"(CP 1.184)만을 다루기 때문에, 형이상학은 단지 가장 기본적 단계에서의 우주를 검토하며, 특수과학의 기초를 형성할 수 있는 일반적 설명 혹은 세계관(*Weltanshauung*)을 공식화하려는 목표를 가지고 그렇게 한다. 형이상학은 다음과 같은 질문을 고찰한다. 즉 모든 것이 결정되어 있는가, 엄격하게 개체적인 어떤 존재가 있을 수 있는가, 시간은 실재하는가, 시간과 공간은 연속적인가, 사실과 상상 사이에 차이점(정도의 차이가 아닌)이 있는가 등이다. 퍼스에 따르면, 다만 우리는 형이상학을 갖는다는 것을 피할 수 없으며, 우리가 그것을 명시적으로 만들지 못할 뿐이다. 이런 경우에, 결국 우리는 심지어 그것을 자각하지도 못한 채 오히려 미숙한 형이상학적 견해를 당연시하게 된다.

퍼스의 과학 분류에서 형이상학의 위치는 더욱이, 형이상학이 그것의 원리들을 특수 과학에 기초할 수 없고, 수학, 현상학(phaneroscopy), 그리고 규범과학에만 기초할 수 있다는 것을 입증한다. 이는 특수 과학이 수학과 철학에 고찰을 위한 새로운 자료를 제공할 수 있다는 것을 부정하는 것이 아니며, 그리고 실제로 자주 제공한다. 예를 들면, 물리학이나 경제학에서 나온 문제들은 일단 수학자에 의해 충분히 일반화되고 나면, 논리학자들이나 형이상학자들에 의해 사용되는 수학적 모델이 되었다.

과학 내에 형이상학을 위치시킴으로써, 퍼스는 형이상학이 과학의 논리로부터 자유롭지 못함을 명확히 한다. 반대로, 올바른 추론의 이론으로서 이해되는 논리학은 형이상학에 매우 중요하다. 퍼스가 주장하듯이, 우리의 본능과 직관은 환경에 마주하는 인류의 긴 역사에 의해서 형성된다. 형이상학적 질문이 가지고 있는 문제점은, 그러한 유형의 질문들이 우리의 본능과 직관을 형성했던 상황으로부터 크게 동떨어져 있어도, 그 질문에 대답할 때 우리가 이러한 본능과 직관에 의존하려는 경향이 있다는 것이다. 예를 들면, 일상적 삶에서 우리는 시간 개념에 친숙하다. 우리는 치과 예약 일정을 잡을 수 있고, 정부가 자연적 재해에 대응하는 것이 느렸다고 말하고, 임신한 여성이 언제 출산할지 추측하는 등의 행동을 한다. 하지만 우리가 우주의 기원에 대한 질문(시간이 우주와 함께 창조되었는가 아니면 시간이 어느 정도 이미 "존재" 했는가)에 대해 깊이 생각할 때, 혹은 우리가 무한으로서의 시간을 말할 때(초가 존재하는 것만큼 수많은 천년들이 존재한다는 직관적인 관념보다 훨씬 너머로 가도록 요구하는 견해), 상황은 매우 다르다. 우리 직관의 도움 없이 그리고 거기에 심지어 극도로 잘못된 견해에 어떤 직접적인 영향도 받음 없이, 형이상학자들은 논리학을 절실히 요구한다. 요약하면, 실증주의자들이 하려 했던 것처럼 모든 형이상학을 철저하게 거부하기보다, 퍼스는, 현상학에 기초하고, 논리학에 뿌리를 내리고, 뼛속까지 수학적이며, 그리고 과학적인 태도로 참여하는 *과학적 형이상학(scientific metaphysics)*을 요청한다.

언급되었듯이, 퍼스는 특수 과학의 기초가 될 수 있는 세계관을 발전시키는 것을 형이상학의 목표로 간주한다. 혹은, 다른 식으로 말하자면 "실재와 실제적 대상의 가장 일반적인 성격을 연구"(CP 6.6) 하는 것이다. 이 점을 염두에 두고 형이상학은 다음과 같이 구분될 수 있다. 즉 실재의 문제에 초점을 두는 *일반적 형이상학(general metaphysics)* 내지는 존재론과, 시간, 공간, 자연법칙 등에 집중하는 *물리적 형이상학(physical metaphysics),* 그리고 정신과 신의 문제에 집중하는 *정신적 형이상학(psychical metaphysics)*이 그것이다(EP2: 259f). 본 장은 일반적 형이상학, 보다 구체적으로는 실재와 그것이 진리, 존재 그리고 가능성과 갖는 관계에 대한 문제에 할애될 것이다. 그 다음 장은 물리적 형이상학 그리고 정신적 형이상학의 몇몇 문제들에 할애된다.

## 8.1 진리와 실재에 대해 명확해지기

일상생활에서 우리는 완전한 확신을 가지고 진리와 실재라는 용어를 사용한다. 우리는 그것에 관한 한 명확성의 첫 번째 단계에 도달했다고 확실하게 말할 수 있다. 하지만 어떤 믿음이나 진술을 참이라고 부름으로써 혹은 어떤 것을 실재한다고 부름으로써, 우리가 의미하는 것을 정확하게 명시하는 것은 상당히 문제가 있는 것으로 입증되었다. 예를 들면, 진리 개념에 관한 주된 시도는 진리의 대응 이론(correspondence)과 진리의 일관성 이론(coherence)에 의해 포착되며, 그 둘은 중대한 결점을 가지고 있으며, 심지어 그러한 결점이 진리 이론을 파괴할 수 있다. [옮긴이 주: 퍼스의 진리 개념은 수렴(convergence)의 개념을 통해 이해될 수 있다(CP 7.110)]. 「관념을 명확하게 하는 법」에서 퍼스는 실용주의 격률을 진리의 개념에 직접적으로 적용하지 않는다. 대신 그는 그것을 실재의 개념에 적용한다. 이제, 퍼스가 그리하듯이, 진술의 직접적인 대상이 실재할 때 그 진술을 참이라고 한다면(R958:205; 섹션 5.4), 퍼스가 일단 실재의 개념에 관한 두 번째 단계의 명확성을 얻게 될 때, 진리의 개념에 관한 두 번째 단계의 명확성은 쉽게 따라온다고 그럴듯하게 말할 수 있다. 그렇다면 우선 실재의 개념에 대해 논의해 보자.

퍼스는 실재가 명확성의 두 번째 단계를 얻었다고 우리가 말할 수 있는 실재의 적합한 정의를 발견했다고 생각한다. 그 정의가 명확하고 모호하지 않게 무엇이 실재이고 무엇이 그렇지 않은지에 대하여 기술하기 때문이다. 퍼스가 던스 스코터스(Duns Scotus, 1266-1308)에 그 공을 돌리는 이러한 정의는 다음과 같이 작동된다. 즉 실재는 당신 혹은 나 혹은 특정한 어떤 이가 그것이 어떻게 존재한다고 생각할 수 있는 것과는 독립적으로 존재하는 것이다. 이러한 정의로, 햄릿은 실재적이지 않다. 왜냐하면 그는 명확하게 특정한 한 사람인 윌리엄 셰익스피어가 그를 존재하도록 생각한 것의 결과물이기 때문이다. 또한 신기루와 구부러진 막대는 실재적이지 않다. 왜냐하면 그것들은 우리가 그것들이 존재한다고 생각하는 방식으로 존재하는 것에 의존하기 때문이다(빛의 단절이라는 일반적 현상은 이러한 정의에서는 실재적일 수 있지만 말이다).

퍼스가 스코터스로부터 추출한 정의에 대하여 몇 가지 소견이 있다. 첫째, 사람들이 종종 그러하듯이, 그것은 실존(existence), 현실성(actuality)과 같은 동일하게 추상적 용어들을 가지고 실재(reality)라는 용어를 정의하려고 하지 않는다. 예를 들면 『옥스퍼드 영어 사전』—정의하는 단어들의 사용 역사를 기술하면서 부분적으로는 그것의 정의들을 실체화한다—은 "실재"를 "실제적 사물이나 *현존재들(existences)*의 합"으로, 그리고 "실제적인 것 혹은 *현실적인 존재(an actual existence)를 가진* 것에 대한 자질"(강조는 첨가됨)로 정의한다. 그것은 유사하게 형용사 실재(real)의 사용을 "객관적 실존을 가지고 있고, 하나의 사물로서 물리적으로 실제로 존재하는" 혹은 "사물들의 상태나 혹은 자질로서 실제로 존재하는 혹은 나타나는"[1] 것으로 정의한다. 그러한 정의와 비교하여, 퍼스가 선호하는 정의는 우리가 실재(reality)와 실존(existence)을 사실상의 동의어로 다루지 않아도 되고, "실재"(reality)를 사전이 "실존(existence)"을 정의하는 방식인 존재의 모드, 혹은 사물에만 적용하는 것으로 보지 않아도 된다는 장점이 있다. 이 점은, 퍼스가 그러하듯이, 자연법칙이 *실존한다(exist)*는 견해에 우리 자신을 구속—명백하게 자연법칙이 특정 대상들과는 매우 다르기 때문에 모든 종류의 문제점들을 불러오는 구속—하지 않아도 되는, 진정한 자연법칙이 있다(이는 그것이 단순히 사유적 존재(*entia rationis)*가 아니라는 것을 의미한다)고 말하는 것을 허용한다. 퍼스의 정의에서, 어떤 것을 실재적이라고 표명하는 것은 그것이 특정한 어떤 사람—혹은 특정한 어떤 집단—이 그것이 있다고 생각할만한 것과는 독립적인 것이라고 말하도록 한다. 외부적 실존(existence)은 어떤 것이 실재적일 수 있는 하나의 방식이지만, 그것이 유일한 방식일 필요는 없다. 다시 말해, 스코터스의 정의는 어떤 비실존적(non-existents)인 것을 실재적인 것으로 부르도록 하는 개념적 공간을 제공한다.

더 나아가 이 정의는 퍼스가 정신적 사건이 실재이고, 이는 그것의 대상들이 실재하지 않을지라도 그렇다는 점을 주장하는 것을 가능하게 한다. 예를 들면, 꿈속에 나타난 대상들은 실재적이지 않다. 왜냐하면 그것이 무엇인지는 꿈꾸는 자가 그것을 존재하게 하는 방식에 달려있기 때문이다. 하지만 그 꿈 자체와 그리고 그러한 대상이 그 꿈꾸는 자에게 나타났다는 사실은 실재적이다. 왜냐하면 그것은 그 꿈꾸는 자가 혹은 어떤 사람이 그것이 존재한다고 생각하는 것과는 독립적으로 존재하는 것이기 때문이다.

이는 세 번째 논점으로 우리를 인도하는데, 이른바 그것이 무엇인지를 우리의 사고의 상태에 의존하는 실재하는 것들(reals)의 가능성이다. 퍼스의 정의에서, 그것들이 당신 혹은 나 혹은 특정한 어떤 이가 그것이 존재한다고 생각하는 것과는 독립적일 때, *심지어* 그러한 대상들이 정신적인 구성물들이라 할지라도, 우리 사고의 대상들은 실재적이다. 수학에서 4색 정리의 예를 들어보자. 가장자리를 공유하는 모든 두 사각형이 서로 다른 색을 갖도록 체스판의 사각형들을 칠할 때, 단지 두 색만이 필요하다는 것을 알기는 쉽다. 하지만 당신이 모두 다르게 생긴 7개의 나라가 있는 지도를 칠하기를 원한다면? 그리고 100개의 나라가 있는 지도를 칠하려면 몇 개의 색이 필요할 것인가? 이러한 질문들은 나라들의 수와 모양이 어떠하든, 국경을 맞대고 있는 같은 색의 두 나라가 없도록, 지도상의 모든 나라들을 칠할 수 있는 최소한의 색상 수가 있는지를 묻는 것으로 일반화될 수 있다. 정답은, 매우 놀랍게도, 체스판을 칠하기 위해 필요한 색의 두 배에 불과하다는 것이다. 다른 말로 하면, 지도를 칠하기 위해서 5가지 색 이상을 필요로 하는 지도는 없으리라는 것이다. 이 때, 이 문제와 논증, 그리고 그것의 결론은 모두 정신의 결과물이며, 그 결론은 피해갈 수 없는 것으로 그것이 특정한 어떤 사람이 그것이 존재하도록 생각할 수 있는 것과는 독립적으로 존재하기 때문이다.[2)] 그러므로 4색 정리는 단순히 몇몇 수학자들에 의해 만들어진 정신적 구성물이 아니며, 그것은 또한 실재적이다. 그렇지만 우리가 일종의 플라톤주의에 빠지지 않는 한, 그것의 결론으로 4색 정리를 남기는 어떤 사고과정이 없이 4색 정리는 있을 수 없으리라는 것이 또한 명백하다. 보다 일반적인 용어로 이를 고쳐 말한다면, 어떤 것이 실재한다는 것은 그것이 *모든* 사고와는 독립적이라는 것을 함의한다는 의미가 아니라, *단지* 당신, 나, 어떤 사람, 혹은 특정한 집단이 그것에 대해 생각할 수 있는 것 내지는 그것이 존재한다고 생각할 수 있는 것에서 독립적이라는 것을 말한다.

위에서 암시된 것처럼, 이러한 정의는 우리가 다음과 같이 도움이 되는 구별을 이끌어 내도록 한다. 우리는 (1) 당신, 혹은 나, 혹은 특정한 어떤 사람이 그것이 존재한다고 생각할 수 있는 것으로부터 독립적인 것과 (2) 당신 혹은 나 혹은 특정한 어떤 사람이 어떤 것에 대해 생각할 수 있는 것으로부터 독립적인 것 사이를 구별할 수 있다. 4색 정리는 첫 번째 기준에 부합하고 우리는 그것이 실재한다고 말할 수 있다. 하지만 그것은 두 번째 기준에 부합하지 않는데, 그 이유는 그것이 최소한 어떤 사람들이 그 지도-색 문제에 대해 생각할 것을 요구하기 때문이다. 그에 반해서, 산책하는 동안 우리가 갑자기 머리 뒤쪽을 부딪친다면, 이러한 엄연한 사실은 우리가 그것에 대하여 생각할 수 있는 것과는 독립적으로 존재할 *뿐 아니라*(말하자면, 우리는 "생각으로 그것을 제거할" 수가 없다) *또한* 어떤 사람이 무엇인가에 대해 생각할 수 있는 것과는 독립적으로 존재한다. 우리가 무엇에 대해 생각하든 혹은 하지 않든 상관없이 머리 뒤쪽이 부딪히는 그러한 타격에서 경험된 대립(opposition)은 영향 받지 않은 채로 있다. 이것과 같은 선상에서 퍼스는 실존을 그러한 엄연한 대립 혹은 2차성과 연결하게 된다(섹션 3.2).

앞 장에서 보았듯이, 세 번째 단계의 명확성은 두 번째 단계의 명확성을 구성하는 정의에 실용주의 격률을 적용함으로써 얻어진다. 왜냐하면 명확성의 두 번째 단계는 개념에 대한 우리의 가장 정확한 해석(rendition)을 포함하는 정의이기 때문이다. 우리가 실용주의 격률을 스코터스의 정의에 적용하면, 실재에 대한 우리의 개념은 실재 대상들—즉 당신, 나 혹은 특정한 어떤 사람이 그것들이 존재한다고 생각할 수 있는 것과는 독립적으로 존재하는 그러한 대상들—이 갖고 있다고 우리가 생각하는, 생각할 수 있는 실용적 영향이 된다. 이제 그러한 대상의 *유일한* 지적인 효과가 우리에게 *줄 수 있는* 영향은, 퍼스가 주장하듯이, 믿음을 생산하는 것이다. 그러므로 *만약* 이러한 효과에 대한 우리의 개념이 "실재 대상" 에 대한 우리 개념 전체가 된다면, 실용주의 격률이 그렇다고 주장하듯이, 이 같은 실재 대상들이 우리에게 영향을 *줄 수 있다는 믿음*은 그러한 실재적 대상들에 대한 우리의 전체 개념이 된다. 결론적으로 "실재"는 영구히 정착된 믿음이나 의견의 대상에 *다름이 아님*을 의미할 수 있다.

## 8.2 탐구의 목적으로서의 진리

인지는 그것의 직접적인 대상이 실재적일 때 참이라는 주장으로 되돌아가, 우리는 상술한 것으로부터 진리에 관한 실용주의적 정의를 추출할 수 있다. 이러한 정의에서, 진리는 영구적으로 정착된 믿음이나 의견, 그 이상의 것도 그 이하의 것도 아니다. 퍼스가 「관념을 명확하게 하는 법」에서 말하듯이, "탐구하는 모든 이들에 의해 궁극적으로 동의되어야 하는 것으로 운명 지어진 의견은 우리가 진리라고 의미하는 것이며, 이 의견에 재현된 대상은 실재이다"(W 3:273). 이것 배후에 있는 관념은 "그것이 관찰과 추론에 의해 충분히 탐구된다면, 이해가능한 모든 질문은 그 자체의 본성에 의해 확정적이고 만족스러운 답을 허용한다"(W 4:545f)라는 것이다. 그리고 그러한 확정적이고 만족스러운 답은 또한 그 점에서 진리이다.

이것은, 어떻게든 하나의 대답을 허용하는 어떤 질문에 대한 탐구가, 궁극적으로 그 대답이 되는 것에 우리가 동의하도록 유발하게 할 것이라는 경험적인 예측으로서 해석되어서는 안된다. 오히려 그것은 "진리"와 "모든 탐구하는 자에 의해 궁극적으로 동의되도록 운명 지어진 의견"(W 3:273)이 동의어라는 주장으로서 해석되어야 한다. 다른 말로 하자면, 퍼스가 주장하기에, 우리가 진리를 가지고 의미할 수 있는 것은, 개인 탐구자들의 특이성이 여과되기 위해 충분히 열려있고 충분히 오래 지속되는 탐구에서 우리가 종국에 수렴하게 될 의견 이외에 아무것도 아니다(섹션 6.3). 다시 말해, 내가 화성에 생물체가 존재한 적이 있었다는 것이 참이라고 주장할 때, 나는 다음과 같은 견해에 동의하고 있는 것이다. 즉 이 질문이 과학적 태도에 의하여 영향을 받은 모든 탐구자들의 무한한 공동체에 의하여 탐구된다면(섹션 6.3), 결국에 가서는 한 때 화성에 생물체가 있었다는 결정된 의견이 부상할 것이다. 다른 말로, 그 동일한 질문을 해결하는 데 관심을 갖는 이어지는 연구가 약화시킬 수 없는 의견 말이다. 퍼스가 말하듯이, "시저가 루비콘 강을 건넜다는 명제의 진리성은, 우리가 고고학적 연구와 다른 연구를 계속 진행할수록 그 결론이 결론 자신을 더 강하게 우리의 정신에 영원히 강요할 것이라는 사실에 있다—혹은 연구가 영원히 계속된다면, 그렇게 될 것이다"(CP 5.565). 이것은 과거에 일어났던 일(물리적으로 루비콘 강을 건너는 시저)이, 미래의 연구자들이 그것에 대해 어떻게 말해야 할 것인지에 의존함을 함축한다고 해석되어서는 안 된다. 그것은 명백하게 앞과 뒤가 바뀌는 일이 될 것이기 때문이다.

퍼스 기호학의 언어는 이러한 문제를 풀어내는 데 도움이 될지도 모른다(5장). 시저가 루비콘 강을 건너는 역사적인 사건은 여기서 역동적인 대상, 즉 그것의 기호가 직접적 해석체로 가장하여 인간의 의식으로 들어간 것으로 표현된다. 이제 여기서 성립하는 주장은 이러한 직접적 해석체가 오랫동안 연구된다면, 그것은 결국에는 최종적 해석체를 향하여 이끌려간다는 것이다. 그러므로 다시 퍼스의 기호학의 어휘로 말하면, 내가 시저가 루비콘 강을 건넜다는 것이 참이라고 말할 때, 나는 역동적 대상의 직접적 해석체가 또한 그것의 최종적 해석체라고 주장하는 것이다. 다른 말로 하면, 어떤 것이 실재적인 것은 그것이 최종적 의견의 대상이 되기 때문이 아니며, 그것이 실재(즉 너와 나 혹은 특정한 어떤 사람이 그것이 존재한다고 생각할 수 있는 것과는 독립적인 것)하기 때문에 최종적 의견의 대상이 될 수 있다는 것이다. 또한 이것은 최종적 의견이 반드시 현실적으로 도달해야하는 것은 아니라는 것을 의미한다. 무한한 탐구자 공동체에 의하여 탐구가 충분히 오랫동안 추구*된다면*, 최종적 합의—어떤 계속되는 탐구도 약화시킬 수 없는 합의—가 결국에는 나오게 *될 것이라*는 상황이면 충분하다. 퍼스가 처음에는 그러한 독해를 수용하는 것에 주저하지만, 가능성이 실재적일 수 있다는 그 자신의 첫 번째 확신 이후, 이러한 최종적 합의를 가정법적 조건문—위에 주어진 인용문의 추가적인 구절에서 포착되는 어떤 것—의 측면에서 읽히도록 허용한다. -즉, "*만약에* 연구가 아주 오랫동안 지속*된다면*, 그렇게 *될 수 있다*"(같은 책, 강조는 첨가됨).

그러므로 실용주의 격률의 적용은, 다음과 같이, 명제에 적용될 때 진리에 대한 실용주의적 정의를 이끌어내도록 한다. 즉,

> 명제 *P*가 충분히 큰 탐구자 공동체에 의해 오랫동안 탐구된다면, 이 탐구는 영구적으로 정착된 믿음인 *P*라는 결과를 낳을 것이다. 이러한 경우에 그리고 오직 이러한 경우에만 명제 *P*는 참이다.

이것은, 탐구될 수 있는 모든 것이 탐구되고 그래서 미래의 탐구가 그것에 대해 가능한 새로운 어떤 것을 드러낼 수 없을 때, 이 같은 궁극적인 믿음에 도달한다는 생각이다. 이것은 미래의 어떤 탐구도 궁극적 믿음이 틀리다고 입증하거나 믿음에 대해 의구심을 제기할 수 없음을 의미한다. 결과적으로, 이러한 궁극적 믿음 또는 이러한 최종적 의견은 영구적으로 정착된 믿음이다. "탐구자들의 무한한 공동체에 의한"이란 표현은, 예를 들면, 음모 이론들에 대한 추종경향, 수학에 대한 전면적인 불신, 혹은 모든 것을 전능하고 자애로운 신의 거대한 계획의 한 부분으로 해석하려는 욕망 등과 같이 개인 탐구자들의

특이성으로부터 올 수 있는 모든 잘못된 원리가 여과됨을 보장하는 데 필수적이다. 그의 관점을 더 구체화하기 위해, 퍼스는 살인행위를 목격하는 시각 장애인과 청각 장애인의 경우를 예로 든다. “한 명은 한 남자가 그가 어떤 사람을 죽일 것이라고 선언하는 것을 듣고, 권총 소리를 듣고, 희생자가 비명을 지르는 것을 듣는다. 그리고 다른 이는 그러한 살인이 행해지는 것을 본다”(W2: 468). 이 두 목격자의 감각이 전적으로 다를지라도, 퍼스가 주장하기를, 그들이 충분히 긴 시간 동안 그들이 지각한 것을 논의한다면 “그들의 마지막 결론들, 감각으로부터 가장 멀리 떨어진 사고는 동일할 것이고 그들이 가진 특이성의 편파적인 면에서 자유로울 것이다”(같은 책).

퍼스는 처음에 우리가 그러한 최종적 의견에 도달해야 하는 운명이라고 말하지만, 후에는 그것을 오히려 탐구의 규제적인 이상 혹은 필수적인 전제조건으로 인식한다. 우리가 최종적 결론에 도달해야 하는 *운명*이라는 생각은, 어떤 개인 혹은 개인들의 집단도 이러한 의견을 수정하기 위해 또는 의견에 도달하는 것을 방해하기 위해 할 수 있는 일이 없다는 것을 인식함으로부터 온다(W3:273). 이러한 입장을 취함으로써, 퍼스는 이 같은 최종적 의견이 우리 자신으로부터 만들어진 것—우리가 그렇게 원했었더라면 달라질 수도 있었던 것—이 아니라, 그것이 우리가 발견하도록 예정되어진 것이라는 것을 표현하려고 한다.

최종적 의견에 결정론적인 입장이 있음을 보았던 『모니스트(*Monist*)』의 편집자 폴 카루스에게 보내는 답장에서 부분적으로, 퍼스는 최종적 의견이 우리가 도달한 운명에 있는 어떤 것이라고 말하기를 멈춘다. 퍼스는 대신, 우리가 탐구에 참여할 때마다, 탐구가 최종적 의견으로 이끌 것이라는 희망을 가지고 그렇게 한다고 주장한다. 퍼스가 주장하듯이, 탐구는 희망에 의해 인도되는데, 그것은 모든 문제에 "하나의 해답이 존재하는데 이는 최종적 답이라고 불릴 수 있는 답이며 [중략] 충분한 탐구는 우리가 그 답을 받아들이게 한다"(CP 4.61)는 희망이다. 이를 부정하는 것(즉, 문제를 제기하고 그것을 대답할 수 없는 것으로 선언하는 것)은 탐구를 하는 것이 아니라, 탐구를 막는 것이다. 따라서 퍼스는 이것을 논리학의 근본적 공리라 이름 붙인다. 즉 "그것이 관찰과 추론으로 충분히 탐구된다면, 이해 가능한 모든 문제들은 자신의 본성에 의해 확정적이고 만족스러운 답을 허용한다"(W4:545f).

최종적 의견이 우리가 도달하도록 운명 지어진 어떤 것이라고 말하던 것에서 벗어난 퍼스의 입장 변화는 또한 진리의 실용주의적 정의를 가정법적으로 독해하려는 그의 움직임과 연관되어 있다. 많은 질문들에 대한 답을 찾는 것은 아마도 인류에게 남겨졌다고 여겨지는 것보다 훨씬 더 많은 시간이 걸릴 것이고, 어떤 질문들에 대해서는 답을 찾을 기회를 잃어버렸다는 것이 처음부터 명백할 때, 우리는 우리가 최종적 의견에 도달할 운명이라고 정말로 말할 수 없다. 더욱이 이것은 규범과학으로서의 논리학에 대한 퍼스의 늘어난 관심과 자아-통제에 대한 그의 강조와 관련되어 있다.

다음과 같은 점에 주목하는 것이 중요하다. 퍼스의 진리 개념은, 우리가 탐구의 마지막에 가서 생명, 우주, 만물에 대해 알아야 할 모든 것의 결정체를 포함해, "진리"라고 부를 수 있는 하나의 굉장한 이야기를 발견할 것이라고 그가 말하게 하지 않는다. 아래의 비유가 명확히 하듯이 퍼스의 목적은 훨씬 더 소박하다:

> 내가 그것으로 고통 받을 수도 있는 각각의 주어진 육체적 질병을 낫게 하려고 노력한다는 사실은, 내가 언젠가 겪을 수도 있을 *모든* 질병으로부터 벗어나려고 하는 희망을 신봉하고 있다는 논증이 아니다. 그러므로 내가 나타나는 각각의 의심

> 에 관하여 진리를 발견하려고 한다는 사실은 *모든* 질문에 대한 어떤 실재적 진리가 존재한다는 나만의 어떤 가정도 포함하지 않는다.(R787:11)

아플 때 우리가 특정 질병에서 회복하는 데 집중하는 것처럼, 최종적 의견에 도달하려는 우리의 희망은 "실제로 진행 중인 경우를 넘어서지 않는" 탐구의 "실용적인 공준"으로서 이해되어야 한다"(R 958: 198). 퍼스가 다른 곳에서 적듯이, "우리는 모든 것이 아닌 어떤 특정한 것의 설명을 기대해야 한다"(W 6:206).

상술한 내용에도 불구하고, 진리와 최종적 의견이 동의어라는 주장은 특별히 강한 주장이며, 그리고 즉시 두 가지 질문을 제기한다. 즉 우리는 진정으로 우리가 탐구의 이 기획된 최후단계에서 도달할 것 모두가 참이라고 말할 수 있는가? 그리고 거기에는 최종적 의견이 되지 않을 혹은 될 수 없는 진리들이 존재할 수 있는가? 본질에서 두 질문은 같은 것이 된다. 어떤 문제에는 최종적 의견이 여전히 거짓이라는 것을 받아들이며, 우리는 그 사실 때문에 어떤 문제에서 진리는 최종적 의견으로 표현될 수 없다는 것을 받아들인다. 그러므로 우선 우리는 어떤 불가지한 진리가 있을 수 있는지라는, 두 번째 문제에 달려들어야 한다. 더욱이 두 질문은 진리에 대한 어떤 독립적인 정의를 가정하며, 이는 따라서 기준으로 사용된다. 이는 진리의 또 다른 정의가 될 수 있다. 즉, 명확성의 첫 번째 단계에서 진리에 대한 우리의 개념, 혹은 진리에 대한 우리의 직관과 같은 것이다. 나는 두 번째에 초점을 맞출 것인데, 왜냐하면 우리가 일상생활에서 용어를 사용할 때 가지는 자신감은 우리의 정의(definition)에 영향을 줄뿐만 아니라 우리 직관이 어디에 있는가를 확인하고자 할 때 잣대로 기능하기 때문이다.

나는 이미 가정법적 조건문으로 향하는 움직임에 대하여 다루었다. 이러한 해석에 관하여, 탐구는 실제로 관여될 필요가 없으며 그것이 실제 완성될 필요도 없다. 요구되는 모든 것은, *만약* 한 질문이 탐구자들의 무한한 공동체에 의해 오랫동안 충분히 탐구*된다면* 그 대답에 대한 최종적 동의는 결국에 도달될 *것이라는* 것이다. 이러한 인정은 충분한가? 최종적 의견이 언젠가 도달될 수 있다는 것이, 가능할지는 몰라도, 가능할 것 같지 않은 질문들이 확실히 존재한다. 클레오파트라가 그녀의 세 번째 생일에 얼마나 자주 재채기를 하였는지 우리가 묻는다면? 이는 꽤 확실하게 잘 정의된 경험적 사실에 관하여 확실히 잘 만들어진 질문이다. 하지만 역사적 기록이 그것에 대해 침묵하기 때문에, 그것에 답하기 위하여 요구되는 자료는 더 이상 입수할 수 없다(우리가 시간 여행 혹은 어떤 설득력 없는 결정론 형식을 허용하지 않는 한). 퍼스는 이러한 경우를 묻혀있는 비밀(buried secrets)(W 3: 274)이라고 부른다. 그러한 어떤 묻혀있는 비밀이 있다면, 우리는 참일지도 모르지만—"클레오파트라는 그녀의 세 번째 생일에 재채기를 두 번 했다"와 같이—우발적인 원인들 때문에 최종적 의견의 상태에 도달할 수 없는 주장을 할 수 있으며, 그래서 두 개념(진리와 최종적 의견)은 동의어가 될 수 없다.

이것 뒤의 일반적 직관은, 사태—클레오파트라의 두 번의 재채기—에 대한 사실이 존재한다는 것인데, 그것은 우리가 어떤 것에 대하여 생각할 수 있는 것과는 무관한 것으로, 그 당시에 그렇게 되도록 충분히 관심을 가졌던 사람들이 있었더라면 그 후에 탐구의 대상이 *될 수 있었을* 사실이다. 우리는 퍼스의 진리에 대한 개념을 반사실적 조건문의 측면에서 구성하려고 함으로써 이를 포착하려고 할 수 있다. 이러한 해석에서, 한 단언의 진리는, 관련된 사실들을 여전히 입수할 수 있을 때 그 문제가 탐구되었더라면 도달해 있었을 최종적 의견과 같은 의미로 받아들여진다. 이것에 대한 타당한 이유가 있다. 왜냐하면 거기에 그것을 본 어떤 이도 없었을지언정 어떤 것이 발생했다고 우리가 주장할 때마다, 우리는 사실상 거기에 목격자들을 암묵적으로 투영하고 있으며 그들이 보았을 것을 넌지시 묘사함으로써 주장을 진행하기 때문이다. 이러한 노선을 취하는 것은, 명제에 적용될 때 다음과 같은 진리에 대한 실용주의적 정의를 우리에게 제공한다.

> 명제 P를 수립하는 데 필수적인 모든 사실이 충분히 큰 탐구자 공동체에 의해 무한히 탐구되었다면, 이 탐구는 영구적으로 정착된 믿음인 *P*라는 결과를 낳을 수 있었을 것이다. 이러한 경우에 그리고 오직 이러한 경우에만 명제 *P*는 참이다.

하지만 우리는 한 걸음 더 나아가, 우리와 너무나도 다른 감각 기관을 가진 나머지 우리와는 완전히 통약불가능한 지식을 가진 외계인이 있을 수도 있다고 추측해볼 수 있다. 이 추측에서 외계인은, 최종적인 것이든 아니든 우리에게 속한 어떤 의견도 진술하지 않는 실재적인 진리를 알 수 있을 것이다. 이러한 이의가 작동하기 위해서는, 앞에서 언급한 시각 장애인과 청각 장애인과는 대조적으로, 양자의 감각인상에 대한 설명 위에 잠재적으로 합의된 것인 어떤 공통적 기반에도 도달할 수 없을 만큼, 외계인이 축적한 지식은 우리가 배울 수 있는 것과 달라야 한다. 그러나 그러한 외계인 진리가 있을 수 있다는 공준은 실용주의적 검열을 통과하는 데 실패하는 것처럼 보인다. 이러한 외계인 진리들이 우리에게 완전히 인지불가능한 것이라면, 그런 진리가 존재할 것인지는 아무런 생각할 수 있는 실용적 결론을 갖지 않을 것이고, 그래서 그런 진리들이 존재할 수 있을지도 모른다는 주장은 완전히 의미가 없다 (섹션 7.3). 결과적으로 이는 이의로서 제기될 수 없다. 그것은 그 개념이 전적으로 의미가 없을지라도 성변화(聖變化)가 여전히 가능하다고 말하는 것과 같다(같은 책).

이런 것들은, "저 밖의" 것 즉 누군가가 어떤 것에 대해 생각할 수 있는 것과 독립적인—심지어 무언가를 지각하거나 생각하는 어떤 존재가 있었는지, 있는지, 있을 것인지와도 독립적인—것이 존재함을 부정하려 하지는 않는다. 퍼스가 말하는 모든 것은, 우리가 그러한 것이 있다고 주장할 때, 우리는 또한 최소한 원칙상에서라도, 그것이 우리에 의해 알려질 수 있어야 한다는 것을 인정해야 한다. 왜냐하면, 그렇게 하지 않는다는 것은 의미 없는 어떤 것을 주장하는 것이기 때문이다. 이것이 의인관(anthropomorphism)으로 이끈다는 비난에, 퍼스는 의인관을 회피하려는 어리석음을 지적함으로써 응답한다. 그가 『오픈 코트(*The Open Court*)』에 기고한 짧은 논문에서 설명하듯이, "칸트는 우리의 근본적 개념들이 단지 논리적 형식의 체계에서 나온 불가피한 관념들이며, 이것은 그러하고 그러해야만 하는 것을 입증하려는 데 필요한 어떤 신비로운 초월주의가 아니라는 점을 가르쳤다. 그리고 자연은 오직, 그것이 합리적으로 나타나는 한, 다시 말해 그것의 과정들이 사고의 과정들처럼 보이는 한, 이해할 수 있는 것으로 나타난다" (CP 3.422). 그러므로 퍼스의 관점에서, 우리는 의인관적이 아닌 어떤 관념도 가질 수 없다(NEM 4:313). 나는 이 주제에 대해 섹션 9.5에서 다시 다룰 것이다.

요약하면, 앞에서 제기된 두 번째 질문에 대한—최종적 의견이 되지 않을 혹은 될 수 없는 어떤 진리가 있을 수 있는지—그 대답은 부정적이다.

이제 첫 번째 질문으로 돌아와, 우리는 탐구의 마지막에 갖는 어떤 의견이 참이라고 말할 수 있는가? 상술한 내용을 고려하면, 그것은 다른 식으로 생각하기는 힘들다. 거짓된 최종적 의견이란 것은 어떤 것인가? 거짓된 최종적 의견은 사물이 그것들이 참으로 존재하는 것 이외의 다른 방식으로 존재한다고 말할 것이다. 하지만 모든 것이 최소한 원칙상으로는 인지 가능한 것이라는 가정 하에, 이는 여전히 우리가 문제시하는 의견이 최종적이지 않을 수 있음을 의미하며, 우리의 의견이 다른 것일 수 있다는 가능성이 여전히 존재함을 의미할 수 있다. 결과적으로 어떤 거짓 의견도 최종적 의견이 될 수 없다.

최종적 의견이 거짓이 될 수 없다고 결정되었으므로, 우리는 이러한 최종적 의견이 우리에게 그 대상에 대한 전체의 진리를 알려준다고 말할 수 있을까? 퍼스는 이를 부정한다. 볼드윈의 『사전』에서 진리를 논의할 때, 퍼스는 말을 사고 곧 그것의 털이 염색되었다는 것을 발견하여, 판매자에게 돌아와 그가 거짓 진술을 받았다고 불평하는 남자의 예를 든다. 이에 대해 퍼스는 판매자가 반박하게 한다. "나는 절대로 그 말에 대한 모든 사실을 진술하는 척 하지 않았다. 내가 말한 것이 참이라고 표명될 때에 한해 그것은 참이었다"(볼드윈 2: 719). 퍼스가 도달하려고 하는 요지는, 진리가 명제적 형태로—그래서 그것의 본성상 추상적으로—진술되는 반면 그것의 대상, 실재는 그렇지 않다는 점이다. 결론적으로 실재하는 것에 대한 모든 참 판단은, 본질적으로 그것에 대해 참이 되는 대상과 다르다. 퍼스가 말하듯이, "그것의 진리는 그것을 수정하는 것이 불가능하다는 사실과, 그것이 단지 지각대상의 한 면만을 고려한다고 주장한다는 사실에 있다"(같은 책). 이러한 점 때문에, 퍼스가 언급하듯이, "그것이 그 자신의 불완전성을 고백한다는 의미에서가 아니라면, 완전한 진리는 진술되지 않는다." 그는 그리고 다음과 같이 덧붙인다. 이러한 고백은 "진리의 본질적인 구성요소이다"(같은 책).

### 8.3 유명론, 실재론, 관념론

진리와 실재의 실용주의적 개념에 대한 상기의 분석은 퍼스의 사상에서 반복되는 유명론과 실재론의 주제를 설명하는 데 사용될 수 있다. 실재론은 또한 종종 관념론과 대조되므로, 나는 또한 퍼스의 실재론이 관념론과 어떻게 관련되는지에 대하여 다룬다.

1871년, 프레이저(Fraser)의 판본인 버클리(Berkeley)의 『저작(*Works*)』을 논평하면서, 퍼스는 유명론자들과 실재론자들의 논쟁을 부채질하는 것이 실재에 대한 상이한 개념이라는 것을 발견한다. 하지만 곧 드러나듯이, 두 개념은 스코터스의 실재에 대한 정의, 즉 당신 혹은 나 혹은 특정한 어떤 사람이 존재한다고 생각할 수 있는 것과는 독립적으로 존재할 때 어떤 것이 실재한다는 정의에 대해 서로 대체될 수 있는 두 해석을 제공한 것으로 이해할 수 있다. 유명론자들에게는 단지 사유에 대한 직접적인 외부의 제약이 이러한 정의를 만족시킨다. 만약 실재가 이러한 식으로 해석된다면, 우리의 감각에 압력을 행사하는 것만이 실재가 될 것이기 때문에 개별자들만이 실재가 될 수 있다는 유명론자들의 견해는 자연스럽게 따라온다. 결과적으로 유명론자들에게, 어떤 법칙이나 자연적 종류는 실재일 수 없다. 그것은 단지 우리가 만나는 현실적 저항에 의미를 부여하려는 우리 시도의 결과물일 뿐이다.

퍼스식의 실재론자는 유명론자들이 말하는 것 중 많은 부분에 동의한다. 실재론자 또한 사유에 대한 직접적인 외부의 제약이 그 정의를 만족시킨다는 것을 주장하고, 실재론자 또한 자연법칙이나 자연적 종류가 정신의 산물이라는 것을 인정한다. 실재론자들이 동의하지 않는 지점은, 어떤 사유의 결과물도 절대로 실재적이 될 수 없다는 유명론자들의 주장이다. 이제 실재론자가 이것을 말할 수 있기 위해서는, 최소한 그는 사유의 어떤 결과물이 스코터스의 정의를 만족시키는 합리적인 경우를 만들어야 한다. 퍼스의 실용주의 격률을 내가 위에서 개괄한 스코터스의 정의에 적용하는 것은 여기서 큰 도움을 준다. 그것은 그가 최종적 의견의 대상이 될 수 있는 우리 사유의 그러한 결과물이 실재적이라는 것을 주장하도록 허용한다. 이러한 독해에서, 만약 탐구의 마지막에서 사유의 실재적 결과물이 영원히 정착된 믿음의 대상이 된다면, 자연법칙은 실재가 될 것이다. 이것이 입증하는 것은, 외부의 제약이나 개별자들로만 실재가 제한되는 유명론자의 조건은 지나치게 제한적이라는 점이다. 앞에서 도출된 실존(existence)과 실재(reality) 사이의 구별로 돌아와서, 유명론자는 *실존하는 것만이(only what exists)* 실재가 될 수 있다고 믿는 사람이다. 대조적으로 실재론자는 또한 최종적 의견의 대상이 될 수 있는 정신의 결과물도 실재라는 점을 믿는다. 같은 방식으로, 퍼스는 실재적인 가능성들이 존재할 수 있다고 생각한다. 혹은 그가 말하듯이, 실재적인 가능한 존재들(can-bes), 실재적인 존재하게 될 존재들(would-bes)[옮긴이 주: 퍼스는 논리적 해석체와 관련하여 이를 미래 시제를 갖는 조건법으로 표시한다. CP 5.482를 참고), 실재적인 가능했었을 존재들(could-have beens) 등등이 존재할 수 있다고 생각한다.

과학이 유명론적이라고 종종 간주된다 하여도, 퍼스는 그것의 본질적인 면에서 과학이 실재적이라고 주장한다. 과학자들은 생명력 없는 개별자들에 보통 관심을 가지지 않을뿐더러—그들은 오히려 법칙이나 혹은 규칙성들에 관심을 갖는다—최소한의 실재론에 대한 암묵적인 몰두 없이 우리는 심지어 일관성 있는 과학에 대한 개념을 가질 수도 없다. 근대 과학의 성공은, 사물이 어떻게 존재해야할 것인지를 명시하는 선험적인 이론보다는 사실들에 관한 근대 과학의 커다란 관심 때문이라고 이야기되어 왔다. 퍼스가 이에 동의하지 않은 것은 아니다. 그가 동의하지 않은 것은, 이러한 사실들이 개별적이어야만 한다는 것에 대해서이다. 실험 과학자의 예를 들어보자. 실험 과학자는 경험적 진술의 의미를, 정확하게 수행된다면 거기에 설명된 것을 경험하게 될 것이라는 것으로 해석한다(EP 2:332). 이제 당신은, 실험이 항상 개별적 결과로 인도하는 개별적 대상에 대한 개별적 수행이기 때문에, 이것이 유명론을 확정하는 것이라고 말할지 모른다. 하지만 퍼스가 반박하기를, 그러한 입장을 취하는 것은 실험이 무엇에 관한 것인지에 대해 심각한 오해를 드러내는 것이다. 실험의 의미는 어떤 개별적 경우에 있는 것이 아니고, 그것을 모두 결합한 것에 있는 것도 아니며, 이 같은 개별적 사건에 의해 예시되지만 그 자체는 전혀 개별적인 것이 아닌 현상에 있다.

> 사실, 합리적 의미가 이루어지는 곳은 실험이 아니라 *실험적 현상*이다. 실험자가 *현상*에 대해, 즉 "홀(Hall)의 현상", "지만(Zeemann)의 현상", 그리고 그것의 변형인 마이컬슨(Michelson)의 현상" 또는 "체스보드 현상" 같은 것에 대해 말할 때, 그는 죽은 과거에 어떤 이에게 일어났던 어떤 개별적 사건을 의미하는 것이 아니라 어떤 조건을 만족할 살아있는 미래에 모두에게 *반드시* 일어날 것을 의미한다. (EP 2:340)

내심, 과학자들은 실재론자가 되어야 한다고 퍼스는 주장한다. 그 혹은 그녀는 실재론자가 아닌 다른 것이 될 수 없다. 우리가 얻는 모든 것이 그것들 사이에 어떤 실재하는 연결도 없는 다수의 개별적 사실들이라면, 실험을 하는데 어떤 유용한 목적이 존재하겠는가. 유명론이 종종 강하게 실험 과학자들에 흥미를 유발한다고 하더라도, 그런 흥미는 피상적일 뿐이다. 그 주제에 대해 숙고하게 될 노련한 실험자에게, 유명론은 금세 가장 타당해 보이지 않는 세계관이 된다. 퍼스는 이를 측지학 실험을 수행한 그 자신의 연구로부터 알게 된다.

> 진자는 [중략] 하루에 86, 400번만큼 20년간 흔들린다. 그리고 거의 같은 주기와 거의 같은 상대 속도로 매번 그 주기의 비례하는 여러 시간 동안 그렇게 흔들린

> 다. 이 경우, 정말로 어떤 *법칙*, 자연에서 작동하는 *일반적인* 어떤 것은 존재하는가, 그렇지 않다면, 그 *일반적* 특징은 단지 아무런 공통점 없는 수많은 예에 같은 *이름*을 적용시켰다는 것에서 이루어진 것인가? (R408:16)

그러한 측면에서 고려해 보면, 유명론은 금세 실제로 주장하기에 매우 어려운 관점이 된다. 요약하면, 퍼스의 실재론이 가지는 배경에 반하여, 유명론자들이 외부의 제약(즉 개별자들)으로만—다른 모든 것을 단지 정신적 창조물의 영역으로 사라지게 하면서—실재를 제한하는 것은 그것이 불필요하게 제한적이라는 점을 입증할 뿐만 아니라 과학을 전적으로 설명할 수 없는 것으로 만든다.

그렇다면, 실재론과 관념론 간의 관계는 어떠한가? 종종 이들은 상반된다고 여겨진다. 즉 실재론자는 우리의 감각이 우리에게 외부세계에 대한 직접적인 접근을 제공한다는 입장을 견지하는 반면, 관념론자는 우리가 단지 우리 자신의 관념만을 인식할 수 있다고 주장한다. 하지만 퍼스는 한 번에 둘 모두가 되어야 한다고 주장한다. 이를 이해하는 열쇠는, 다시 스코터스의 실재에 대한 정의를 그의 실용주의적으로 이해하는 데 있다. 그것은 퍼스가 다음과 같이 말하는 것을 허용한다. 즉 우리가 우리의 관념만을 인식할 수 있지만, 이 점은 한편으로 외부 세계에 대한 튼튼한 개념을 유지하면서도, 관념의 대상이 실재하는 것이 되기 위한 방해물이 되지 않는다. "관념론자는 버클리가 했던 그 이상으로, 외부세계의 실재성을 부정할 필요가 없다. 외부 세계의 실재성은 이원성에 대한 실재적 경험만을 *의미하기* 때문이다" (CP 5.539). 퍼스가 보다 전통적인 실재론자들과 갈라지는 지점은, 그의 실재론은 우리가 감각을 통해 외부세계에 대한 직접적인 접근이 보장되었다는 지각적인 실재론이 아니라는 점이다. 퍼스는 그 자신의 관점을 극단적 스콜라적 실재론과 조건적 관념론으로 지칭하며, 어떤 점에서 그는 그것이 단지 다소 수정된 버클리주의(Berkelyanism)라고 진술한다(R 322:22). 이러한 수정 중의 하나는, 우리가 섹션 6.2에서 보았듯이, 그것이 개인이 아닌 공동체에 기반하고 있기 때문에 퍼스의 관념론이 객관적 관념론이라는 점이다.

1) 『옥스퍼드 영어사전』 (온라인판), 2012년 2월 16일 접속.

2) 논증을 위하여, 나는 그 결론이 참이라고 가정하고 있다. 즉 "탐구의 마지막에서" 그것은 동의될 것이다.

# IX 정신, 신, 그리고 우주

# 9

# 정신, 신, 그리고 우주

지난 장에서, 우리는 형이상학이 우리의 전문화된 과학적 시도들의 기반이 될 수 있는, 세계에 대한 매우 일반적인 개념을 제공하려고 한다는 점을 알았다. 그러한 개념이 철학에 나타나기 때문에—철학은 "모든 사람의 평범한 경험의 범위 안에서, 그리고 모든 사람이 깨어있는 대부분의 시간 동안"(CP 1.241) 얻어지는 것에 대한 연구이다—우리는 그 개념을 수학의 결과물과 논리학의 규제적 법칙을 우주에 적용함으로써 획득한다. 형이상학의 기반을 논리학에 두는 것은 또한 퍼스가 "실용주의에 기초하지 않은 모든 형이상학을 어떤 의미도 부여되지 않은 말의 형식에 불과한 것으로 간주한다"[1]고 하게 한다. 지난 장에서의 진리와 실재에 대한 논의는 명확하게 이 점을 증명한다. 본 장에서 우리는 각각 물질과 정신의 가장 기본적인 특성을 연구하는 물리적 형이상학과 그리고 정신적 형이상학을 살펴본다(퍼스는 또한 특수 과학을 물리과학과 정신과학으로 구분한다).

먼저, 퍼스의 타이키즘(tychism)—실재적 우연이 우주에 작용한다는 관점—을 소개하기 위한 것뿐만 아니라 퍼스의 관점에서 어떻게 형이상학이 수학에 의존하는지를 예시하기 위하여, 우리는 결정론에 대한 문제를 살펴본다. 그 다음, 나는 퍼스가 구분하는 세 모드의 진화를 논의하고, 그 후에 우리는 그의 진화적 우주론을 살펴보게 될 것이다. 본 장의 후반부는 정신적 형이상학에 할애될 것이다. 퍼스의 신에 대한 개념과 종교와 과학의 관계에 대한 논의로 본 장을 매듭짓기에 앞서, 우리는 퍼스의 정신의 진화 철학과 이와 관련된 개념인 실재적 합리성(concrete reasonableness)에 대하여 살펴본다.

## 9.1 결정론 비판

일반적 세계관을 구축할 때, 형이상학은 기본적인 실증과학들뿐 아니라 수학에도 의존한다. 사실상 후자에 더 크게 의존해서, 퍼스는 번번이 형이상학을 수학의 앵무새라고 부르기까지 한다. 이것은 유의미한 변화가 수학 내에서(혹은 그 문제와 관련해, 보다 기초적인 실증과학들에서) 일어날 때 형이상학이 거기에 따라가야 한다는 것을 의미한다. 간략하게 말하면, 수학자들이 어떤 수학적 견해를 오류라고 증명한 후에는, 설령 그것이 자신이 매우 좋아하는 결론으로 이끄는 것이라 할지라도, 형이상학자들이 그런 견해를 고집스럽게 붙들고 있어서는 안 된다는 것은 논리학의 명령이다. 명확한 예는 결정론 혹은 퍼스의 시대에 불렸듯 *숙명론(necessitarianism)*의 경우이다.

19세기 중반 무렵에, 수학의 공리들이 정말로 공리들이 아니라는 것이 발견된다. 전통적으로, 공리들은 부정할 수 없이 참인 명제들로 취해지며, 따라서 그것들을 증명하려는 어떤 시도도 그 명제들 자체보다는 덜 명백하다. 수학적 공리의 예는 두 개의 항목이 세 번째 것과 동일하다면 그것들은 또한 서로 동일해야 한다는 명제이다. 공리들은 2천년 이상 표준적인 수학 교과서였던 유클리드의 『원론』에서 중요한 역할을 한다. 유클리드는 공리들을 우리가 모두 참이라고 믿는 것으로 *통념(common notions)*이라고 불렀다. 오랜 시간에 걸쳐 이러한 통념은, 그것들이 자명하기 때문에 우리가 참이라고 믿을 수밖에 없는 것으로 바뀌었다. 19세기 중반에 일어난 것은, 이러한 "우리가 참이라고 믿을 수밖에 없는 것" 중 몇몇이 거짓이라고 입증되는 한편, 다른 것들은 자명한 것과 매우 거리가 멀다는 점이 입증되었다는 것이다. 이러한 일 배후에 있는 주요 원동력 중 하나는 비유클리드 기하학의 발견이다. 전통적으로 물리학적 공간은 유클리드식—다시 말해, 유클리드의 공리에 부합하는—이 되어야 한다고 여겨졌다. 공간은 분명하게 유클리드식으로 보이는데, 이는 또한 당연하다. 왜냐하면 처음부터 공리를 유발했던 것은 물리적 공간에서 자와 컴퍼스를 다루는 우리의 경험이기 때문이다. 이 경우, 우리가 지구 위의 한 점과 그리고 태양과 화성의 중심을 잇는 삼각형을 해석할 때, 그리고 계속해서 그 각도를 계산할 때, 우리는 각도의 합이 충분하게 180도에 가깝다는 것을 발견하지만 모든 오차를 관찰이나 측정에서 나타나는 오류로 돌린다. 이런 이유로, 이론이 규정하는 것과 관찰이 드러내는 것 사이의 불일치에도 불구하고, 수학자들은 오랫동안 물리적 공간이 유클리드식이라는 점을 지지했다. 수학자들은 유클리드식 공간을 지지하기 위해, 물리적 공간을 규범의 수준까지 끌어올렸는데, 다른 말로 하자면, 그들은 이론으로 하여금 측정이 어떤 값을 지향해야하는가 내지는 현실적 상황보다는 이상적(즉, 오류가 없는) 상황에서 값이 어떻게 될 것인가를 진술하게 한 것이다. 수학자들은, 그들이 생각하기에, 유클리드식 공간은 반론의 여지없는 자명한 공리들로부터 나왔기 때문에 그렇게 할 수 있었고, 그래서 우리는 심지어 다른 식의 공간이 있다는 생각조차 할 수 없었다.

이러한 전통적인 관점은 퍼스의 생전, 유클리드식이 아닌 일관된 기하학을 발전시킬 수 있다는 것이 발견되는 시기에 반박된다. 이는 우리가 공간을 유클리드식이 아닌 다른 것으로 생각*할 수 있다*는 것을 뜻한다. 보여이(Bolyai), 로바쳅스키(Lobachevski), 그리고 리만(Riemann)과 같은 수학자들은, 유클리드의 평행선 공준을 증명하려 했던 사람들의 긴 명단에 합류하는 대신, 그러한 공준을 송두리째 거부하면 어떻게 되는지를 검토했고, 그 결과 휘어진 공간을 상정하는 일관되고 대안적인 기하학을 만들어낼 수 있음을 발견했다. 사실상, 각각 상이한 정도로 휘어진 공간을 갖는 무수히 많은 기하학을 형성하는 것이 가능하다고 증명되었다.

휘어있는 공간의 특성 중의 하나는 한 삼각형에서 각들의 총합이 180도에 미치지 *않는다*는 것이다. 사실, 이제 무한한 대안들 가운데 하나가 되는 유클리드식의 공간은 세 각의 총합이 정확히 180도가 되는 *유일한* 공간이다.

이러한 사실은 물리적 공간이 유클리드식이라는 옛 개념에 대해 무엇을 남기는가? 퍼스가 주장하듯이 이에 대한 증거는 전혀 없다. 정반대로, 물리적 공간이 *완전히는 아니지만 거의* 유클리드식이라는 것이 훨씬 있을 법한 일이다—다시 말해, 그것의 휘어짐은 충분히 작아서 사람들이 공간을 유클리드 식이라고 생각하게 만드는 동일한 관찰에 의해 설명될 것임이 틀림없다. 그러한 논증은 다음과 같이 전개된다. 실제로 수행된 어떤 측정결과를 가정할 때, 각도의 합이 180도에 극도로 가까운 무수히 많은 수치 중 하나가 아니라, 정확히 180도가 되어야 한다고 가정해야 할 이유가 전혀 없다. 좀 더 정확히 말하면, 삼각형의 각도의 합이 언제나 정확히 180도는 아닐 것이라는 점은 압도적으로 개연적이다. 요약하면, 비유클리드 기하학들의 출현 그리고 이에 동반하는, 물리적 우주에 대한 자명한 진리로서의 수학적 공리들에 대한 거부로, 물리적 공간의 모든 기하학은 순전히 경험적인 일이 될 것이다. 수학자들이 이에 대응했던 방식은 현실적 세계에 등을 돌리고 그들의 학문을 순전한 가설적 과학으로 만듦으로써 이루어졌다. 이러한 전환은, 혹은 최소한 그 전환에 대한 퍼스의 독해는 섹션 2.2에 기술된다.

이러한 모든 것은 어떻게 형이상학에 영향을 주는가? 만약 수학이 세계에 대한 자명한 진리로서의 공리들을 버려야 한다면, 이제 형이상학자들은 너 이상 공리들에 의존할 수 있다. 더욱이, 수학자들이 현실세계를 더 이상 말하지 않으면서 그들의 경기방식을 바꿀 수 있는 반면, 그러한 세계에 대한 일반적 기술을 제공하는 것이 임무인 형이상학자들은 그러한 선택을 취할 수 없다. 요컨대, 형이상학자들은 수학과 같은 스타일의 공리들에 더 이상 의존할 수 없는 것이다.

퍼스가 생각하기에 더 이상 지지될 수 없는 대중적 형이상학 독트린은 결정론이다. 이는 무엇이 발생하든 항상 선행 원인들이나 혹은 법칙에 의해 정확하게 결정된다는 관점이다. 퍼스가 인식하듯이, 그러한 관점이 "관찰에 의해 개연적이 될 수가 없다"는 것은 분명하다. 왜냐하면 우리가 어떤 법칙을 확증하려고 할 때, "우리는 관찰과 이론 사이에서 불일치들을 발견하고, 그것들을 관찰의 오류로서 정확히 기술하기"(W 8:89) 때문이다. 결정론자들의 대답은 그의 관점이 경험적 증거에 전혀 의존하지 않는다는 것이다. 결정론자는 대신 그것을 형이상학적 공리—세계에 대한 진리로 그것이 매우 자명하여 그것을 증명하려는 모든 시도는 그 진리 자체보다는 덜 명백하며, 그 사실 때문에 어떤 경험적인 결과도 절대 훼손할 수 없는 진리—로 간주한다. 하지만 폐기된 수학적 공리들에 대한 관념과 결정론이 본질적으로 해석 역학—이것은 수학적 이론이다—의 결과물이라는 점에서, 결정론자의 공리는 단순한 신념이 된다. 그리고 우리가 물리적 공간에서 모든 삼각형의 각도의 합이 거의 180도이긴 하지만 정확히 180도는 아니라는 것이 더 그럴 듯하다고 말할 수 있는 것처럼, 설사 그것이 거의 가깝게 일치한다 하더라도, 일어나는 모든 일이 법칙이나 선행되는 원인들에 의해 정확히 결정되지 않는다는 것이 더 그럴 듯하다고 말할 수 있다. 이 경우에도 또한, 피할 수 없는 관찰의 오류들에 의해 가려질 정도로 모든 수학적 편차가 작은 것임에 틀림없다. 엄격한 의미에서 여전히 세계가 어떻게 작동되는지에 대한 설명적 가설로 결정론은 가능하지만, 그것은 매우 있음직하지 않은 가설이며 타파된 자명한 진리의 텅 빈 모방물인 신념에 전적으로 근거하는 가설이다. 그러므로 결정론자의 가설은 거부되어야 한다. 대신, 가장 그럴듯한 입장은 가장 철저한 물리적 법칙조차도 완전히 결정론적이지 않으며, 새로운 가능성의 씨앗이나 앞날의 성장을 만들어낼 수 있는 산발적이고 극미한 위반들이 존재한다는 것이다. 따라서 퍼스는 그의 시대와 우리의 시대에도 대중적인, 우연이 순전히 인식론적 개념이라는(그래서 어떤 것의 원인을 우연으로 돌리는 것은 우리의 무지를 고백하는 것이라는 사고라는) 그러한 견해가 근거가 없다는 점을 입증한다. 무한대 1로 [압도적인 개연성으로] 세계에 실재적 우연은 존재한다.

## 9.2 진화의 세 모드

지난 섹션은 퍼스에게 과학적 형이상학이 어떠한 것인지를 보여준다. 즉 그것은 그 답이 무엇이어야 하는지에 대한 모든 예정된 의견 없이 삶의 일상적 사실에 수학, 현상학 그리고 규범과학의 결과물을 적용하는 것이다. 퍼스의 우주론으로 깊이 들어가기 전에 우선 퍼스의 시각에서 무엇이 설명을 요구하는지를 이해하는 것이 도움이 된다. 명백하게 모든 것이 설명을 요구하지는 않는다. 미국에 있는 올리비아가 재채기를 한 직후에 한국에 있는 준희가 눈썹을 올리는 일이 생기면, 우리는 둘 사이에 어떤 명확한 관계가 없는 두 사실을 갖게 된다. 결과적으로 우리는 어떤 실재적 의미에서도 두 사실이 어떻게 연관되어 있는지 *설명할* 수 없다. 올리비아가 중고 서점에 매번 들어설 때마다 계속적으로 재채기를 할 때는 상황이 다르다. 여기서는 설명에 의해 포착될 수 있는 명확한 관계가 있을 것이라고 추정할 수 있는 연결이 충분히 존재한다. 예를 들면, 그 서점에 있는 많은 먼지 진드기가 잦은 재채기로 표현되는 알레르기 반응을 유발한다. 이제 설명은 세 가지를 함께 연결한다. 즉 설명되는 어떤 것, 설명을 위해 관련되어지는 어떤 것, 그리고 그 둘을 연결하는 관계가 그것이다. 결과적으로 우리는 순수한 첫 번째 요소에 대해 설명을 제공할 수 없는데, 그 과정에서 우리가 두 번째 요소와의 확정적 관계 속에 그것을 끼워 넣음으로써(그것의 결과로 그것은 더 이상 순수한 첫 번째 요소가 아니다) 그것을 없애버릴 수 있기 때문이다. 이와 유사하게 우리는 순수한 두 번째 요소를 설명할 수 없다. 우리는 이전에 단지 엄연한 혹은 맹목적(즉, 설명할 수 없는)인 대립이 존재하였던 곳에서 사물들 사이에 여전히 확정적 관계를 끼워 넣으려고 하기 때문이다. 이 두 경우에서, 우리는 어떤 것을 설명하려는 대신 그것을 전혀 다른 것으로 대체하고 있다. 두 사물 사이에 확정적 관계가 존재할 때에만, 즉 3차성이 존재할 때에만 설명이 *가능하다*. 퍼스가 주장하기를, 설명은 더욱이 우리가 확정적 관계를 상정하거나 혹은 그것에 의도적으로 의존하게 될 때마다 *요구된다*. 다른 말로 하면, 우리는 확정적 관계에 의존하지 않을 수도 혹은 그것을 상정하지 않을 수도 있으며, 이러한 관계를 전적으로 설명할 수 없는 것으로 부르는 것은 논리의 절대적인 규칙이다. 형이상학자들에게 이는 법칙이 원초적 사실들—즉, 설명을 요구하지 않는 사실들—일 수 없다는 것을 뜻한다.

요약하자면, 우리는 세계에 실재적 우연이 존재한다고 말할 수 있고, 첫 번째 요소가 되는 순수한 우연은 설명을 요구하지 않는다고 말할 수 있으며, 자연법칙은 설명을 요구한다고 말할 수 있다. 이러한 세 요소를 결합하는 것은 퍼스에게 자연법칙을 설명하기 위한 전략을 제공한다. 즉 우리의 임무는 어떻게 자연법칙이 우연에서 진화될 수 있었는지를 입증하는 것이 된다. 퍼스는 그의 우주론에서 이 방법을 따르고, 그로 인해 이것은 자연법칙의 출현과 더불어 그것의 전체적 성격을 위한 설명을 제공한다. 그 이후 이러한 자연법칙이 무엇인지를 결정하는 것은 특수 과학에까지 이른다. 법칙이 진화한다는 관념은 진화의 개념을 도입하므로. 퍼스의 우주론은 진화적인 우주론이다.

진화이론들이 특수 과학 내에서 발전되었기에 퍼스는 자신을 기존의 진화 이론들에 연관시키는 대신에, 진화의 형이상학적 개념을 발전시키기 위한 자료를 얻기 위해 현상학과 규범과학을 다시 끌어온다. 범주에 대한 그의 독트린에 따라서 그는 진화의 세 모드를 구별한다. 이를 논의하게 전에 몇 가지가 언급될 수 있다. 첫째, 지식의 모든 대상이 세 범주 모두와 연관되어 있기 때문에, 모든 진화 이론은 아무리 약하게라도 세 요소와 또한 관련되어야 한다. 둘째, 유명론에 대한 그의 반박에 부합되도록, 퍼스가 구별하는 진화의 유형은 모두 실재적이다. 셋째, 진화 이론의 목적이 어떻게 사물이 진화하는지를 설명하는 것이므로 3차성은 모든 진화이론에서 핵심 요소가 될 것이다. 하지만 우리가 섹션 3.2에서 보았듯이, 진정한 3차성 이외에도 퍼스는 퇴행적인 3차성의 두 유형을 구별한다. 이 패턴은 여기에서 또한 되돌아오며, 따라서 퍼스는 진화의 세 모드를 구별한다. 즉 하나의 진정한 모드 그리고 두 개의 퇴행적인 모드의 진화이다.

첫 번째 모드의 진화는 다윈식의 진화이다. 진화는 번식의 과정에서 작고, 돌발적인 변화 때문에 일어난다. 이러한 변화가 전적으로 우연의 결과물이기에—이는 다른 것과는 독립적으로 존재한다—이러한 진화의 유형은 자연에서 작동하는 1차성에 기인한다. 우연에 대한 그리스 말을 활용하면서 퍼스는 이 같은 첫 번째 모드의 진화를 *타이캐스틱 진화(tychastic evolution)* 혹은 *타이캐즘(tychasm)*이라 부르고, 실재적 우연이 자연에서 작동된다는 견해를 타이키즘*tychism*(W 8:194)이라 부른다. 하지만 진화가 방향성이 없는 단순한 변화가 되어버리기 때문에, 어떤 진화도 우연만으로 된 결과물일 수는 없다. 방향성을 제공하기 위해 두 번째 힘이 필요하다. 다윈주의자들은 이것을 생존을 위한 투쟁에서 발견한다(W 8:102). 생존을 위한 이러한 투쟁은 투쟁의 상대—즉 두 번째 요소—가 있다는 것을 요구하고 이는 2차성의 요소를 도입한다. 확정적인 관계로서, 투쟁의 결과인 진화는 3차성의 요소를 가져오게 된다. 퍼스는 이러한 진화를 진화의 퇴행적 유형으로 고려하는데, 그것이 법칙이나 3차성에 의해서가 아니라, 우연 혹은 1차성에 의해 도출되기 때문이다.

두 번째 모드에서, 진화는 외부적 힘의 맹목적 충돌에 의해 유발된다. 예를 들어 미국의 측지학자이자 퍼스의 지인인 클라런스 킹(Clarence King)에 따르면, 진화는 환경의 갑작스럽고 역동적인 변화가 기존의 습관들이나 패턴들[2)]을 분열시킬 때 발생한다. 변화를 유발하는 것이 단순히 외부적 압력의 맹목적 충돌이기 때문에, 2차성은 이러한 진화의 모드에서 중요한 작동 원리이다. 결정론적이지 않은 어느 곳에서든지 우리는 우리의 설명을 위하여 타이키즘으로 다시 돌아가야 하기 때문에, 이러한 유형의 진화는 결정론적이다. 이에 따라서, 퍼스는 이러한 두 번째 모드의 진화를—그리스신화 속 필연(성)의 여신의 이름인 아난케(Ananke)를 따라—*아난캐스틱(anancastic)*이라고 명명하는 한편, *아난키즘(anancism)*을 진화가 이러한 방법으로 작동한다는 관점을 지칭하는 용어로 별도로 사용한다(W 8:194).

현대 해석 역학의 큰 성공은, 아난키즘을 생물체의 진화와 더불어 비생물체의 진화를 바라보기 위한 선호된 관점으로 삼으면서, 결정론적 사고(섹션 9.1)를 위한 강력한 추동력임을 드러내었다. 퍼스는 또한 킹(King)이외에도, 허버트 스펜서(Herbert Spencer), 아우구스트 바이스만(August Weissmann)을 이러한 관점의 지지자로 인용한다. 타이캐즘(tychasm)과 마찬가지로 아난캐즘(ananchasm)도 또한 진화의 퇴행적 유형이다. 퍼스는 아난캐스틱 진화의 두 유형을 구별하는데, 하나는 힘이 내향적이고 다른 하나는 힘이 외향적이다. 다음 섹션에서 보게 되겠지만, 퍼스는 결정론적인 기계적 원리가 다양성을 낳을 수 없다는 근거에서, 아난키즘을 거부한다. 퍼스의 시각에서 이는 치명적인데, 이는 "대체로 사물은 동질성에서 이질성으로 진행되었음에 틀림없다"(W4:548)는 것이 모든 진화 이론의 중요한 전제가 되기 때문이다.

두 모드의 진화 모두, 계획이나 목적 혹은 내적 분투에 의하여 진화하지 않는다. 두 모드 다 법칙에 의하여 인도되지 않으며, 오히려 법칙은 아무런 효력도 없이 남게 되는 부산물이다. 이는 퍼스가 구별하는 세 번째 모드와 다른데, 그는 라마르크를 이 세 번째 모드의 선도자로 본다. 여기서 진화는 습관 형성과 전달을 통해 일어난다. 퍼스가 주장하기를 진화는 단순한 우연이나 맹목적인 기계적 원인으로는 설명될 수 없으며, 일종의 매개를 요구한다. 퍼스가 생각하고 있는 매개라는 것은 그가 "정신의 법칙"(W8:135ff)이라고 부르는 것에 잘 예시되어 있다. 관념이나 정신적 상태는 서로 영향을 미치며, 필연적이지도 않고 불변하는 것도 아닌 과정에서 함께 결합된다. 퍼스에 따르면, 정신의 법칙은 오로지 약한 또는 부드러운 힘으로 작용한다. 그것은 어떤 사물을, 그러한 법칙이 존재하지 않았더라면 그것들이 개연적으로 될 것보다, 더 개연적으로 만드는 힘이다. 이러한 약함은 법칙의 결함이 아니다. 반대로 그것 없이 법칙은 새로운 어떤 것을 생산할 수 없을 것이고 진정으로 진화의 법칙이 될 수 없을 것이다. 결과적으로 진화에 대해 법칙에 종속적이라고 말하는 것보다, 습관에 종속적이라고 진화에 대해 말하기를 선호한다. 습관은 일반적이기 때문에 이 세 번째 진화의 모드는 자연에 작동하는 3차성의 결과물이다.

퍼스는 이 같은 세 번째이자 가장 높은 진화의 모드를 창조적 사랑에 의한 진화 혹은 *아가패즘(agapasm)*이라고 부르며, 사랑의 법칙이 실제로 자연에 작동한다는 관점을 *아가피즘(agapism)*이라고 부른다 (W8: 194). 우주의 원리로서 사랑에 대한 개념은 새롭지 않다. 고대 그리스에서 엠페도클레스(Empedocles)는 4요소(땅, 물, 불, 공기)이외에도 우주의 두 원리인 사랑과 증오를 구분한다(W 8: 184). 첫 번째 것은 요소들을 함께 모으는 힘이고 두 번째 것은 그것들을 분리하는 힘이다. 이 두 원리는 엠페도클레스가 창조와 파괴, 삶과 죽음 등등을 설명하게 한다. 퍼스는 엠페도클레스의 사랑-증오의 이분법을 거부한다. 대신 어둠이 빛의 부재인 것처럼 증오는 사랑의 불완전한 상태(같은 책)라고 진술하는 기독교 교리를 따른다. 결과적으로 퍼스에게 사랑은 연합하는 힘이자 분리하는 힘이다. 대립적 원리의 이분법보다 단일한 원리를 선택함으로써 퍼스의 사랑에 대한 해석은 그의 규제적 원칙인 시네키즘(synechism)(섹션 4.3)에 충실하다.

퍼스는 이러한 세 번째 모드의 진화를 다음과 같이 기술한다.

> 사고의 아가패스틱한 발전은, 타이캐즘에서처럼 완전히 경솔하지도 않고, 아난캐즘에서처럼 상황이나 혹은 논리의 단순한 힘에 의해 너무 맹목적이지도 않으며, 본성적으로 정신이 그것을 가지기도 전에 파악된 관념 자체에 대한 즉각적 끌림에 의해, 그리고 공감의 힘, 즉 정신의 연속성이라는 미덕에 의해 특정한 정신들이 채택되는 것이다.(W8:196)

요약하면, 퍼스는 진화가 어떤 성질의 결과물인지, 즉 1차성(절대적 우연), 2차성(내향적 또는 외향적 필연성) 혹은 3차성(습관)인지에 따라 세 모드로 구별한다. 우리의 다음 과제는 이들을 자연 법칙들의 기원과 성격을 설명하는 데 활용하는 것이다. 이는 우리를 퍼스의 진화적인 우주론으로 이끈다.

## 9.3 자연법칙의 기원과 성격

형이상학의 목적은 우리에게 특수 과학의 기초를 형성할 수 있는 세계관을 제공하는 것이다. 그러한 세계관으로부터 우리가 생각해야 하는 것의 주요 부분은 자연법칙의 설명인데, 이는 그러한 법칙이 존재한다는 것이 특수 과학의 기본적인 가정이기 때문이다(섹션 8.3). 퍼스는 그의 진화적 우주론이 우리에게 그러한 설명을 제공할 수 있다고 믿는다.

우주의 진화는, 퍼스가 주장하기를, *쌍곡선적(hyperbolic)*이며 그것은 "무한한 과거의 사물의 한 상태로부터 무한한 미래의 사물의 다른 상태로 진행한다"(W 8: 386).[3] 최초의 상태는 순전한 가능성의 한 가지이고, 최후의 상태는 "법칙의 완전한 승리이며 모든 즉흥성의 부재"(같은 책)이다. 퍼스가 무한한 과거와 무한한 미래의 끝점들을 위치시킨 것은 그의 시네키즘 혹은 연속성의 독트린으로부터 나온 필연적인 가설로서 택해질 수 있다. 이와 다른 식으로 말하거나 절대적인 최초(혹은 절대적인 최후)가 아무튼 있었을 것이라고 규정하는 것은 아무런 근거없는 근본적인 불연속을 상정하는 것이다.

앞에서, 결정론에 대한 퍼스의 비판을 논의하면서 우리는 그가 무한성이라는 수학적 개념을 매우 많이 사용하는 것을 보았다. 퍼스에 따르면, 우리는 자연현상이 절대적으로 정확하게 법칙에 따른다고 말할 수 없다. 왜냐하면 각각의 모든 경우에, 무수하게 많은 극미한 편차가 법칙을 완벽하게 지켜지도록 한다기보다는 거의 지켜지도록 하는 것에 가깝기 때문이다. 자신의 진화적인 우주론에서, 퍼스는 무한하게 먼 과거와 매우 먼 과거사이의 구별을 이끌어내면서 다시 무한성에 대한 수학적 개념을 확장하여 사용한다(W 8: 387).

퍼스는 무한하게 먼 과거를 순수한 가능성의 측면에서 기술한다. 이것은 순수한 첫 번째 요소로서의 우주이다. 거기에서 두 번째 요소가 되는 것은 아무것도 없다. 이는 우주 자체의 구성이 그것의 어떤 부분에 대해서도 두 번째 요소(배가 아플 때의 경험에서, 우리가 우리 몸의 두 번째 요소가 되는 때와 같이)가 되지 않을 것이라는 것을 함축한다. 이 점은 이 단계에서 우주가 전적으로 구조화되어 있지 않으며 전적으로 규칙성이 없을 것을 요구한다. 그러한 우주는 (아직) 실존할 수 없고, 어떤 것도 그 안에서 (아직) 실존할 수 없다. 이는 어떤 것이 실존한다고 하는 것은 눈에 띄게 드러나서 그것과 비슷한 다른 것들과 지속적인 방식으로 상호작용한다는 것을 의미하기 때문이며, 또이 점은 2차성만을 요구하는 것이 아니라 최소한 어느 정도의 규칙성도 요구하기 때문이다.

이러한 원초적인 상태는 기술될 수 없는데, 왜냐하면 우리가 (섹션 3.2에서) 보았듯이 순수한 첫 번째 요소는 더 이상 첫 번째 요소로 존재할 수 없을 정도로 왜곡되지 않고는 기술될 수 없기 때문이다. 똑같은 이유로, 그것에 대한 설명을 제공하거나 요구할 수 없다. 하지만 우리는 그것에 대해 몇 가지를 말할 수 있다. 가능성에 대한 이러한 혼돈으로 약간의 유사성이 나타날 수 있고 다시 소멸될 수도 있고, 그리고 무한하게 멀리 보아 결국에는 그러한 유사성이 나타난다고 말할 수 있다. 똑같은 이유로 그러한 유사성 중 몇몇은 또다시 나타날 것이고, 거기에서 습관화로 가는 조금의 경향이 나타날 것이다. 퍼스는 후자로부터 우연성의 독트린을 이끌어낸다. 이것은 오랜 기간을 거치면서 우연이 집중시키는 효과를 갖게 되리라는 것을 입증한다(W 4:551). 이러한 방법으로 1차성은 2차성을 낳고 그리고 2차성은 3차성을 낳는다. 이를 간략하게 말하면, 퍼스는 우주를 스스로를 감싸는 전체로 보며, 이는 그것의 가장 높은 단계에서 자아-통제를 통해서 더욱더 발전한다는 것이다. 즉 "습관을 형성하는 경향이나 일반화하는 경향은, 그 자신의 행동으로써, 습관 자체가 자라나는 습관을 취함으로써 성장하는 어떤 것이다. 그것의 첫 번째 싹은 순수한 우연으로부터 발생했다. 준수되어 왔었던 규칙을 따르는 약간의 경향이 존재했고, 이러한 경향들은 그들 자신의 행동에 의해 점점 더 준수되었던 규칙들이었다"(CP 8.317). 물의 흐름이 하천바닥을 닳게 하는 방식과 다르지 않게 물리적 법칙은 과정 속에서 발전한다(CP 5.492).

이러한 과정 안에서, 우주는 가능성을 상실하고 확정성을 획득한다. 법칙은 거의 습관처럼 나타난다. 습관의 수립 이후에만 사물은 실존으로 나타나는데, 실존하는 사물은 충분하게 유사한 다른 사물과의 특정한 습관적 관계 위에 서있는 어떤 것일 뿐이기 때문이다. 유사하게, 사건들 사이에서 확정적 관계로서의 시간은 습관 형성의 결과물로서 발생한다. 마치 우리가 그것의 매우 초기 단계에서 우주(혹은 그 안에 모든 것)가 실존한다고 말할 수 없는 것처럼, 우리는 이러한 초기 사건들 중 어떤 것도 시간의 과정에서 일어난다고 말할 수 없다. 실존, 시간, 그리고 이것들과 관련하여 공간은 모두 우주 진화의 상대적으로 나중의 결과물들이다. 무한정으로 먼 과거와 매우 먼 과거 사이의 구별은 여기서 도움이 될지 모른다. 우주의 기원이 무한한 과거에 위치한다면, 시간적으로 얼마나 뒤로 가는지와는 상관없이 우리는 항상 여전히 무한한 우주의 기원과는 멀리 떨어진 한 점에 도달할 것이다. 더욱이 우리는 무한하게 긴 시간동안 진화가 이미 일어나고 있었던 점에 항상 도달하게 될 것이다(W8:387). 게다가, 우주가 무한하게 오래 전에 기원하였다면, 시간에 대한 우리의 개념은 전체 과거에 적용될 수 없고, 측정할 수 있는 과거에만 적용된다.

퍼스는 습관으로 자기 발전하는, 잠재성, 자유, 우연 혹은 자발성, 정신(mind) 혹은 영(spirit)과 연관시킨다. 즉 "모든 것은 정신의 성격을 가진다—물질적 현상까지도." 퍼스는 다음과 같이 덧붙이며 적는다. "정신이 필연적으로 사람인 것은 아니다. 오히려, 사람은 특정한 방법으로 부분들이 조직화된 정신이다"(W 6:439). 그러므로 우주의 모든 것이 죽은 물질로 만들어졌고 인간의 정신은 그 물질이 어떻게든 "생명체로 나타난" 매우 정교한 조각에 다름없다고 주장하는 물질주의자들과는 대조적으로, 퍼스는 살아있는 정신은 우주의 시원적 구성요소이고 물질은 습관에 의해 거의 완전하게 죽어있는 정신일 뿐이라는 점을 주장한다.

퍼스가 「이론의 건축술」에서 이를 진술하듯이, "우주에 대해 이해할 수 있는 하나의 이론은 객관적 관념론인데, 이는 상습적인 습관이 물리적 법칙이 됨에 따라 물질이 무기력해진 정신이라는 것이다(W 8:106). 그러므로 그의 연속성의 독트린에 충실하게, 퍼스는 인간의 정신과 돌 사이에 실질적인 차이점이 없다는 점을 주장한다. 즉 그들은 그것들이 습관에 의해 제약된 방식과 그 정도로서만 다를 뿐이다.

그의 진화적 우주론이 자연법칙을 설명할 수 있다는 점을 보이기 위해, 퍼스는 뉴턴의 유명한 역제곱 법칙이 우연과 습관 형성의 결과물로서 어떻게 설명될 수 있는지를 입증한다. 뉴턴의 법칙에서, 두 물체가 서로 끌어당기는 힘은 그것들의 거리의 제곱에 반비례한다. 퍼스는 주장하기를, 우연의 법칙은 밀어내는 물체들 혹은 끌어당기지 않는 물체들이 결국에 가서 "상호적으로 끌어당기는 물체들을 남기면서 공간의 장 밖으로 떨어지게 될 것이다"(W 4:553)라는 것을 우리에게 입증한다. 그 외 남은 물체들의 경우 뉴턴의 법칙에서 표현된 관계는, 서로 응집되려고 하면서 거리에 따른 큰 힘에 거꾸로 이끌리는 물질과, 그리고 시간에 따라 흘러가버리면서도 더 작은 힘에 거꾸로 이끌리는 물질(같은 책)로 평균이 될 수 있을 뿐이다. 그러므로 잇따르는 이 같은 유형의 법칙은 통계적인 법칙으로(W 4:551), 퍼스를 통계역학의 초기 지지자가 되게 한다.

## 9.4 정신, 자아, 인간

대부분의 진화 이론들은 생명, 의식, 정신 그리고 자기인식과 같은 현상들이 결정적인 분기점에서 물질의 새로운 속성으로 출현한다고 생각한다. 우리가 보았듯이, 퍼스는 그 반대의 순서를 취한다. 그는 물질이 시원적이고 정신은 그것의 변형이라고 받아들이기보다, 정신을 시원적인 것으로 보고 물질이 정신의 변형이라고 생각한다. 퍼스는 이를 객관적 관념론으로 부르며, 이는 그가 "물리학의 법칙은 정신적 재현의 법칙과 같다"라고 말하도록 한다(CD: 2974). 정신과 물질 사이의 차이점은 그것이 습관에 의해 고정되는 정도일 뿐이다.

인간의 정신을 논의할 때, 퍼스는 외재론자의 견해를 취한다. 그는, 예를 들어 데카르트식 관점에 의해 가정되듯 우리가 우리의 정신에 어느 정도 직접적이고 완전한 접근을 한다는 것을 거부한다. 『사변철학저널』 시리즈 논문들에서, 퍼스는 우리에게 직관적인 지식이 없고 내부성찰의 능력이 없지만, 우리가 우리의 모든 지식을 관찰—그리고 그는 이러한 관찰을, 우리가 우리 자신의 정신에 대해 갖는 지식에도 적용하고자 한다—로부터 얻는다는 것을 입증한다. 그러면 우리 자신의 정신이라고 부르는 것을 관찰할 때 우리는 무엇을 지각하는가? 어떤 이는 의식이라고 말할 것이다. 퍼스는 이러한 생각을 거부한다. 첫 번째 이유는, 우리에게 또한 무의식적인 정신이 있고 그렇기에 "의식은 정신의 특수한 부속물이지, 보편적인 부속물이 아니다"(CP 7.366)라는 에두아르트 하트만(Eduard von Hartmann, 1842-1906)의 발견이다. 하지만 그것이 다는 아니다. 심리학자들이 의식에 대해 말할 때, 퍼스는 그들이 정말로 말하고 있는 것은 느낌이라고 주장한다. 퍼스가 인식하듯이, 이 경우, 느낌은 단순한 자질이다. 그가 주장하기를, 정신을 구성하는 것은 단순한 느낌이나 혹은 의식 자체가 아니라 느낌들 사이의 연결, 다시 말해 습관을 수립하는 것이다. 이러한 과정에서 느낌은 강도를 상실한다. 퍼스가 설명하기를, "인간 정신의 발전은 사실상 모든 느낌들을 없애버렸다. 몇몇 산발적인 종류들, 소리, 색, 냄새, 온기 등을 제외하고 말이다"(W 8:147). 다시 말해, 느낌의 표현으로 존재하는 것이라기보다 느낌의 소멸을 수반하는 것이다. 퍼스는 어떻게 사고가 만들어지는지에 대한 일반적인 설명에서 의식 또는 느낌이 중요한 역할을 한다는 것을 부정하지 않는다. 그러나 그것의 역할은 사고가 창조되는 과정에 중대한 다른 요소들과 절대적으로 다르지 않다. 퍼스는 그의 잉크스탠드를 예로 든다. 그가 적기를, 잉크스탠드에 잉크가 떨어진다면 나의 사고 또한 흐르기를 멈춘다(CP 7.366). 이러한 모든 것에 비추어 볼 때, 퍼스는 심리학자들이 사고를 이해하기 위해서 의식을 연구해야 한다고 말할 때 그들이 잘못 생각하고 있다고 결론짓는다. 다소 비꼼을 더하며, 퍼스는 심지어 이런 관점이 어류학자가 그의 과학을 물에 대한 연구라고 정의하는 것만큼 괴상한 것이라고 덧붙인다.

자신의 범주 독트린에 충실하게, 퍼스는 세 가지 요소가 우리의 정신에 작동하며, 느낌이 그 중의 하나가 된다고 주장한다. 느낌 이외에도, "눈을 가린 사람이 기둥에 부딪혔을 때처럼" 우리는 외면할 수 없는 대립을 경험한다. 이는 어떤 분석도 단순한 느낌으로 환원할 수 없는 경험이다(W8:96). 그리고 세 번째 것으로, 느낌들 사이의 연결이 의식적으로 혹은 무의식적으로 일반적 규칙에 의해 결정되거나 습관에 의해 통제되는 상황들이 존재한다(W8: 97).

정신의 고찰을 할 때 퍼스를 놀라게 한 가장 중요한 것은 의식 또는 느낌이 아니고 내적 대화의 존재이다. 우리는 끊임없이 우리 자신에게 이야기하고 있다. 이는 퍼스가 다음과 같이 결론을 짓게 한다. 즉 우리가 사고라고 부르는 것은 다른 사람들과의 소통의 파생물이며, 이 관점은 어린 아이들이 자기 자신과 대화하기 전에 다른 이들과 대화한다는 사실로 확증된다. 이어서 입술과 성대 사용의 억압은 이러한 대화를 사적으로 만든다. 즉 단지 우리는 우리 자신이 생각하는 것을 "들을" 수 있다. 발화에서 우리는 일반적인 용어들을 개별적인 경우에 적용하기 때문에, 발화는 습관의 확립과 관련된다. 예를 들면, 통증과 고통을 표현할 때 우리는 무한하게 다양한 신체적인 불편함을 꽤 작은 일련의 표현들로 축소한다. 예를 들면 "아프다" "메스껍다" 혹은 "어깨가 뻐근하다"가 그런 표현들이다. 그리고 그에 이어서, 우리는 몸의 불편함을 일련의 표현들과 관련하여 해석한다.

퍼스의 정신에 대한 대화적 해석의 결과는 그것이, 말하자면 데카르트식으로, 안에서 밖으로 발전하지 않고, 밖에서 안으로 발전한다는 것이다. 다른 사람들과의 대화들을 통해 그리고 좀 더 확대하면 환경과의 상호작용을 통해, 우리는 다른 사람들이 하는 말이 우리의 감각적 경험보다 무엇이 일어나는 것인가에 대한 보다 나은 지침이 될 수 있다는 것을 깨닫게 된다. 퍼스는 엄마가 아들에게 난로가 뜨겁다고 경고하는 예를 든다. 무엇이 뜨겁고 차가운지에 대한 개념이 여전히 실제로 만져지는 것에 한정되어 있는 아이는, 난로가 뜨겁게 느껴지지 않을 때 엄마로부터 듣는 말을 불신한다. 경고를 무시하고 난로를 만짐으로써 그 아이는 엄마의 증언이 그 자신의 경험보다 더 나은 진리의 기호였음을 발견한다. 퍼스는 주장하기를, 이러한 방법으로 그 어린아이는 "무지를 자각하게 되는데, 이러한 무지는 내재가능한 자아를 필수적으로 가정하게 한다"(W2: 202). 그러므로 이러한 자아는 문자 그대로 오류와 무지의 경험을 설명하기 위하여 개인에 의해 제기된 가설이고, 이 가설은 개인이 다른 이들과 소통한 결과물이다.

『사변철학저널』 시리즈에서, 퍼스는 또한 우리는 단지 기호로만 생각한다는 주장을 옹호한다(W 2:207). 모든 사고가 기호라는 것이 뜻하는 바는, 퍼스의 삼원적 기호 개념을 고려할 때, 모든 사고가 세 요소를 연결한다는 것이다. 즉 표상체, 대상, 해석체가 그것이다(섹션 5.2). 이는 또한 사고가 세미오시스 과정으로, 즉 각 기호가 해석체를 낳고, 그 해석체가 기호가 되어 다시 *그것의* 해석체를 낳는 것이 되는 반복되는 기호 행동의 역동적이고 지속적인 과정으로 이해되어야 한다는 것을 뜻한다. 그러면서 퍼스는 의식의 모든 수정은 모두 추론이라고 주장한다. 전통적인 데카르트식의 관점에서, 정신은 사적인 사고로 가득 차 있다. 우리는 이러한 사적 사고들을 소통하기를 원할 때에만, 그것을 말, 교향곡, 혹은 그림과 같은 공적인 기호로 번역해야 한다.[4] 우리는 항상 기호로 생각한다고 주장함으로써, 퍼스는 이러한 데카르트식 관점을 거부한다. 사고는 나머지 모든 세계로부터 감추어진 사적인 어떤 것이 아니고 본질적으로 공적인 것이다. 사고는 이른바 개인적 정신 안에 머물지 않고, 우리가 소통하는 공적인 기호 구조 안에 존재한다. 음파, 회화 혹은 책과 같이 어느 정도 공적으로 접근 가능한 대상과는 반대로, 우리가 인간의 정신이라고 부르는 내적인 대화가 기호의 전달체가 될 때에만 사고는 *내재화*된다. 물리학의 비유를 사용하면서, 퍼스는 "몸이 운동 중에 있지 운동이 몸 안에 있다고 말하지 않는 것처럼, 우리는 우리가 사고 안에 존재한다고 말해야 하지 사고가 우리 안에 존재한다고 말해서는 안 된다"(W2:227)라고 생각한다. 이와 같은 고찰에 기초하여, 퍼스는 심리학자들 사이에 만연한 첫 번째 오해와 관련된 두 번째 오해(첫 번째 오해는 정신을 의식과 동일시하는 것이다)를 구체적으로 언급하는데, 이는 즉 정신을 뇌에 위치시키는 경향이다(CP 7. 366).

우리가 기호로만 생각한다면, 우리는 또한 우리 자신에게 기호로서 나타난다. 더군다나 실용주의 격률을 가정한다면, 우리가 우리 자신에 대해 갖는 개념은 우리가 우리 자신이 가지고 있다고 생각하는 그 효과들 말고 다른 것일 수 없다. 이러한 효과들 각각이 기호이므로, 인간은 그 자신에게 그리고 타인에게 기호일 뿐이다. 언어를 가장 넓은 의미로 받아들이면서(즉 제스처, 문신, 그림, 노래 등을 언어에 포함하며), 퍼스는 "나의 언어는 나 자신의 총합이다. 왜냐하면 인간은 사고이기 때문이다"(W2:241) 라고 결론짓는다. 퍼스는 심지어 사람과 말(言) 사이에 뚜렷한 차이점이 없다는 주장까지 하게 된다. 그렇게 믿는다면, 인간-기호는 말-기호보다 훨씬 복잡하고 기호 전달체들은 서로 다르다. 하지만 이러한 차이점들은 단지 상대적이다. 퍼스가 규정하듯이, "인간이 사용하는 기호나 말은 사실 그 인간 자체*이다*. 삶이 사고의 연속이라는 사실과 함께, 모든 사고가 기호라는 사실이 인간은 기호라는 것을 입증하므로 그래서 모든 사고가 *외재적인* 기호라는 사실이, 인간이 외재적인 기호라는 것을 입증하기 때문이다"(W 2: 241). 퍼스가 적기를, 이런 식으로 우리 자신을 보는 데 주요한 장애물은 우리 자신을, 우리의 자아와 동반되는 동물적 기관을 통제하는 능력을 의미하면서, 우리의 의지와 동일시하는 경향이다. 하지만 그것만으로는, 이것은 외면할 수 없는 힘일 뿐이다. 즉 그것은 맹목적인 것이다. 우리의 정체성을 구성하는 것은 우리가 우리의 몸이나 신체적 욕망에 가할 수 있는 외면할 수 없는 힘이 아니라, 우리가 행동하고 생각하는 데서 얻어지는 *일관성*이다(같은 책). 이는 우리를 인격 동일성

(personal identity)에 대한 정의로 이끈다.

인격 동일성 혹은 인격성(personhood)은, 퍼스가 주장하기를, 관념 사이의 일종의 협력 혹은 연결이다(CP 6.228). 다중인격 장애의 발생이 보여주듯이, 인격성의 통일은 특정한 인간의 몸, 뇌 혹은 의식에 대한 유일한 관계의 단순한 결과물이 아니다. 그것은 사고에서의 일관성의 결과물이다. 대개 그러한 것처럼, 인격성은 개인 안에 깃들어 있을 수도 있지만 이것이 결코 필수적이지는 않다. 잘 기능하는 단체도 또한 한 인격으로 간주될 수 있다. 그 단체가 심지어 한 몸처럼 행동할 수도 있다. 자신의 말 위에 탄 기수는 한 인격으로 간주될 수 있다. 우리는 심지어 퍼스와 그의 잉크통(잉크가 다 떨어졌을 때 그의 사고가 흐름을 멈추었던 것을 기억하는가?)을 한 인격으로 부를 수 있을 것이다. 이와 같은 예들은 인격성과 개인의 정신에 대한 전통적인 개념들을 허문다. 사실, 퍼스는 "당신의 이웃은, 어느 정도, 당신 자신인데, 심리학에 대한 깊은 공부 없이, 당신이 생각하게 될 것보다는 훨씬 더 많이 그러하다"(EP 2:2)라고 적으면서, 인격 동일성—즉, 우리가 우리의 것으로 부를 수 있는 자율적 정신—의 관념을 "가장 저속한 자만심의 착각"으로 간주한다. 다른 곳에서 그는, 사익을 증진하기 위해서만 사회에 진출하는 독립적이며 자립적인 개인이라는 대중적인 개념에 반대하기 위해, 다음과 같은 비유를 제공한다. 즉 "실제로 한 인격은 별의 무리와 같다. 맨눈으로 관찰될 때, 그것은 *하나의* 별로 나타난다. 하지만 과학적인 심리학의 망원경으로 살피게 되면, 한편으로는 그 자체 안에 여러 가지가 존재한다는 것이 발견되고, 다른 한편으로는 이웃한 별의 집합과 완전하게 분리되지 않았다는 것이 발견된다"(R 403: 2f)—우리가 그것에 더 가까이 갈수록 그것은 우리 눈에서 점차 흩어져 사라진다. 우리는 *우리의* 정신에 대해 자신 있게 말하지만, 퍼스가 생각하기에, 사실 "우리는 정신의 표층을 떠다니며, 정신이 우리에게 속하는 것보다 우리가 더 정신에 속해 있다" (CP7.558). 우리가 사고하는 것이 아니고, 사고가 우리를 통해 발전하는 것이다. 우리가 "우리의 사고"를 표현하는 데 어려움이 있다면, 그것은 우리의 사고가 미숙한 매체보다 아무래도 우월해서 때문이 아니라, 우리의 사고가 우리 안에서 완전히 발전되지 않아서이다.

## 9.5 실재적 합리성의 발전

우주가 어느 정도 이성을 드러낸다는 관념은 거의 철학 자체만큼 오래된 생각이다. 사실, 사람들은 우주의 합리성에 의해 깊은 인상을 받았고, 그래서 우리보다 훨씬 우수한 지능에 의해 우주가 기획되었음이 틀림없다는 생각으로 도달하게 되었다. 이러한 논증은 최소한 소크라테스[5]까지 거슬러 올라가지만, 윌리엄 페일리(William Paley, 1743~1805)는 그것을 그의 『자연 신학 (*Natural Theology*)』에서 가장 강력하게 표현한다. 눈을 망원경과 자세하게 비교하면서, 페일리는 "자연의 고안"은 그것의 복잡성에서뿐만 아니라 그것의 다양성[6]에서도 인간의 고안을 훨씬 능가한다고 주장한다. 이로부터 페일리는 망원경이 기획의 산물인 것처럼 눈도 그럴 것임이 틀림없고, 후자의 복잡성과 다양성이 확정적으로 우주와 그 안에 있는 모든 것의 위대한 기획자로서의 신을 가리킨다고 결론을 짓는다. 따라서 페일리에게 우주는 무한하게 지적인 신이 그렇게 우주를 기획하였기 때문에 합리적이다. 하지만 페일리는, 명시적으로 자연법칙의 (선)실재를 가정하는데, 신이 눈을 기획하도록 하고 인간이 망원경을 기획하도록 하는 것은 이러한 법칙의 지식이라고 주장한다.

퍼스에게 이는 또 다시 앞과 뒤가 바뀐 격이다. 이성이 어쨌든 우주와 독립적으로 실재하고 그 뒤에 우주가 그것의 이미지대로 형성된다고 추측하는 대신에, 퍼스는 우주의 합리성이 진화 자체의 자연적 결과물이라고 주장한다. 즉 미리 조정된 계획이나 외부적인 감독 없이, 스스로 진화적 발전에 접어든 우주는 우리가 이성이라고 부르는 것에 점점 더 인도를 받는다. 우리도 그 같은 우주에서 나오므로, 퍼스는 이 같은 이성이 우리가 자연이라고 부르는 외적 세계뿐만 아니라 우리가 정신이라고 부르는 내적 세계(혹은 더 나은 표현으로, 내적 대화)를 지배한다고 주장할 수 있다. 간단히 말하자면, 세계에 이성이 부여되어 있으므로 우리에게 이성이 부여되어 있다는 것이다. 그리고 우리가 우리의 것으로 부르는 이성 혹은 합리성은 세계의 합리성을 반영하기 때문에, 우리는 세계를 이해하기 위하여 즉 외관의 잡다함을 법칙의 통일성으로 환원하기 위하여 우리의 이성을 사용할 수 있다. 퍼스가 설명하듯이, "만약 우주가 극히 널리 퍼진 특정한 법칙에 매우 정확하게 따르고 있다면, 그리고 인간의 정신이 그러한 법칙의 영향아래서 발전된 것이라면, 우리에게는 그러한 법칙을 올바르게 짐작할 수 있는 *천부적인 빛*, 혹은 *자연의 빛*, 혹은 *본능적인 통찰*, 혹은 천재성이 있을 것이 분명하다."

퍼스는 합리성 혹은 이성 그 자체보다, *실재적 합리성(concrete reasonableness)* [옮긴이 주: 합리성이 체현되어 실체를 갖는다는 의미에서 '구체적/구상적' 혹은 '실천적'이라는 표현으로 옮겨도 무방하다.]이란 표현을 사용한다. 그 이유는 "이성"이 일반적 용어이고 일반적 용어들은 항상 열려있기 때문이다. 그것들은 결코 완전하게 체현될 수 없다. 퍼스가 설명하듯이, "일반적 관념의 가장 사소한 것은 항상 조건적 예측을 수반하고, 혹은 그것의 이행을 위해 사건이 발생해야 할 것을 요구한다. 그리고 발생할 수 있었던 모든 것은 그 가장 사소한 것의 요구 조건들을 완전하게 이행하는 데 미치지 못할 것임이 틀림없다...[따라서] 이성의 발전은 그것의 부분으로서 일어날 수 있는 것보다 더 많은 개체적 사건들의 발생을 요구한다"(EP 2:254f). 이는 퍼스가 이성은 "항상 발단의 상태에, 성장의 상태에 존재해야 한다" (EP 2:255)고 결론짓게 한다. 실재적 합리성이란 이성이 우주 안에서 실제로 체현되는 한에서의 이성이다.

자연 그 자체에 "우리가 우리 자신의 이성을 훈련하여 더욱더 부합시킬 수 있는 [퍼스가 자아를 무지와 오류로 정의한 것을 기억하라] 합리성의 요소가 존재하지 않고는, 논리적인 좋음 혹은 나쁨 같은 것은 있을 수 없으며" 규범적 기획으로서의 논리는 적용가능하지 않을 것이다(CP 5.160). 더 나아가 위의 설명은, 우리가 우주에서 본질적 요소를 형성하고 있는 이성에 우리 자신의 이성이 부합되게 할 수 있다는—설사 아주 오랜 시간이 걸리더라도—희망에 의해, 우리 자신이 인도되어야 하는 규제적인 원리를 확인해 준다. 퍼스가 설명하기를 "모든 지식의 유일한 가능성이 달려 있는" (같은 책) 곳은 그러한 희망이기 때문이다. 탐구를 우주에서 합리성의 발전과 연결하는 것은, 더 나아가 퍼스로 하여금 이성이 단지 도구적인 가치—단지 우리가 원하는 것을 얻게 도와주는 유용한 도구로서의—를 가진다고 하는 것을 부정하게 하며 대신 이성을 추구하는 것이 목적 그 자체라는 점을 주장하게 한다.

그는 심지어 이성을 최고의 선 혹은 숨뭄 보눔(*summum bonum*)과 동일시한다. 퍼스가 설명하듯이, "이러한 개념 아래서, 행위(conduct)의 이상(ideal)은 창조의 과정에서 우리가 맡은 작은 기능을 수행하는 것이다. 이는 세계가 더 합리적이 되도록 하는 방향으로 도움을 줌으로써, 그러한 합리화가, 속어에서처럼, '우리에게 달려있을' 때마다 그렇게 함으로써 가능하다(EP2:255).

퍼스의 실재적 합리성에 대한 정의는 비판적 상식론에 대한 정의와 결부되어 있다(6장). 비판적 상식론자는, 그가 좋은 실용주의자라면,

의심을 흠모하지 않고 힘을, 즉 "일을 망치는 데에 전문적이면서 작은 결과만을 보장하는 폭력적인 가짜 힘이 아니고, 다른 모든 힘들을 복종시키고 왕권의 상징, 즉 지식과 사랑으로 그것들을 다스리는 합리성의 창조적인 힘"(CP 5.520)을 흠모한다.

## 9.6 신, 과학, 종교

퍼스는 신, 자유, 그리고 불멸성에 대한 연구로서의 칸트식 형이상학 개념을 거부하지만, 대신 과학에 토대가 될 수 있는 *세계관*을 제공하는 것에 목적을 둔 명백히 과학적인 형이상학을 선택한다. 그렇지만, 퍼스의 신 개념[옮긴이 주: 퍼스에게 '신(God)'이란 모호한 표현은 최고의 존재를 대신하는 하나님의 개념으로 이해된다.]과 과학과 종교와의 관계에 관한 내용이 작게라도 언급되어야 할 것이다. 특히 다윈의 연구로 인해, 과학과 종교와의 관계는 19세기 후반에 뜨거운 논쟁거리였다.

신과 종교를 논의할 때 퍼스는 마치 자신의 신앙심을 뒷받침하기 위해 종교 철학을 필요로 하는 듯한, 종교적인 사람을 향해 이야기하는 것이 아니다. 그것은 마치 어떤 사람에게 사랑의 대상을 더 잘 이해하도록 하려는 목적으로 "그의 부인의 해부된 몸을 보여주려고 그 사람을 초대하는" 것과 같을 것이다(CP 8.125). 대신 퍼스는 신에 대한 사실적 주장을 하는 사람들—대개 무오류성을 내세운 의기양양한 태도로—의 반대쪽을 향한다. 그가 그렇게 하는 것은 거의, 우리가 진정으로 신에 대하여 말할 수 있는 것이 무엇인지 그리고 신에 대한 믿음 혹은 더 일반적으로 종교적인 삶이 과학적 삶과 화합될 수 있는지를 검토하려는 목적에서이다. 퍼스는 특히 신학자들이 과학에 정반대되는 신에 대한 많은 주장을 하는 것을 본다. 사실 퍼스의 시각에서 보면 신학자들은 가짜 추론자들—결론이 무엇이 되어야 하는지를 알고 있고, 그런 다음 그것을 지지할 방법들을 찾는 사람들—의 주요한 예이다. 이러한 유형의 추론은 퍼스가 규범과학으로서의 그의 논리학의 개념과 과학적 태도에 관한 그의 주장으로 재현하려는 모든 것에 즉각적으로 반대되는 것이다. 퍼스가 미국의 심리학자 제임스 맥킨 카텔(James McKeen Cattell)에게 쓰듯이, "다수는 진리에 대해 많은 관심을 가지고 있지 않다. 그들이 관심을 갖는 것은 무능한 신이 상처를 입지 않는다는 것을 보는 것이다".[7] 신학자들의 가짜 추론과는 대조적으로, 퍼스는 신이 존재한다면 과학적 태도로 수행되는 탐구는 결국에 우리가 신에 대하여 말할 수 있는 모든 것을 드러내리라는 것을 단호하게 믿는다. 따라서 퍼스가 의도한 청중은 종교적인 사람이 아니고 과학적 인간이다.

위에 기술된 퍼스의 진화적 우주론은, 정신이 시원적인 실체라는 점에서 이상적이며, 신에 대한 다양한 개념들을 허용한다. 신은 여전히 우주의 창조자로 생각될 수 있다. 하지만 그렇다면 이러한 신은 페일리의 위대한 기획자로서의 개념과는 매우 달라져야 할 것이다. 신학자들은 우리가 신의 이미지로 창조되었다는 관점을 취하면서, 우리를 짐승들과 구별하는 것은 우리의 정신이기 때문에 종종 신의 정신을 우리 자신의 정신의 완전성으로 본다. 전지전능하고 전적으로 선한 신의 개념은 좋은 예이다. 그것은 우리 정신의 몇몇 특성을 선택하고 그것들을 완전성으로 몰아붙인다. 퍼스는 이러한 관점을 기껏해야 터무니없는 것으로 본다. 그가 신학자에게 불평하듯이, "'정신'에 대하여 당신이 알 수 있는 모든 것은 당신 자신과 같이 혹은 더 나아가 바퀴벌레와 같이 뇌 혹은 신경절을 가진 동물들의 행동으로부터이다. 그러한 말을 *신*에게 적용하는 것은, 바로 구름 위에서 아래를 보려고 몸을 기울인 노인처럼 신을 보여주는 낡은 그림들과 똑같다"

(CP6.199). 문자 그대로 보면, 이는 거짓이다. 비유적으로 보면, 이는 완전히 거짓은 아닐지라도 터무니없는 것이다. 퍼스의 진화적인 우주론—거기에서 우주는 순수한 잠재성 혹은 느낌의 효과이다—에서, 신의 정신은 순수한 잠재성과 느낌으로서 특징지어져야 할 것이다. 실존하는 그 어떤 것도 없을뿐더러, 일반성도 존재하지 않을 것이고, 따라서 관념과 합리성도 존재하지 않을 것이다. 완전한 우연으로 일어나는 사건은 새로운 어떤 것을 도입하기 때문에, 그것은 창조적인 행동[8]으로 간주될 수 있으며, 그래서 그러한 비실존적, 비실재적 그리고 완전하게 진공인 신은 여전히 창조자로서 간주될 수 있다.

또 다른 접근은 이러한 신이 그의 창조와 함께 발전 혹은 성장한다고 말하는 것이다. 이는 우리에게 최소한 두 가지 선택사항을 준다. 하나는 신이 그의 창조에 외재적으로 남아있다는 것인데 이는 부자연스런 이분법을 우리에게 남겨놓는다. 퍼스는 이러한 선택을 거부한다. 우주가 순수한 우연에서 발생하는 것이라면, 그리고 신이 그것의 부분이 아니라면 신은 이런 사실에 의해 실재가 될 수 없다(R683:26). 이것이 작용하는 실용주의이다. 두 번째 선택은 신이 우주의 발전하는 실재적 합리성과 동일시되어야 한다는 것이다. 이러한 두 번째 선택은 과학과 종교로 한 동전의 두 면을 재현하는 이중측면설(double-aspect) 이론으로서 표현될 수 잇을 것이다. 퍼스가 일컫는, *세계과정 (world-process)* [옮긴이 주: 초월적 원칙이나 계획에 대하여 의미가 있다고 생각되는 시간 내의 변화]은, 자연의 측면에서 검토될 때는 발전과 성장으로 이해되거나(이는 위에서 논의된 우주론이다), 혹은 신의 측면에서 검토될 때는 현시와 창조로 이해된다. 거기에서 신은 그 자신을 우리에게 드러낸다. 우리가 우주의 실재적 합리성을 이해하는 한에서 말이다. 위에서 개괄된 퍼스의 인격성 개념은 그가 신이 인격(a person)이라고 말하도록 허용한다(CP6.157).

위의 설명은 더 나아가 퍼스가, 진정한 탐구—일종의 다른 목적이 없이 사물이 어떻게 존재하는지를 진정으로 발견하는 것을 목적으로 하는 탐구—에서 "그의 보잘 것 없는 하찮음에도 불구하고 인간은 점차 더 한층 신의 영(spirit)에 스며들게 된다"(CP5.402n2)고 말하도록 한다. 이 지점에서 퍼스는 신의 개념을 우리에게 제공하는데, 즉 그것은 "우리가 물리적, 정신적인 우주 전체의 기원을 이해하게 만드는 우리가 할 수 있는 가장 높은 비행"으로, 이 같은 개념은 "불가지론과 그 외의 견해들을 능가하는, 우리의 이해력에, 사랑받아야 할 대상을 제공하는 장점을 가진다"(R1334:23)고 덧붙인다. 그러므로 퍼스에게 종교와 과학 사이에 진정한 차이는 존재하지 않는다. 과학과 종교 사이의 균열을 야기하는 것은, 오히려 교조적으로 집착되는 기존 종교들의 구식 교리들이다.

1909년 퍼스는 윌리엄 제임스에게, 자신의 우주론에 관한 논문들이 신성에 관한 강한 논증을 세우지만, 훨씬 더 나은 논증은 1908년의 논문 「신의 실재에 관한 간과된 논증」[9]에 있다고 적는다.

신을 우리가 경험하는 모든 것의 창조자가 되는 필연적인 존재로서 정의하면서, 퍼스는 우선 논증(argument)과 입론(argumentation)을 구별한다. 논증으로 그가 의미하는 것은 "합리적으로 확정적인 믿음을 생산하려는 경향을 갖는 모든 사고의 과정이고" 한편, 입론으로 그가 의미하는 바는 "확정적으로 구성된 전제들 위에서 진행하는 논증"(EP 2:435)이다. 토마스 아퀴나스의 신의 존재를 입증하는 유명한 5가지 방법은 입론들의 명백한 예들이다.[10] 아퀴나스에게, 신의 존재는 비신자들이 수용한다고 추정되는 신중하게 만들어진 일련의 전제들로부터 연역적으로 따라오며, 그의 입론들은 주로 반대를 주장하는 다른 입론들에 대항하도록 의도된다. 그 결과는 거의 학문적인 활동이어서 일반 신자에게 미친 영향은 거의 없다. 퍼스의 간과된 논증은 전혀 이것과 같지 않다. 그것은 입론이지 않은 신에 대한 *논증*이다. 입론이 신중하게 만들어진 전제들을 결합하고 그래서 전제들이 결론에 이르거나 심지어 결론을 요구하는 반면, 퍼스의 간과된 논증은 분명하게 확인할 수 있는 전제들이 없을 뿐더러 분명하게 확인할 수 있는 형태도 없으며 다만 여전히 결론을 요구할 뿐이다.

퍼스의 간과된 논증은 그가 *명상(musement)*이라고 표현하는 것에서, 즉 우리의 생각들을 어떤 목적 없이 자유롭게 떠다니도록 하는 정신의 상태에서 유래한다. 프리드리히 실러의 개념인 *유희충동(Spiel-Trieb)*에서 단서를 취하면서, 퍼스는 이 명상을 순수한 놀이—즉 자신과의 놀이적인 대화로 이는 모든 법칙이나 제한에서 완전히 자유롭고, 목적을 위해서가 아니라 기분 좋은 효과를 주기 위해 작동한다—라고 인식한다. 퍼스에 따르면, 우주에 대한 그러한 자유롭고 놀이적인 관조, 즉 그것의 본성에서 피할 수 없는 경외심을 불러일으키는 관조는, 필연적으로 신에 대한 가설—아무리 약하게 수용되어도—로 이어진다. 그런 다음 퍼스는 다음과 같이 진술하면서 논의를 계속한다. 가설이 한번 수용되면, 명상자는 "사실로서 그것을 전혀 의심할 수 없는 자신을 발견하게 될 것이고, 이는 그에게 그것의 *증명(Proof)* 이상의 것이다—이것은 *합리적 충동(Rational Compulsion)*이다" (R641:21). 이를 표현하는 하나의 방법은 명상이 신에 대한 *본능적인* 믿음으로 이끈다는 것이다. 즉 퍼스가 말하는 합리적 충동은, 논리—의식적이고 자아-통제적인 추론으로 여겨지는 것—에 그것의 기원을 갖지 않고, 명상자가 지닌 반(半)정도 혹은 아마도 심지어 완전히 무의식적인 것으로서 우주의 합리성을 반영하는 *로지카 우텐스*(섹션 3.2)에 기원을 두고 있다(섹션 9.5).

퍼스의 관점에서는 간과된 논증은 합리적인데, 그 이유는 "그것이 자연적으로 신이 실재(Real)하고 매우 가까이 있다는 가설에 부합하는 명상자의 전체 행위를 형성하는 방향인, 영혼(soul)의 가장 강렬하면서도 살아있는 결정(*Bestimmung*)으로 귀착되기 때문이다. 그리고 모든 명제와 관련하여 그러한 영혼의 결정이 그러한 명제에서 살아있는 믿음의 진정한 본질이다"(EP 2:446). 이는 퍼스의 실용주의로 되돌아가는데, 거기서 개념의 의미는 그것이 발생하는 습관 혹은 기질에 의해 철저히 규명된다(섹션 7.1).

신에 대한 전통적인 입론들과는 대조적으로 간과된 논증의 가장 단호한 형태는—퍼스는 *겸허한 논증(the humble argument)*이라고 부른다—노련한 신학자에서 오지 않고 지식이 없는 평범한 신자로부터 온다. 이는 사물들이 보이는 방식대로 보는 것에 크게 의존하는 이러한 종류의 논증에서, 사람들의 기존의 믿음들은 도움보다는 방해가 된다. 여기서의 상황은 눈이 흰색이라고 배운 예술가가 처음으로 그것의 진정한 색을 배우도록 허용된 순수한 상태로 되돌아가야 하는 것과 다르지 않다(섹션 3.1). 이 두 경우에서, 우리는 "우리 눈앞에 있고 우리에게 명시적으로 드러나는 사실들은, 모든 경우에, 가장 쉽게 식별되는 것들과는 동떨어진 존재이다"(W 8:156f)라고 말할 수 있다. 이러한 관점에서 보면, 우리는 신에 대한 많은 불신이 조직화된 종교와 교리의 결과물이라고까지 말할 수 있다. 그러한 종교와 교리가, 더 쉽게 인식될 수 있는 진리로부터 우리를 벗어나게 하기 때문이다. 하지만 이것은 동일하게 유명론의 형이상학적 독트린의 결과물인데, 이는 조급하게 그리고 그릇되게 모든 진실된 것을 노골적인 실존으로 축소한다(섹션 8.3).

겸허한 논증의 중요한 측면은, 논증이 신이라는 말에 대한 통속적인 사용—퍼스의 관점에서 우리의 원리적인 종교적 목적과 가장 잘 부합하는 사용—이 갖는 모호성을 유지하고 있다는 점이다(CP6. 494). 대부분의 신학자들의 논증에 있어 문제점은 그것이 신에 대한 그들의 개념을 너무 자세하게 만들려고 하는 것이다. 이것은 두 가지 문제를 제기한다. 그것은 불가피하게 그 말의 의미를 변하게 하고, 정당화되지 않음이 더욱 쉽게 입증된다. 예를 들어, 전지전능한 그리고 전적으로 자애로운 존재로서의 신에 대한 대중적인 개념과는 대조적으로, 신에 대한 모호하고 통속적인 개념은 신이 그 자신이 들 수 없을 정도로 무거운 돌을 창조할 수 있는지와 같은 영리한 질문—전능함이 의미하는 것과 교환할 수 있는 질문—에 전혀 흔들리지 않는다. 신의 개념과 같이 모호하고 통속적인 개념들을 포함하는 우리의 본능적인 믿음은, "그것들이 정확히 이해된다면, 잘 정립된 과학의 결과들보다 훨씬 믿을만하다"고 퍼스는 주장한다(CP 6.496). 모호한 믿음이 더 진실해 질 수 있을 뿐 아니라 그것은 또한 의심하기도 어렵고, 신에 대한 믿음의 경우에서 주목되었듯이 모호한 관념은 진정으로 우리가 필요로 하는 모든 것이다. 퍼스의 간과된 논증은 또한 그의 정신과 자아에 대한 개념들과 일관되는데 그것이 확실히 행동주의적인 성격을 가지고 있기 때문이다. 즉 "우리는 신이 무엇을 할 것인지 알 수 없고 그의 목적을 꿰뚫어 볼 수도 없다. 우리는 그가 *하는* 것을 보며 그 이상은 알지 못한다"(CP 6.613). 이러한 이유로 "사람들은 신에 대한 실존을 논리적으로 추론할 수 없고, 단지 직접적인 지각으로 그를 알 수 있을 뿐이다"(같은 책).

앞에서 우리는 퍼스가 기본적 논증의 세 유형을 구별한다는 것을 보았다. 즉 가추, 연역, 귀납이 그것이다(섹션 4.3). 다양하면서 질적으로 상이한 관찰들에서 하나의 가설을 추출하는 간과된 논증은 가추의 분명한 예이다(퍼스는 또한 지각을 가추의 무의식적 형태로서 여긴다). 가추법은 자아에 의해 통제되지 않는 과정들에서조차 적용될 수 있기에, 그것은 또한 순수한 놀이로 심지어 거의 자아-통제적이지 않은 명상에도 적용될 수 있다. 퍼스는 더 나아가 새들이 둥지를 만들려는 본능을 가지고 있는 것처럼, 우리는 사물을 옳게 추측하려는 본능을 가지고 있다고 주장한다. 퍼스의 관점에서, 화성의 궤도에 관한 케플러의 발견과 동역학의 법칙에 관한 갈릴레오의 발견은 우리가 그러한 본능을 가지고 있다는 것을 입증한다. 사실, 사물을 옳게 추측하는 본능 없이, 어떤 문제에 대한 응답으로 나타나는 무수한 가능성들 사이에서 정확한 답을 이끌어 내려고 한다면, 우리는 완전히 막막할 것이다. 즉 그러한 본능 없이 우리는 "자연을 이해할 기회를 전혀 갖지 못한다"(EP 2:444). 하지만 우리가 화성의 궤도 문제와 같은 구체적인 문제를 풀기 위한 본능을 가지고 있다면, 그 본능이 또한 우리가 신에 대한 가설을 선택하는 데에도 적용된다고 말하는 것은 이치에 맞다. 이는 신이 모호하고 통속적인 의미로 여겨질 때 특히 그렇다.

다른 말로 하면, "우리가 합리적인 것을 위한 본능을 가지고 있기" 때문에, 겸허한 논증의 힘—그것이 "너무나 많은 전제에 기초하고 있기 때문에 빠짐없이 진술될 수 없기는 하지만—은 모든 정신에게 느껴질 수 있다(R 842: 12-14).

이제 우리가 과학의 관점에서 간과된 논증을 살펴보면, 우리는 그것을 과학적 탐구의 첫 단계로 간주하게 되는데 그것은 "가장 높은 타당성이 있는 가설로, 그것에 대한 궁극적인 시험대는 인간 삶의 행위의 자아-통제적 성장에 존재하는 그것의 가치에 놓여야 한다"(EP 2:446). 이 같은 단계에서 뒤이어서, 연역법으로 시험가능한 결과들을 도출하고 귀납법으로 이러한 결과들을 실제로 시험하는 것이 가능하다. 실제로, 퍼스는 날씨에 대한 기도의 효용성을 시험하기 위해, 그가 틴들(Tyndall)에게 공을 돌리는 하나의 제안을 호의적으로 인용한다(R1287:3-6).

과학과 종교의 화합에 관하여, 그런 화합이 어디로 이르는지를 아는 것은 어렵지 않다. 신을 예배하는 가장 좋은 방법은 고집스럽게 어떤 구식의 신조에 매달리는 것이 아니고, 사물이 참으로 어떻게 존재하는지를 발견하려는 진정한 욕망으로—우리가 실재적 합리성의 성장에 이바지하는 그러한 방법에서처럼—실재를 탐구하는 것이다. 올바른 추론에 대한 요구는 그러므로 단지 미학적이고 윤리적인 것만이 아니며(섹션 4.1), 또한 종교적인 요구이다. 위에서 소묘된 퍼스의 진화적인 우주론은 겸허한 논증이 우리에게 믿도록 권리를 준 신에 대한 모호한 개념에 살을 붙이려는 시도로서 이해될 수 있다.

하지만 그것은 단지 종교가 과학적이 되어야 한다는 것이 아니다. 과학도 역시 종교적인 태도로 수행되어야 한다. 진정한 과학적 탐구자는, 퍼스가 주장하기를, 종교적인 헌신과 다르지 않게 자연에 대한 애정 어린 공경을 가진다. 퍼스가 적기를 과학적 탐구자는 "자연에서 사랑하기 위한 대상을 찾아야 한다는 단호한 필요성을 갖는데, 과학은 그것 없이 연명할 수 없다"(R1334: 21). 알고자 하는 순수한 욕구는 오로지 그것의 주제에 대한 깊은 존중에 의해 인도될 수 있다. 그것 없이는, 과학은 실용적 문제들에 영합하는 기술(technic)로 신속하게 환원된다. 과학에서 종교적 성향의 중요성을 강조하기 위해 퍼스는 "과학의 종교"(CP 6.433)를 옹호한다. 빅토리아 웰비 여사에게 보내는 편지에서, 그는 심지어 많은 과학자들의 분명한 무신론에도 불구하고 *과학적 탐구 그 자체*는 신에 대한 믿음을 전제한다고 말하는 데까지 나아간다. 즉 "모든 진정한 과학자들은, 즉 전문 집단에 속해있는데, 이 집단의 모든 구성원들은 한 주제에 관한 자신의 믿음을 온전한 추론과 함께 입증된 지각판단에 부합시키려는 욕구에 모든 일상적인 동기를 희생시키는 사람들이며, 따라서 그들은 우주가 이성 또는 다른 말로 하자면 신에 의해 통제된다고 진정으로 믿는 사람들이다"(SS:75). 신의 실존을 전제하는 상기의 비판은 바로 앞 장에서 인용된 것과 다르지 않다. 즉 이전의 비판은, 많은 이들이 자신이 유명론자라고 생각할지라도, 가장 높은 단계에서의 사고에서, 과학자들은 실재론자들이다. 더욱이 우리가 형이상학이 존재하지 않는다고 주장하는 과학자가 매우 초보적인 형이상학의 함정에 빠지게 될 위험이 있다고 말할 수 있는 것과 마찬가지로, 비종교적이라고 주장하는 과학자는 초보적인 무신론에 빠질 수 있는 위험이 있다. 그리고 그렇게 드러나듯, 유명론과 무신론은 종종 밀접하게 연결된다.

마지막으로, 퍼스의 논증은 신의 *실재(reality)*에 대한 논증이지 신의 *실존(existence)*에 대한 것이 아니다. 실제로 퍼스는 신이 실존한다는 것을 강력히 부정한다. 신이 실존한다는 명제는 그 표현 자체에 모순을 포함한다(R 641:21). 이 점은 8장에서 논의되었던 퍼스의 실재와 실존에 대한 구별로 되돌아가게 한다. 퍼스에게 어떤 것이 실재한다는 것은, 당신 혹은 나 혹은 특정한 누군가가 그것이 그렇게 존재한다고 생각하는 것과는 독립적일 때이다. 실존은 어떤 것이 실재가 될 수 있는 하나의 방법이다. 그것은 존재의 한 모드로, 이는 "하나의 엄격한 개체가 그러한 다른 모든 개체들과 갖는 [하나의] 진정한 이원적 관계에 있다"(CP 6.336). 이는, 신이 실존한다고 말하는 것이 환경 속의 사물처럼 신이 다른 것에 반응한다는 것을 의미한다는 것이다(CP 6.495). 다른 식으로 말하면, 신이 실존한다고 말하는 것은 그를 실존하는 *사물(thing)*, 즉 바위, 회오리바람 그리고 나무와 같은 동일한 수준으로 만드는 것이며, 퍼스의 관점에서 이것은 낡은 물신숭배와 같은 것이 될 것이다(같은 책). 그래서 성 안셀무스(St. Anselm)—그는 상상할 수 있는 존재보다 더 위대한 존재가 될 수 없는 존재(Being)는 그러한 이유로 실존해야 한다고 주장했다—와는 거의 정확히 대립하여, 퍼스는 신은 자신의 진정한 본질이 그가 실존*할 수 없다*는 것을 내포하는 존재라고 주장한다. 신은 실재적(real)이지만 그는 실존(exist)하지 않는다.

1) 1904년 7월 25일, 찰스 A. 스트롱에게 보내는 편지.

2) "Catastrophism and Evolution" *American Naturalist* 11 (1877): 449-70.

3) 퍼스는 쌍곡선 진화 혹은 운동을, 그가 단 둘 남은 다른 선택지로 여기는 타원 운동과 포물선 운동과 비교한다. 이 둘 중 어느 것도 진정으로 진화적이지 않다(W6:392). 셋은 각각 *A Guess at the Riddle(*W6:174)의 첫 장에서, 쾌락주의자, 비관주의자, 진화론자 관점에 상응한다.

4) 전통적인 관점의 좋은 예로는 로크의 『인간지성론』, 3권을 보라.

5) Xenophon, Memorabilia I.4.6.

6) 윌리엄 페일리 William Paley, 『자연 신학: 또는 실존의 증거와 신성의 속성』(London, 1803), 3장.

7) 1906년, 1월 26일, James McKeen Cattell에게 보내는 편지.

8) 1909년, 12월 25일, 윌리엄 제임스에게 보내는 편지.

9) 1909년, 12월 25일, 윌리엄 제임스에게 보내는 편지.

10) 토마스 아퀴나스, *Summa Theologica,* Part I, Question 2, Article 3.

# 참고문헌

아래의 참고문헌은 매우 선택적이며 다양하고 광범위한 문헌에 대한 기본적인 소개 이상으로 의도된 것은 아니다. 사용된 일자 사료에 대한 참고문헌 정보는 이 책의 앞부분에 있다(약자를 보시오).


Anderson, Douglas. *Strands of System: The Philosophy of Charles Peirce*. West Lafayette, IN: Purdue University Press, 1995.

Apel, Karl-Otto. *Charles S. Peirce: From Pragmatism to Pragmaticism.* Amherst, MA: University of Massachusetts Press, 1981.

Bernstein, Richard. *Perspectives on Peirce: Critical Essays on Charles Sanders Peirce.* New Haven: Yale University Press, 1965.

Boler, John. *Charles Peirce and Scholastic Realism. Seattle*: University of Washington Press, 1963.

Brent, Joseph. *Charles Sanders Peirce: A Life* (2nd edn). Bloomington, IN: Indiana University Press, 1993.

Brunning, Jacqueline and Paul Forster. *The Rule of Reason: The philosophy of Charles Sanders Peirce.* Toronto: University of Toronto Press, 1997.

Buchler, Justus. *Charles Peirce's Empiricism*. New York: Harcourt, 1939.

Colapietro, Vincent. *Peirce's Approach to the Self.* Albany, NY: State University of New York Press, 1989.

de Waal, Cornelis. *On Peirce.* Belmont, CA: Wadsworth, 2001.

de Waal, Cornelis and Krzysztof Skowroński (eds). *The Normative Thought of Charles S. Peirce.* New York: Fordham, 2012.

Debrock, Guy and Menno Hulswit. *Living Doubt: Essays Concerning the Epistemology of Charles Sanders Peirce.* Dordrecht: Kluwer Academic Publishers, 1994.

Delaney, Cornelius. *Science, Knowledge, and Mind: A Study in the Philosophy of C. S. Peirce.* Notre Dame, IN: University of Notre Dame Press, 1993.

Eisele, Carolyn. *Studies in the Scientific and Mathematical Philosophy of Charles S. Peirce.* R. M. Martin (ed.). The Hague: Mouton, 1979.

Fisch, Max. *Peirce, Semeiotic, and Pragmatism.* Kenneth Ketner and Christian Kloesel (eds). Bloomington, IN: Indiana University Press, 1986.

Forster, Paul. *Peirce and the Threat of Nominalism.* Cambridge: Cambridge University Press, 2011.

Freeman, Eugene (ed.). *The Relevance of Charles Peirce.* La Salle, IL: Monist Library of Philosophy, 1983.

Hausman, Carl. *Charles S. Peirce's Evolutionary Philosophy.* Cambridge: Cambridge University Press, 1993.

Hookway, Christopher. *Peirce.* London: Routledge, 1985.

Hookway, Christopher. *Truth, Rationality, and Pragmatism: Themes from Peirce*. Oxford: Oxford University Press, 2000.

Houser, Nathan, Don Roberts, and James Van Evra. *Studies in the Logic of Charles Sanders Peirce.* Bloomington, IN: Indiana University Press, 1997.

Kent, Beverly. *Charles S. Peirce: Logic and the Classification of the Sciences.* Kingston: McGill-Queen's University Press, 1987.

Ketner, Kenneth (ed.). *Peirce and Contemporary Thought.* New York: Fordham University Press, 1995.

Ketner, Kenneth, Christian Kloesel, and Joseph Ransdell (eds). *A Comprehensive Bibliography and Index of the Published Works of Charles Sanders Peirce* (2nd edn). Bowling Green: Philosophy Documentation Center, 1986.

Liszka, James. *A General Introduction to the Semeiotic of Charles Sanders Peirce.* Bloomington: Indiana University Press, 1996.

Mayorga, Rosa. *From Realism to "Realicism": The Metaphysics of Charles Sanders Peirce.* Lanham, MD: Lexington Books, 2007.

Misak, Cheryl. *Truth and the End of Inquiry* (2nd edn). Oxford: Oxford University Press, 2004.

Misak, Cheryl (ed.). *The Cambridge Companion to Peirce.* Cambridge: Cambridge University Press, 2004.

Moore, Edward and Richard Robin (eds). *Studies in the Philosophy of Charles Sanders Peirce*. Amherst, MA: University of Massachusetts Press, 1964.

Moore, Edward and Richard Robin (eds). *From Time and Chance to Consciousness: Studies in the Metaphysics of Charles Peirce.* New York: State University of New York Press, 1994. Moore, Matthew (ed.). New Essays on Peirce's Mathematical Philosophy. Chicago: Open Court Publishing, 2010.

Mounce, H. *The Two Pragmatisms: From Peirce to Rorty.* New York: Routledge, 1997.

Murphy, Murray. *The Development of Peirce's Philosophy.* Cambridge: Harvard University Press, 1961.

Oleksy, Mateusz. *Realism and Individualism: Charles S. Peirce and the*

*Threat of Modern Nominalism.* Lodz: Lodz University Press, 2008.

Parker, Kelly. *The Continuity of Peirce's Thought.* Nashville, TN: Vanderbilt University Press, 1998.

Peirce, Charles. *Historical perspectives on Peirce's Logic of Science.* 2 vols. Carolyn Eisele (ed.). Amsterdam: Mouton, 1985.

Peirce, Charles. *Pragmatism as a Principle and Method of Right Thinking.* Patricia Turrisi (ed.). Albany, NY: State University of New York Press, 1997.

Pietarinen, Ahti– Veikko. *Signs of Logic: Peircean Themes on the Philosophy of Language, Games, and Communication.* Dordrecht: Springer, 2006.

Potter, Vincent. *Charles S. Peirce: On Norms and Ideals.* Worcester. MA: University of Massachusetts, 1967.

Raposa, Michael. *Peirce's Philosophy of Religion.* Bloomington, IN: Indiana University Press, 1989.

Rescher, Nicholas. *Peirce's Philosophy of Science.* Notre Dame, IN: University of Notre Dame Press, 1978.

Reynolds, Andrew. *Peirce's Scientific Metaphysics.* Nashville, TN: Vanderbilt University Press, 2002.

Roberts, Don. *The Existential Graphs of Charles S. Peirce.* The Hague: Mouton, 1973.

Rosenthal, Sandra. *Charles Peirce's Pragmatic Pluralism.* Albany, NY: State University of New York Press, 1994.

Shin, Sun-Joo. *The Iconic Logic of Peirce's Graphs.* Cambridge, MA: MIT Press, 2002.

Short, *Thomas L. Peirce's Theory of Signs.* Cambridge: Cambridge University Press, 2007.

『트랜잭션(*Transactions of the Charles S. Peirce Society*)』은 1965년 창간된 학술지로  일 년에 4번 발행되며, 퍼스의 연구와 그리고 보다 일반적으로 미국 철학에 관한 연구를 출판하는 데 주력하고 있다.

# 찾아보기

**ㄴ**



**ㄷ**



**ㄹ**

## ㅇ

**ㅈ**

**ㅊ**



**ㅋ**



**ㅌ**



**ㅍ**

## ㅎ

| 세미오시스 번역총서 02 |

퍼스 철학의 이해

**초 판 1쇄 발행** 2016년 5월 30일
**개정판 1쇄 발행** 2019년 4월 10일

**지은이** 코르넬리스 드발(Cornelis de Waal)
**발행인** 김인철
**옮긴이** 이윤희
**총괄 · 기획** 가정준 Director, University Knowledge Press
**편집장** 신선호 Executive Knowledge Contents Creator
**도서편집** 박현정 Contents Creator
**전자책편집** 인은주 Chief e-Contents Creator
**재무관리** 강현주 Managing Creator
**사전 · 출판** 정준희 Contents Creator
**마케팅** 이현진 Marketing Creator
**발행처** 한국외국어대학교 지식출판콘텐츠원
02450 서울특별시 동대문구 이문로 107
전화 02)2173-2493~7
팩스 02)2173-3363
홈페이지 http://press.hufs.ac.kr
전자우편 press@hufs.ac.kr
출판등록 제6-6호(1969. 4. 30)
**디자인 · 편집** (주)이환디앤비 02)2254-4301
**인쇄 · 제본** 네오프린텍 02)718-3111

ISBN 979-11-5901-455-0 94080 정가 18,000원
ISBN 978-89-7464-833-6 (세트)

*잘못된 책은 교환하여 드립니다.



HUINE은 한국외국어대학교 지식출판콘텐츠원의 어학도서, 사회과학도서, 지역학 도서 Sub Brand이다. 한국외대의 영문명인 HUFS, 현명한 국제전문가 양성(International +Intelligent)의 의미를 담고 있으며, 휴인(携引)의 뜻인 '이끌다, 끌고 나가다'라는 의미처럼 출판계를 이끄는 리더로서, 혁신의 이미지를 담고 있다.